轰
廷
人
士
生
传

中国工程院院士传记丛书
科学家学术成长资料采集工程

吕 旗 魏玉欣 ○著

1936年	1948年	1954年	1958年	1964年	1995年	1996年	2011年
出生于湖南长沙	考入湖南长郡联立中学	考入北京大学数学力学系	分配至北京第九研究所	参加我国第一颗原子弹爆炸试验	当选中国工程院院士	参加我国最后一次核试验	逝世于四川绵阳

爆轰人生
朱建士传

老科学家学术成长资料采集工程
中国工程院院士传记丛书

吕旗 魏玉欣 ◎著

中国科学技术出版社
湖南科学技术出版社

图书在版编目（CIP）数据

爆轰人生：朱建士传 / 吕旗，魏玉欣著 . — 北京：中国科学技术出版社，2021.10

（老科学家学术成长资料采集工程丛书 . 中国工程院院士传记丛书）

ISBN 978-7-5046-9147-7

Ⅰ. ①爆… Ⅱ. ①吕… ②魏… Ⅲ. ①朱建士（1936—2011）—传记 Ⅳ. ① K826.16

中国版本图书馆 CIP 数据核字（2021）第 156825 号

责任编辑	杨　丽
责任校对	邓雪梅
责任印制	李晓霖
版式设计	中文天地

出　　版	中国科学技术出版社　湖南科学技术出版社
发　　行	中国科学技术出版社有限公司发行部
地　　址	北京市海淀区中关村南大街 16 号
邮　　编	100081
发行电话	010-62173865
传　　真	010-62173081
网　　址	http://www.cspbooks.com.cn

开　　本	787mm×1092mm　1/16
字　　数	332 千字
印　　张	22.25
彩　　插	2
版　　次	2021 年 10 月第 1 版
印　　次	2021 年 10 月第 1 次印刷
印　　刷	北京顶佳世纪印刷有限公司
书　　号	ISBN 978-7-5046-9147-7 / K·300
定　　价	110.00 元

（凡购买本社图书，如有缺页、倒页、脱页者，本社发行部负责调换）

老科学家学术成长资料采集工程
领导小组专家委员会

主　任：韩启德
委　员：（以姓氏拼音为序）
　　　　陈佳洱　方　新　傅志寰　李静海　刘　旭
　　　　齐　让　王礼恒　徐延豪　赵沁平

老科学家学术成长资料采集工程
丛书组织机构

特邀顾问（以姓氏拼音为序）
　　　　樊洪业　方　新　谢克昌

编委会
主　编：老科学家学术成长资料采集工程领导小组办公室
编　委：（以姓氏拼音为序）
　　　　定宜庄　董庆九　郭　哲　胡化凯　胡宗刚
　　　　刘晓堪　吕瑞花　潘晓山　秦德继　阮　草
　　　　申金升　王扬宗　熊卫民　姚　力　张大庆
　　　　张　剑　张　藜　周德进

编委会办公室
主　任：孟令耘　杨志宏　石　磊
副主任：许　慧　胡艳红
成　员：（以姓氏拼音为序）
　　　　高文静　韩　颖　李　梅　林澧波　刘如溪
　　　　罗兴波　马　丽　王传超　余　君　张佳静

老科学家学术成长资料采集工程简介

老科学家学术成长资料采集工程（以下简称"采集工程"）是根据国务院领导同志的指示精神，由国家科教领导小组于2010年正式启动，中国科协牵头，联合中组部、教育部、科技部、工信部、财政部、文化部、国资委、解放军总政治部、中国科学院、中国工程院、国家自然科学基金委员会等11部委共同实施的一项抢救性工程，旨在通过实物采集、口述访谈、录音录像等方法，把反映老科学家学术成长历程的关键事件、重要节点、师承关系等各方面的资料保存下来，为深入研究科技人才成长规律，宣传优秀科技人物提供第一手资料和原始素材。

采集工程是一项开创性工作。为确保采集工作规范科学，启动之初即成立了由中国科协主要领导任组长、12个部委分管领导任成员的领导小组，负责采集工程的宏观指导和重要政策措施制定，同时成立领导小组专家委员会负责采集原则确定、采集名单审定和学术咨询，委托科学史学者承担学术指导与组织工作，建立专门的馆藏基地确保采集资料的永久性收藏和提供使用，并研究制定了《采集工作流程》《采集工作规范》等一系列基础文件，作为采集人员的工作指南。截至2021年8月，采集工程已启动592位科学家的学术成长资料采集项目，获得实物原件资料132922件、数字化资料318092件、视频资料443783分钟、音频资料527093分钟，具有重要的史料价值。

采集工程的成果目前主要有三种体现形式，一是建设"中国科学家博物馆网络版"，提供学术研究和弘扬科学精神、宣传科学家之用；二是编辑制作科学家专题资料片系列，以视频形式播出；三是研究撰写客观反映老科学家学术成长经历的研究报告，以学术传记的形式，与中国科学院、中国工程院联合出版。随着采集工程的不断拓展和深入，将有更多形式的采集成果问世，为社会公众了解老科学家的感人事迹，探索科技人才成长规律，研究中国科技事业的发展历程提供客观翔实的史料支撑。

总序一

中国科学技术协会主席　韩启德

老科学家是共和国建设的重要参与者，也是新中国科技发展历史的亲历者和见证者，他们的学术成长历程生动反映了近现代中国科技事业与科技教育的进展，本身就是新中国科技发展历史的重要组成部分。针对近年来老科学家相继辞世、学术成长资料大量散失的突出问题，中国科协于2009年向国务院提出抢救老科学家学术成长资料的建议，受到国务院领导同志的高度重视和充分肯定，并明确责成中国科协牵头，联合相关部门共同组织实施。根据国务院批复的《老科学家学术成长资料采集工程实施方案》，中国科协联合中组部、教育部、科技部、工业和信息化部、财政部、文化部、国资委、解放军总政治部、中国科学院、中国工程院、国家自然科学基金委员会等11部委共同组成领导小组，从2010年开始组织实施老科学家学术成长资料采集工程。

老科学家学术成长资料采集是一项系统工程，通过文献与口述资料的搜集和整理、录音录像、实物采集等形式，把反映老科学家求学历程、师承关系、科研活动、学术成就等学术成长中关键节点和重要事件的口述资料、实物资料和音像资料完整系统地保存下来，对于充实新中国科技发展的历史文献，理清我国科技界学术传承脉络，探索我国科技发展规律和科技人才成长规律，弘扬我国科技工作者求真务实、无私奉献的精神，在全社会营造爱科学、学科学、用科学的良好氛围，是一件很有意义的事情。采集工程把重点放在年龄在 80 岁以上、学术成长经历丰富的两院院士，以及虽然不是两院院士、但在我国科技事业发展中作出突出贡献的老科技工作者，充分体现了党和国家对老科学家的关心和爱护。

自 2010 年启动实施以来，采集工程以对历史负责、对国家负责、对科技事业负责的精神，开展了一系列工作，获得大量反映老科学家学术成长历程的文字资料、实物资料和音视频资料，其中有一些资料具有很高的史料价值和学术价值，弥足珍贵。

以传记丛书的形式把采集工程的成果展现给社会公众，是采集工程的目标之一，也是社会各界的共同期待。在我看来，这些传记丛书大都是在充分挖掘档案和书信等各种文献资料、与口述访谈相互印证校核、严密考证的基础之上形成的，内中还有许多很有价值的照片、手稿影印件等珍贵图片，基本做到了图文并茂，语言生动，既体现了历史的鲜活，又立体化地刻画了人物，较好地实现了真实性、专业性、可读性的有机统一。通过这套传记丛书，学者能够获得更加丰富扎实的文献依据，公众能够更加系统深入地了解老一辈科学家的成就、贡献、经历和品格，青少年可以更真实地了解科学家、了解科技活动，进而充分激发对科学家职业的浓厚兴趣。

借此机会，向所有接受采集的老科学家及其亲属朋友，向参与采集工程的工作人员和单位，表示衷心感谢。真诚希望这套丛书能够得到学术界的认可和读者的喜爱，希望采集工程能够得到更广泛的关注和支持。我期待并相信，随着时间的流逝，采集工程的成果将以更加丰富多样的形式呈现给社会公众，采集工程的意义也将越来越彰显于天下。

是为序。

总序二

中国科学院院长　白春礼

　　由国家科教领导小组直接启动，中国科学技术协会和中国科学院等12个部门和单位共同组织实施的老科学家学术成长资料采集工程，是国务院交办的一项重要任务，也是中国科技界的一件大事。值此采集工程传记丛书出版之际，我向采集工程的顺利实施表示热烈祝贺，向参与采集工程的老科学家和工作人员表示衷心感谢！

　　按照国务院批准实施的《老科学家学术成长资料采集工程实施方案》，开展这一工作的主要目的就是要通过录音录像、实物采集等多种方式，把反映老科学家学术成长历史的重要资料保存下来，丰富新中国科技发展的历史资料，推动形成新中国的学术传统，激发科技工作者的创新热情和创造活力，在全社会营造爱科学、学科学、用科学的良好氛围。通过实施采集工程，系统搜集、整理反映这些老科学家学术成长历程的关键事件、重要节点、学术传承关系等的各类文献、实物和音视频资料，并结合不同时期的社会发展和国际相关学科领域的发展背景加以梳理和研究，不仅有利于深入了解新中国科学发展的进程特别是老科学家所在学科的发展脉络，而且有利于发现老科学家成长成才中的关键人物、关键事件、关键因素，探索和把握高层次人才培养规律和创新人才成长规律，更有利于理清我国科技界学术传承脉络，深入了解我国科学传统的形成过程，在全社会范围内宣传弘扬老科学家的科学思想、卓越贡献和高尚品质，推动社会主义科学文化和创新文化建设。从这个意义上说，采集工程不仅是一项文化工程，更是一项严肃认真的学术建设工作。

中国科学院是科技事业的国家队，也是凝聚和团结广大院士的大家庭。早在1955年，中国科学院选举产生了第一批学部委员，1993年国务院决定中国科学院学部委员改称中国科学院院士。半个多世纪以来，从学部委员到院士，经历了一个艰难的制度化进程，在我国科学事业发展史上书写了浓墨重彩的一笔。在目前已接受采集的老科学家中，有很大一部分即是上个世纪80、90年代当选的中国科学院学部委员、院士，其中既有学科领域的奠基人和开拓者，也有作出过重大科学成就的著名科学家，更有毕生在专门学科领域默默耕耘的一流学者。作为声誉卓著的学术带头人，他们以发展科技、服务国家、造福人民为己任，求真务实、开拓创新，为我国经济建设、社会发展、科技进步和国家安全作出了重要贡献；作为杰出的科学教育家，他们着力培养、大力提携青年人才，在弘扬科学精神、倡树科学理念方面书写了可歌可泣的光辉篇章。他们的学术成就和成长经历既是新中国科技发展的一个缩影，也是国家和社会的宝贵财富。通过采集工程为老科学家树碑立传，不仅对老科学家们的成就和贡献是一份肯定和安慰，也使我们多年的夙愿得偿！

鲁迅说过，"跨过那站着的前人"。过去的辉煌历史是老一辈科学家铸就的，新的历史篇章需要我们来谱写。衷心希望广大科技工作者能够通过"采集工程"的这套老科学家传记丛书和院士丛书等类似著作，深入具体地了解和学习老一辈科学家学术成长历程中的感人事迹和优秀品质；继承和弘扬老一辈科学家求真务实、勇于创新的科学精神，不畏艰险、勇攀高峰的探索精神，团结协作、淡泊名利的团队精神，报效祖国、服务社会的奉献精神，在推动科技发展和创新型国家建设的广阔道路上取得更辉煌的成绩。

总序三

中国工程院院长　周　济

  由中国科协联合相关部门共同组织实施的老科学家学术成长资料采集工程，是一项经国务院批准开展的弘扬老一辈科技专家崇高精神、加强科学道德建设的重要工作，也是我国科技界的共同责任。中国工程院作为采集工程领导小组的成员单位，能够直接参与此项工作，深感责任重大、意义非凡。

  在新的历史时期，科学技术作为第一生产力，已经日益成为经济社会发展的主要驱动力。科技工作者作为先进生产力的开拓者和先进文化的传播者，在推动科学技术进步和科技事业发展方面发挥着关键的决定的作用。

  新中国成立以来，特别是改革开放30多年来，我们国家的工程科技取得了伟大的历史性成就，为祖国的现代化事业作出了巨大的历史性贡献。两弹一星、三峡工程、高速铁路、载人航天、杂交水稻、载人深潜、超级计算机……一项项重大工程为社会主义事业的蓬勃发展和祖国富强书写了浓墨重彩的篇章。

  这些伟大的重大工程成就，凝聚和倾注了以钱学森、朱光亚、周光召、侯祥麟、袁隆平等为代表的一代又一代科技专家们的心血和智慧。他们克服重重困难，攻克无数技术难关，潜心开展科技研究，致力推动创新发展，为实现我国工程科技水平大幅提升和国家综合实力显著增强作出了杰出贡献。他们热爱祖国，忠于人民，自觉把个人事业融入到国家建设大局之中，为实现国家富强而不断奋斗；他们求真务实，勇于创新，用科技为中华民族的伟大复兴铸就了辉煌；他们治学严谨，鞠躬尽瘁，具有崇高的科学精神和科学道德，是我们后代学习的楷模。科学家们的一生是一本珍贵的教科书，他们坚定的理想信念和淡泊名利的崇高品格是中华民族自强不息精神的宝贵财富，永远值得后人铭记和敬仰。

通过实施采集工程，把反映老科学家学术成长经历的重要文字资料、实物资料和音像资料保存下来，把他们卓越的技术成就和可贵的精神品质记录下来，并编辑出版他们的学术传记，对于进一步宣传他们为我国科技发展和民族进步作出的不朽功勋，引导青年科技工作者学习继承他们的可贵精神和优秀品质，不断攀登世界科技高峰，推动在全社会弘扬科学精神，营造爱科学、讲科学、学科学、用科学的良好氛围，无疑有着十分重要的意义。

中国工程院是我国工程科技界的最高荣誉性、咨询性学术机构，集中了一大批成就卓著、德高望重的老科技专家。以各种形式把他们的学术成长经历留存下来，为后人提供启迪，为社会提供借鉴，为共和国的科技发展留下一份珍贵资料。这是我们的愿望和责任，也是科技界和全社会的共同期待。

周济

朱建士

采集小组北京九所办公室工作照
（左起：徐晓辉、朱彤、吕旗、魏玉欣、张德艳、余新川）

采集小组在九所邓稼先铜像前合影
（左起：徐晓辉、朱彤、张德艳、魏玉欣、吕旗、余新川）

采集小组在四川成都参加结题验收
（左起：徐晓辉、魏玉欣、张德艳、吕旗）

代序（一）

痛失挚友朱建士

12月18日晚，电话传来朱建士院士去世的噩耗，我感到非常震惊，实在不敢相信这是事实。几天前我们还在重庆一起参加学术会议，后来他感到不适，经医院及时诊断，他的肺部和胆囊有炎症，在当地对症下药之后，即回院（中国工程物理研究院）里住院治疗。我们在宿舍楼前告别，期间还通过几次电话，他告诉我感觉好多了。怎么会……

得知噩耗之后，心情无法平静，彻夜难眠。50多年来我们结下了深厚的友谊，一幕幕一起工作、奋斗的场景浮现在眼前。

1958年，他从北大、我从复旦毕业，我们一起到三里河二机部大楼向邓稼先主任报到。我们的第一个任务就是学习《超声速流与冲击波》，这是钱三强部长从苏联带来的俄译本，全国就此一本。为了能人手一册，我们就刻蜡版，自己动手印刷、装订。他在大学学的是流体力学专业，读这本书比我们方便得多，所以有时就当起老邓的"助教"。

1960年，在我们正式设计原子弹之前，为了摸索、掌握设计必要的技术，领导决定先对苏联专家提供的教学模型进行试算。实际上，这个资料给出的只是边界条件和答案，而物理方程、参数、计算方法都得靠自己去寻求和建立。当时的工作条件很差，计算用的工具只有手摇计算机，朱建士是这一计算和分析任务的主力。在计算的初始阶段，工作进展很顺利，但算到某一关键位置时，计算结果与苏联专家所说的数据相去甚远。这个问题不解决，就无法使人相信我们有能力设计自己的原子弹。当时已调入所内的物理学家、力学家、数学家经常开会研讨，从不同角度纷纷对计算结果提出质疑，而承担计算的刚毕业的大学生们，则努力解释自己计算结果的合理性。建士因为是计算的主力，所以也就成了每次答辩的主角。在采纳专家们提出的改进意见之后，我们又得重新计算一遍，每次夜以继日的计算得花十天至两周时间。参加计算的同志，八小时摇计算机，同时把几千个计算结果画在大张坐标纸上，然后进行分析。这样的计算先后进行了九次，历时半年左右，但每次的计算结果都基本相同。后来周光召同志从热力学第一原理出发进行分析，论证了苏联专家的数据是错误的，从而间接肯定了我们的计算结果。通过九次计算的磨炼，我们对原子弹的力学过程有了清晰的了解，并掌握了相关的设计和计算技术。以建士为代表的一批毕业不久的大学生，很快成了原子弹力学设计的骨干。

1962年底，随着我国自行设计的原子弹理论方案的完成，理论部领导挑选了一些骨干去221厂，配合实验、工程、生产部门工作。建士等三位是先遣队。他们深入到实验、生产现场，了解第一手材料，很出色地完成了理论与实践相结合的任务。在这一过程中他们也逐渐成长为既懂理论又熟悉实验、生产实际的专家，不仅为保证我国第一颗原子弹爆炸成功发挥了重要的作用，而且为日后设计更先进的核装置夯实了必要的技术基础。1964年，建士作为理论科技人员的唯一代表，到核试验现场参加第一颗原子弹爆炸的有关工作。

60年代后期，我们从221厂陆续返回理论部，我和建士仍分配在同一个研究室工作。为解决小型化核武器的一个关键问题，我们俩又同赴221厂参加"学习班"和随后的作业队。在极不正常的政治气氛和工作环境中，大家排除各种干扰，跟随于敏同志深入实验、生产第一线，与实验人员共同磋商，终于形成了合理的方案。经过多次爆轰实验的校核，方案比较圆满地解决了问题，最后成功得到核试验的验证。

70—80年代，建士负责设计一种具有特种性能的"初级"。后来又主持为中子弹设计配套的"初级"，爆轰实验和核试验的结果都很理想，为我国突破和掌握中子弹技术作出了贡献。

80年代后期，建士担任研究所的副总师，负责一种新构型"初级"的理论设计，此时我先在所里、后在院里主管这项研究。那时国际上禁核试的风声愈来愈紧，我们决心要抢在禁核试之前拿到这一成果，全院上下都争分夺秒、夜以继日地工作。在这一阶段我们两人的合作更加紧密。我不仅要求他把好理论设计关，而且还经常请他一起设计和分析实验结果。我们常在一起商议，两人在许多重大问题上的看法都非常一致，一拍即合，这就大大有助于各级领导及时果断地作出判断和决策。在大家的努力下，这个新构型"初级"经受了多次核试验的考核，结果都比较理想。这一阶段，建士几乎参加了每一次爆轰实验和核试验，为这一成果的获得注入了极大的心血。新构型"初级"的研究成功，为我国自卫核威慑能力的有效性增添了新的活力。这一科研成果获得国家科技进步奖特等奖。建士是主要完成人，且有突出的贡献，他的名字理所当然地排在了前面。

2000年之后，建士在中国工程院担任过能源与矿业工程学部主任和主席团成员。他办事公正、负责，获得了院士们的信任和支持。我曾有幸参加过他领导的一项咨询课题。他非常负责，非常投入，亲自提出数值模拟模型，经过计算，给出了清晰明了的结论，得到大家的好评，为工程院领导的决策提供了可靠的依据。他非常重视我国高级工程科技人员的培养。他在工程院的研讨会上提出要改进科研院所与大学合作培养人才的机制，他的措施建议在我院研究生部试点推行。

半个世纪以来，核武器事业把我和建士紧密地联系在一起，我们建立了深厚的友谊。我们一起艰苦奋斗，一起获得荣誉也共享过成功的喜悦。我们俩一起向老邓报到，一起动手刻蜡纸、印讲义，一起去221厂，一起提任副研究员、研究员，一起荣获国家科技进步奖特等奖，一起当选为中国工程院院士。我为有这样一位志同道合的战友而感到荣幸。

建士走了！他真的走了！我为失去他这样的挚友而悲痛，也为我们的事业失去他这样卓越的人才而惋惜。但我坚信,他为我们事业作出的突出贡献将永远铭刻在我院历史的丰碑上,他对事业忠诚的优秀品质将会永远鼓励后来者奋勇前进!

胡思得

2011 年 12 月 20 日

---

* 胡思得,中国工程院院士。曾任中国工程物理研究院院长。

代序（二）

2011年12月18日晚21时17分，接到弟弟来自绵阳的电话：父亲突然驾鹤西去，魂归渺渺了。惊闻此讯如雷击顶，不敢相信这是事实。就在当晚七点多，妈妈还和父亲通过电话，可仅仅一个多小时后，就天人两隔，生死两茫了，这叫我如何接受？

您的身体是那样的健康，就在去世前，您还在重庆、绵阳出差，投入在您一生挚爱的工作中。

在去绵阳接父亲回家的路上，看着前方的机场路，我不禁潸然泪下。您为国防事业奔波一生，在这条路上曾无数次地往返。繁忙的T3航站楼里仿佛依然处处是您充满活力穿梭不息的身影。就连离世的地方竟也是您为之奋斗了一辈子的工作单位。您常年工作在外，以至于直到我六岁时才清晰记住了您的模样。在我和弟弟初来这个世界的时候，您没有出现在我们的身边；哪承想，您走得是如此突然，竟然连一个临终前让儿子亲自送别的机会都没能给我。您虽然离开了我们，但音容笑貌却依然栩栩如生、历历在目。就在2011年11月的一个晚上，我们还和您一起谈论严子陵钓台中的主人公，您为我们吟诗二首，并对其甘愿清贫、淡泊名利的品质大加赞赏。

您在家的多数时间要么伏案工作，要么浏览国内外专业信息文件，要么审查各种论文。每当这时，我总感到您是那般不知疲倦地享受自在，仿佛是水中鱼、天上鹰，徜徉在浩渺的海洋，翱翔在无垠的天空。

我和您一样，大部分时间在外出差，因此和您就更加聚少离多了，能够深谈的次数一年也就一两次。而就是这屈指可数的几次深谈，使我深深地折服于您豁达的胸怀，明朗的心境，深沉的智慧，渊博的学识，纵横天宇的气度。然思念常常，如今却天各一方。

在少有的全家共享天伦之乐的时间里，您要么享受着家人善意、亲昵的玩笑和小小的恶作剧；要么吟诗作赋，旁征博引，把酒当歌；要么貌似愚钝地讲述您的所见所闻，其过程充满着太多不可预知的笑料，往往逗得全家人捧腹大笑。偶尔全家的户外郊游，您或借景吟诗抒怀；或引经据典，介绍景点中的历史人文故事；或照相摄像，享受着业余摄影师的专业感觉。其间充满着理科的严谨、文科的情趣、诗人的浪漫、哲人的逻辑、智者的情怀、愚人的智慧。那少之又少、弥足珍贵的一幅幅幸福画面，仿佛就发生在昨天，呈现着您的闲情逸致，儒雅率性。而今，我们只能独对空月，与您神交了。

您秉承"勿以善小而不为""己所不欲勿施于人"的人生理念，对人无私的帮助无论大小，总是那么低调，从不告诉别人。只有一次，我无意中从您的抽屉中发现了一张助学汇款单，但您也从来没有提起过此事。您的一生从不愿意麻烦别人，包括您的妻儿在内。一旦别人对您有所帮助，您总是说声谢谢，脸上永远报以善意的微笑。这段时间我才了解到您太多的感人事例，您谦谦君子的人格风范将永驻我心。我为有您这样的父亲感到骄傲，为您身上闪耀的人性的光辉而自豪。

记忆中的您从来没有过年老体衰，总是来去匆匆、充满活力与自信，并笑对任何困难，仿佛您从来没有吃过苦，受过罪。儿时的逃难经历，工作时的艰苦岁月，您总是笑谈而过，仿佛那不是苦，而是人生难得的财富。无论遇到什么事情您总能坦然面对。

伫立在灵堂前，凝望着您的遗像，熟悉的面容依然那样慈祥而又充满睿智。由于您特殊的工作性质，我对您的工作情况知之甚少。在守灵的那几个日夜，您的同事、学生、朋友给我讲述了许多关于您的往事，让我对您有了更加深刻的了解。他们无不为您民主、严谨、自律的学术作风，求真务实、脚踏实地的工作态度，包容谦逊、平易近人、从容淡定的性格特质，恪尽职守、忘我工作的敬业精神，淡泊名利、有情有义的高尚人格，从不居功自傲的优秀品质、高深的专业知识以及渊博的学识而发自内心地赞叹；为您突然离世表示深深的惋惜。

父亲，与您共同工作战斗50多年的那些叔叔阿姨们想念您！他们为没能最后看您一眼而一直深感遗憾。今天，在这个寒冷的早晨，他们也来送您了。那无言的强抑的哀痛之情，折射着你们这一代人，曾经为祖国的国防事业倾注的满腔热忱，对那段艰苦卓绝的激情岁月的深深怀念！

回想父亲的一生，为了国防事业奔波操劳了整整53年。北京、海晏、绵阳、罗布泊……多少个工作战斗的地方与您深爱的家连成了条条纽带，匆匆而至，却又流连忘返。辛劳一生的父亲，却没能安享晚年的幸福生活，就这么突然离去。

请父亲放心，我一定会用心照顾好母亲，关爱弟弟，细心呵护每一个家人！我们会永远想念您，和您聊天、交心，与您共享我们永远的家！

老人们说："好人一定会在天堂的。"

亲爱的父亲，您忙忙碌碌一辈子了，请在天堂好好地休息吧！请带着我们的祝福和思念，一路走好！愿来生我还做您的儿子！我们会经常来看您的！您一直在我们身边，从未走远！愿父亲的爱洒满天堂！

父亲！我至亲至爱的人！

安息吧！

您永远活在我们的心中！

朱卫红
2012 年 2 月 16 日

目 录

老科学家学术成长资料采集工程简介

总序一 ··· 韩启德

总序二 ··· 白春礼

总序三 ··· 周 济

代序（一）····································· 胡思得

代序（二）····································· 朱卫红

导 言 ··· 1

| 第一章 | 苦难童年 ································· 7

　　朱章联姻 ····································· 7
　　陷入危机 ····································· 11
　　成为保育生 ································· 15

从保育院到育幼院 ························· 24

第二章　长郡中学 ·························· 32

　　投身长郡 ······························· 32
　　名师荟萃得真传 ························· 39
　　感受社会新旧交替 ······················· 42
　　成长中的波折 ··························· 46
　　可喜的转变 ····························· 51
　　称职的班长 ····························· 56
　　全面发展 ······························· 63

第三章　燕园春秋 ·························· 69

　　初识北大 ······························· 69
　　数学力学系 ····························· 74
　　大开眼界 ······························· 77
　　步履艰辛 ······························· 81
　　"运动"的考验 ·························· 88

第四章　投身核武器研制 ···················· 92

　　报到三里河 ····························· 92
　　起步花园路 ····························· 96
　　九次计算 ······························· 103
　　十七号工地 ····························· 108

第五章　"596"之战 ······················ 112

　　会战金银滩 ····························· 112
　　塔上塔下 ······························· 127
　　喜结良缘 ······························· 142

第六章 | 情寄核威慑 152

原子弹武器化 152
氢弹"扳机"研究 156
氢弹武器化 165
被"请"进学习班 167

第七章 | 跨越第二代 174

"物理 + 数学"的研究模式 174
为了邓稼先的生命绝唱 180
倾力完成 184

第八章 | 核禁试之后 196

中国宣布暂停核试验 196
武器安全性领域的拓展 199
培养事业接班人 202
主战场之外 210
履职中国工程院 228

第九章 | 受命研究生教育 236

认真调查 237
深入研究 246
方略初成 250
成效显著 260

尾 声 | 谢幕时刻 269

结 语 274

附录一　朱建士年表……………………………………280

附录二　朱建士主要论著目录………………………313

参考文献…………………………………………………315

后　记……………………………………………………316

图片目录

图 1-1　棠坡恬园⋯⋯⋯⋯⋯⋯⋯⋯⋯⋯⋯⋯⋯⋯⋯⋯⋯⋯⋯⋯7
图 1-2　棠坡朱氏家族图谱⋯⋯⋯⋯⋯⋯⋯⋯⋯⋯⋯⋯⋯⋯⋯8
图 1-3　1946 年朱建士与母亲章荃、二姐朱建中合影⋯⋯⋯⋯26
图 1-4　1947 年大小患难朋友长沙留别纪念⋯⋯⋯⋯⋯⋯⋯⋯27
图 1-5　1947 年朱建士在第一育幼院时留影⋯⋯⋯⋯⋯⋯⋯⋯28
图 1-6　1948 年朱建士所在湖南省第一育幼院第四班毕业生合影⋯⋯29
图 2-1　朱建士入长郡中学登记表⋯⋯⋯⋯⋯⋯⋯⋯⋯⋯⋯⋯33
图 2-2　长沙府中学堂门楼，位于现长郡中学校园内⋯⋯⋯⋯33
图 2-3　伫立在长郡中学校园中的朱建士铜像⋯⋯⋯⋯⋯⋯⋯33
图 2-4　1909 年建成的长沙府中学堂校门⋯⋯⋯⋯⋯⋯⋯⋯34
图 2-5　20 世纪 30 年代长郡联立中学校门⋯⋯⋯⋯⋯⋯⋯⋯34
图 2-6　20 世纪 30 年代操坪全景⋯⋯⋯⋯⋯⋯⋯⋯⋯⋯⋯⋯35
图 2-7　文夕大火前的学校图书馆⋯⋯⋯⋯⋯⋯⋯⋯⋯⋯⋯⋯35
图 2-8　2018 年长沙长郡中学"朴实沉毅"校训⋯⋯⋯⋯⋯⋯36
图 2-9　位于长郡中学校内的韩玄古墓⋯⋯⋯⋯⋯⋯⋯⋯⋯⋯38
图 2-10　1951 年元旦朱建士留影⋯⋯⋯⋯⋯⋯⋯⋯⋯⋯⋯⋯50
图 2-11　1951 年 6 月长郡中学初 99 班毕业留念⋯⋯⋯⋯⋯⋯51
图 2-12　长沙市第二中学朱建士所在高中第 35 班教室座次表⋯⋯51
图 2-13　1952 年朱建士与中学同学合影⋯⋯⋯⋯⋯⋯⋯⋯⋯52
图 2-14　1953 年朱建士在长沙第二中学时期留影⋯⋯⋯⋯⋯55
图 2-15　朱建士同学罗绍昆日记，记录学校每日活动⋯⋯⋯⋯63
图 2-16　1954 年中国新民主主义青年团长沙市第二中学第二分支全体同志合影⋯⋯⋯⋯⋯⋯⋯⋯⋯⋯⋯⋯⋯⋯⋯⋯⋯⋯64
图 2-17　1954 年朱建士与初中同学梁正宏合影⋯⋯⋯⋯⋯⋯64
图 2-18　1954 年长沙市第二中学 1953 至 1954 学年高中第 35 班毕业

	学生朱建士成绩一览表⋯⋯⋯⋯⋯⋯⋯⋯⋯⋯⋯⋯⋯⋯⋯⋯⋯	65
图 3-1	朱建士北京大学学籍表⋯⋯⋯⋯⋯⋯⋯⋯⋯⋯⋯⋯⋯⋯⋯⋯	69
图 3-2	1955 年 8 月下旬朱建士与长郡中学同学在北京颐和园聚会合影⋯⋯	72
图 3-3	1955 年 8 月下旬朱建士与长郡中学同学在北京颐和园万寿山顶合影⋯⋯⋯⋯⋯⋯⋯⋯⋯⋯⋯⋯⋯⋯⋯⋯⋯⋯⋯⋯⋯⋯⋯⋯⋯⋯	72
图 3-4	1955 年暑期朱建士与同时考到北京上大学的部分长郡中学同学在北京展览馆合影⋯⋯⋯⋯⋯⋯⋯⋯⋯⋯⋯⋯⋯⋯⋯⋯⋯⋯⋯	73
图 3-5	1955 年暑期朱建士与中学同学向强生在北京大学未名湖畔留影⋯⋯	73
图 3-6	北京大学 1954—1955 学年科学讨论会⋯⋯⋯⋯⋯⋯⋯⋯⋯	77
图 3-7	1956 年暑期朱建士在北海公园留影⋯⋯⋯⋯⋯⋯⋯⋯⋯⋯	85
图 3-8	1957 年国庆朱建士与在北京上大学的长郡中学部分同学合影⋯⋯	88
图 3-9	1958 年北京大学毕业典礼照片⋯⋯⋯⋯⋯⋯⋯⋯⋯⋯⋯⋯	90
图 4-1	北太平庄家属院⋯⋯⋯⋯⋯⋯⋯⋯⋯⋯⋯⋯⋯⋯⋯⋯⋯⋯	96
图 4-2	位于北京市海淀区花园路 3 号的灰楼⋯⋯⋯⋯⋯⋯⋯⋯⋯⋯	97
图 4-3	北京市海淀区花园路 3 号的北红楼⋯⋯⋯⋯⋯⋯⋯⋯⋯⋯⋯	98
图 4-4	二机部刘杰部长送苏联专家回国⋯⋯⋯⋯⋯⋯⋯⋯⋯⋯⋯⋯	100
图 4-5	1960 年朱建士证件照⋯⋯⋯⋯⋯⋯⋯⋯⋯⋯⋯⋯⋯⋯⋯	101
图 4-6	1960 年朱建士与同事在西山碧云寺合影留念⋯⋯⋯⋯⋯⋯⋯	102
图 4-7	1961 年 10 月朱建士去南昌探望母亲，与母亲、姐姐及姐姐的儿子合影留念⋯⋯⋯⋯⋯⋯⋯⋯⋯⋯⋯⋯⋯⋯⋯⋯⋯⋯⋯⋯	102
图 4-8	第一颗原子弹理论设计时所用手摇计算机及计算尺⋯⋯⋯⋯⋯	104
图 4-9	第一颗原子弹理论设计时所用理论设计计算用纸⋯⋯⋯⋯⋯⋯	104
图 4-10	讲述九所原子弹攻关时期"学术民主"为题的大型油画⋯⋯⋯⋯	106
图 4-11	十七号工地，位于河北省怀来县官厅水库旁⋯⋯⋯⋯⋯⋯⋯	109
图 5-1	青海 221 基地全貌⋯⋯⋯⋯⋯⋯⋯⋯⋯⋯⋯⋯⋯⋯⋯⋯	116
图 5-2	221 基地原址上伫立的中国第一个核武器研制基地纪念碑⋯⋯⋯	117
图 5-3	221 基地原址上的纪念碑，刻有曾经在核武器研制基地工作的人员名字⋯⋯⋯⋯⋯⋯⋯⋯⋯⋯⋯⋯⋯⋯⋯⋯⋯⋯⋯⋯⋯⋯	118
图 5-4	原 221 厂生活区黄楼现状⋯⋯⋯⋯⋯⋯⋯⋯⋯⋯⋯⋯⋯⋯	118
图 5-5	221 厂如今命名为中国原子城⋯⋯⋯⋯⋯⋯⋯⋯⋯⋯⋯⋯	119
图 5-6	已列入全国重点文物保护单位的中国第一个核武器研制基地旧址⋯⋯⋯⋯⋯⋯⋯⋯⋯⋯⋯⋯⋯⋯⋯⋯⋯⋯⋯⋯⋯⋯⋯⋯⋯	120

图 5-7	原 221 基地实验部爆轰实验场	125
图 5-8	参加新疆核试验作业队驻地	129
图 5-9	朱建士与同事在核试验基地沙漠中行走	130
图 5-10	赴核试验基地，雨中过天山	130
图 5-11	试验装置进场	133
图 5-12	1964 年 10 月在即将引爆原子弹的铁塔上八位参试人员合影	136
图 5-13	第一颗原子弹试验铁塔，高 102 米	137
图 5-14	1964 年 10 月 16 日我国第一颗原子弹爆炸的蘑菇云	140
图 5-15	1964 年 10 月 16 日我国第一颗原子弹爆炸成功《人民日报》号外专版	140
图 5-16	人民群众争抢号外的情景	141
图 5-17	朱建士与张秀琴结婚照	144
图 5-18	朱建士与张秀琴夫妻合影	144
图 5-19	朱建士在入党宣誓大会上的发言手稿	147
图 5-20	1981 年 7 月 1 日朱建士代表新党员讲话	147
图 5-21	1981 年 7 月 1 日朱建士与其他新党员在入党宣誓大会上合影留念	148
图 5-22	朱建士小儿子朱彤与大儿子朱卫红合影	149
图 5-23	1972 年春朱建士全家福	149
图 5-24	1972 年国庆朱建士和长子朱卫红在武汉长江大桥合影留念	150
图 5-25	1975 年 5 月 1 日朱建士全家在天安门广场合影	150
图 6-1	氢弹攻关期间，九所科研楼灯火通明的场景	156
图 6-2	1967 年 6 月我国第一颗氢弹爆炸后的蘑菇云	162
图 6-3	1967 年 6 月 17 日我国第一颗氢弹爆炸成功，《人民日报》发布喜报	163
图 6-4	1988 年 1—3 月朱建士、宋大本、刘建军等在昆明算题时留影	164
图 6-5	1966 年 221 厂"文化大革命"运动中，组织职工群众排队看大字报	167
图 6-6	1967 年 3 月 221 厂实行军事管制	168
图 6-7	于敏与朱建士讨论工作	170
图 7-1	核武器研制中曾经使用过的 109 丙机	175

图片目录 **VII**

图 7-2　某次核试验成功后返京，朱建士与同事在北京机场合照……179
图 7-3　某次核试验九所作业队于核试验基地合影……180
图 7-4　邓稼先与于敏一起讨论问题……181
图 7-5　朱建士参加核试验时在罗布泊留影……183
图 7-6　朱建士在戈壁滩核试验基地……191
图 7-7　1996 年 8 月 5 日 "21-X8" 核试验圆满成功九所作业队全体队员合影……192
图 7-8　1996 年 7 月 29 日最后一次核试验圆满成功九所作业队合影……193
图 7-9　1996 年 7 月 17 日中国工程物理研究院参加过首次和末次核试验的部分人员一起合影……194
图 7-10　1999 年 5 月朱建士荣获全国五一劳动奖章……194
图 7-11　朱建士荣获全国五一劳动奖章……194
图 8-1　朱建士在投影仪前陈述自己的工作思路……197
图 8-2　朱建士给研究生上课……202
图 8-3　2011 年初朱建士为中物院青年科研人员作报告……203
图 8-4　朱建士的学术报告首页……207
图 8-5　1989 年 8 月朱建士参观美国新墨西哥州原子核博物馆合影……210
图 8-6　1989 年 8 月朱建士等参观美国圣迪亚实验室原子博物馆广岛投原子弹 B-29 轰炸机弹仓……211
图 8-7　朱建士出访俄罗斯在圣彼得堡冬宫前与马智博合影……211
图 8-8　1993 年 4 月朱建士、王继海与俄罗斯专家交流……212
图 8-9　1993 年 4 月朱建士参观俄联邦核中心技术物理研究院核武器博物馆……213
图 8-10　1999 年 6 月《中国核武器发展之路》报告团成员在朱光亚家中合影留念……213
图 8-11　1999 年夏朱建士作《中国核武器发展之路》报告……214
图 8-12　朱建士著作《爆轰波讲义》和《理论爆轰物理》……225
图 8-13　2002 年 8 月中央领导朱光亚、宋健为朱建士颁发第四届光华工程科技奖……225
图 8-14　1999 年总装备部核武器专业技术组成员合影……227

图 8-15　1999 年 7 月能源与矿业工程学部院士增选第一轮评审会议合影留念 ···230

图 8-16　2004 年 2 月 27 日朱建士参加"院士行"活动，参观秦山核电站······232

图 8-17　2005 年 10 月 12 日朱建士受邀在酒泉卫星发射中心观看神舟六号发射 ··232

图 9-1　2005 年朱建士在中物院研究生部开学典礼暨学位授予仪式上讲话 ···244

图 9-2　朱建士在中物院 2006 年学位与研究生教育研讨会作报告 ········251

图 9-3　2008 年 9 月 12 日开学典礼及授学位仪式，于敏、朱建士与学生合影 ···267

图 9-4　2011 年 9 月朱建士在中物院研究生开学典礼暨学位授予仪式上与学生合影 ···267

朱建士追思会···273

导 言

传主简介

朱建士（1936年3月28日—2011年12月18日），生于湖南省长沙市，中国共产党党员，流体力学、爆炸力学专家。1995年当选中国工程院院士。1958年毕业于北京大学数学力学系，同年入第二机械工业部北京第九研究所（中国工程物理研究院前身）工作。长期从事核武器理论研究、核武器设计及核武器爆炸性能的试验结果分析工作。历任科研组长、室主任、副总工程师。为中国原子弹、氢弹、中子弹的突破作出了重要贡献。参加了第一代核武器的改进和小型化工作。在二代核武器研制中，参与的核武器初级研制取得了突破性进展，使中国核武器的物理设计接近国际先进水平。作为技术负责人之一，从目标规划的制定，技术路线的选择、组织实施到具体工作都做了大量卓有成效的工作，为历次核武器试验的成功和中国核武器事业作出了重要贡献。曾获国家科技进步奖特等奖两次，国家科技进步奖三等奖及国家发明奖各一次；部委级科技进步奖一等奖两次、三等奖一次；获2002年度光华工程科技奖。与人合著《理论爆炸物理》一书，自己及与他人合作发表学术论文近60篇。受聘为北京理工大学、华中科技大学兼职教授。曾任中国工程院能源与矿业工程学部主任、四川省科技顾问团顾问、《爆炸与冲击》杂志主编、中国工程院主席团成员、中国工程物理研究院研究生部主任。

采集工作过程及思路

2016年10月，向中国科协提出朱建士学术成长资料采集工程立项申请，同时成立了由吕旗、魏玉欣、徐晓辉、张德艳、艾志瑛、余新川等人组成的采集小组，并聘请胡思得、应阳君等任采集工作的科技顾问。2017年，项目获得批准之后，立即着手开展工作。传主离世已六年有余，资料散失严重。小组从搜集朱建士先生已有的传记性资料、发表论著等材料开始，循着他生活、工作过的线索，制订出初步的工作计划，对小组成员进行了明确的分工。吕旗、艾志瑛负责访谈，吕旗、魏玉欣负责研究报告的撰写，徐晓辉等人负责资料长编的整理，张德艳等人负责实物资料的搜集和整理，大家共同完成录音整理。在采集工作的过程中，张慧儒、米进、逄锦桥、许洋、朱珊珊等同志也有所贡献。

以策划拟定访谈对象、访谈提纲为切入点，采集小组开始访谈工作。根据对传主的初步了解和认识，访谈提纲是基于对他的学术思想内容进行研判，围绕传主工作、取得成果的轨迹，特别是他的学术思想形成的环境和原因的探求拟就的，确定出访谈对象，受访人包括传主的亲属、同事、学生、好友、同学等，初拟出60余人的访谈提纲。

访谈工作根据受访人所在地域，分别在北京、长沙、宁波、成都、绵阳等地进行，共对62人次进行了访谈。

为了搜集到和传主有关的第一手资料，小组成员不辞辛劳，先后赴国家图书馆、北京大学档案馆、湖南省档案馆、长沙市档案馆、长沙市长郡中学、长沙市稻田中学、传主生前所在单位的档案馆等地进行了查找，得到了一些收获。走访传主的同事、亲友、好友、同学，获取了一些珍贵的资料。并以上网搜索、网购的形式，搜集到部分资料。

在单位领导和有关部门的积极支持、小组成员的共同努力和相关人员的大力协助之下，采集工作得以按计划有序向前推进。

重要采集成果

小组对62人次、约3533分钟的访谈进行了整理，形成了70余万字的资料；搜集旧有视频21段，共计489分钟。形成了研究报告撰写的重要基础。整理出40余万字的资料长编，对搜集到的资料按照要求进行了分类编目。于2019年11月21日向"老科学家学术成长资料采集工程"馆藏基地（北京理工大学图书馆）移交192件实物资料，779件电子版资料，共计800余件珍贵资料，含口述资料43件，证书20件，信件20封，照片186张，手稿31件，著作4部，报道111次，学术评价2份，视频、音频和其他电子资料及档案等400余件。同时，采集小组还向中国科学技术史学会提交了16万多字的研究报告。项目顺利通过结题验收。

已有传记类资料

由于传主从事的核武器研制工作的保密性质，传记类资料较少，仅仅搜集到三篇：《平淡亦是歌》（《三湘院士风采录》第四辑）、《痴心铸核魂》[《中国近代科学家故事》（上）]、《朱建士》（《20世纪中国知名科学家学术成就概览·能源与矿业工程卷·核科学技术与工程分册》第396—403页）。

研究思路与写作框架

本传记的主题是传主朱建士的学术成长，我们将其分为学术能力与学术风格两大部分。本传记的主要任务，就是要以学术成长的过程为依托，解析出传主具有了什么样的学术能力、形成了什么样的学术风格，然后分析影响传主的这种学术能力和学术风格产生或形成的主观、客观原因，而原因之中，又包含了诸如传主生活的社会、家庭背景、文化背景、师承关系、传主性格特征等一系列因素。梳理出这些因素与学术成长之间存在的关系，以及影响因素与成长之间的因果逻辑联系，作出我们认为有说服力的判断。

纵观传主一生的经历，沿着他的人生脉络，我们将他的学术成长过程初分为基础期、成长期、成熟期三个历史时期，围绕学术成长这一主题，分别进行研究。

基础期为出生到高中毕业（1936年3月—1954年8月）。在这个时期里，传主的家庭经历了从小康到衰败的变迁，他的生活也经历了从富足到在死亡线上挣扎，然后回归一般的过程。社会背景也发生了由相对稳定到抗日民族自卫战争兴起的激变。我们意欲对造成他家庭这种变化的社会原因和家庭原因进行分析，并试图在原因分析的同时，探求这种变化对传主主观意识及个性形成的影响，以及这些影响对于传主学术成长的影响。

成长期为上大学到早期氢弹武器化完成（1954年9月—1975年）。传主从上大学到成为一位科研人员，再到成为具有一定能力的科研骨干，在这个时期，他的学术成长非常迅速。我们想通过对传主求学经历的研究，表述他在大学的收获，而这一收获，无论是知识方面还是思维方式方面，形成了传主从事科研工作的基础。而在一项中国从来没有过的事业中，在创业的过程里，他所受到的主观和客观的影响，在他的学术成长上产生的作用，为他一生所具有的学术能力和学术风格抹上了浓烈的基色，他的工作也经历了一个核武器研制的完整过程。

成熟期为从早期氢弹武器化完成到他去世（1975年—2011年12月）。这个时期，他已经从一个一般的科研人员，经过课题组长、项目负责人、科研室主任，成长为核武器理论设计的副总工程师。从最初一般的课题执行人到了负责核武器型号工作的技术负责人。在学术上逐渐地达到了巅峰状态，并且在这一期间，组织、主持了大量对核武器事业发展具有重大影响的工作，以事业培养出的学术能力，解决了许多重大的问题。以事业培养出的学术风格，丰厚地回报了事业，丰厚地回报了社会，在推动核武器事业发展的同时，也在其他领域为国家作出了突出的贡献。

依照这样的设想，将本传记组织为9章39节及尾声。第一章，苦难童年；第二章，长郡中学；第三章，燕园春秋；第四章，投身核武器研制；第五章，"596"之战；第六章，情寄核威慑；第七章，跨越第二代；第八章，核禁试之后；第九章，受命研究生教育；尾声，谢幕时刻。

在章节的结构上，没有严格地按照时间递进为序，而是着重以反映"需要完成什么任务""他是怎么样完成这项任务的（包括这项任务的难度、难度如何被克服、这样的工作方法是怎么样获得的等等）""完成这项工作的收获（取得了什么样的成绩）""这项工作的经历使他得到了什么样的成长和能力的提升（这种提升对未来的工作有什么意义）"的方式进行叙述，选取一些典型事例进行撰写。

这样的方式在一定程度上淡化了传奇色彩，增加了理性的分量。

对于本传记书名的选择，也一度颇费周折。因为要和朱建士以往的几个传记书名有所区别，又要和他的工作相关。和他工作最密切的就是对爆轰波的研究，始终在理论设计理想的爆轰波与爆轰实验实际产生的爆轰波之间游走，不断寻找实验爆轰波与理论设计爆轰波的无限接近的办法，追求爆轰波形达到正圆形的圆满，由此，曾经想把书名设为"追求圆满"，但是这个书名的含义太宽泛，容易引发歧义。几经权衡，最终确定为"爆轰人生"。如此，能够准确、明确地反映传主所从事工作的性质和内容，朱建士主要是研究氢弹的"初级"，初级的作用是引爆次级，以小的爆炸带动更大威力的爆炸。除此之外，这种"初级"所表现出的功能，与他在现实生活中所担任的角色极其相似，也符合他在现实工作和生活中的愿望和作用，他总是能以自己的智慧和力量调动他周围同事们的智慧和力量，发挥出一个系统集体的合力。他正是一个甘愿以自己能量的"初级"，引爆所有合作者智慧、力量的"次级"，引发"聚变"带来丰硕学术成果和制造出先进核武器装备的人。

本传记成书的主要困难是传主已离世，我们的分析和判断无法得到传主的评价，只能以资料和他的同事、朋友的介绍为依托，得出一些与传主相关的结论，是否恰当，只能留待世人去评说了。

第一章
苦难童年

朱 章 联 姻

  朱氏是长沙县棠坡的望族,祖籍安徽。朱建士高祖光禄大夫朱原善(玉堂公),1854年(清咸丰四年),在棠坡修建"恬园",是朱氏数辈居住的地方。
  朱原善长子朱咨典(又名朱昌琳、雨田公),是朱建士的曾祖。朱咨典先做粮食生意,后在长沙市太平街开"朱乾"总栈,兼营粮食、淮盐和茶叶生意,渐积巨资成为长沙著名富商。1864年(清同治三年),朱咨典开设"乾泰顺"盐号并在南县辟有专用盐运码头,成为湖南盐

图 1-1 棠坡恬园(采集小组拍摄)

商首富。1874年（清同治十三年），朱咨典又出资开设了"乾益"茶庄，成为"南柜"总商，全力经营达50年。1877年（清光绪三年），他应山西巡抚曾国荃、陕西巡抚谭钟麟的嘱托，捐献大批粮食、布匹赈济晋秦两省灾民，功授候补道员。1895年（清光绪二十一年），朱咨典投资办实业，长沙第一家近代工业企业"湘善记"和丰公司便有他的股份。他还与人合作创建了湘裕炼锑厂，开长沙炼锑业的先河。随后又在暮云市①独资创办了阜湘红砖公司。朱咨典是长沙早期民族资产阶级的代表人物。他乐善好施，热心资助地方公益事业，并辟了专项资金，保证常年支付。1897年（清光绪二十三年），他倡议疏浚浏阳河，开辟新河船埠，先后捐资13万两白银，历经10年竣工，1899年又捐资修建平江长寿街麻石路面，体现了长沙商人的儒商风范。1911年（清宣统三年），当他年届九旬之际被举耄贤，特授内阁学士衔。

朱咨典的第三子朱访彝（字鄂生），是朱建士的祖父。朱访彝以开中医诊所为生。朱访彝育有三男四女，三子朱干（又名宽兀，字春城）即是朱建士的父亲。

朱干出生于1899年12月，从小聪颖过人。及至其中学毕业之时，家境已远不如之前那般宽裕，不得不以半工半读的方式求学，但他坚持同时在两所大学学习，除必修的学业之外，还刻苦努力，通晓了俄、英、德、日四国语言，最终毕业于汉口私立明德大学。大学毕业后，在长沙炼锌厂②做过会计，并先后在长沙市妙高峰中学③、省一中、广益中

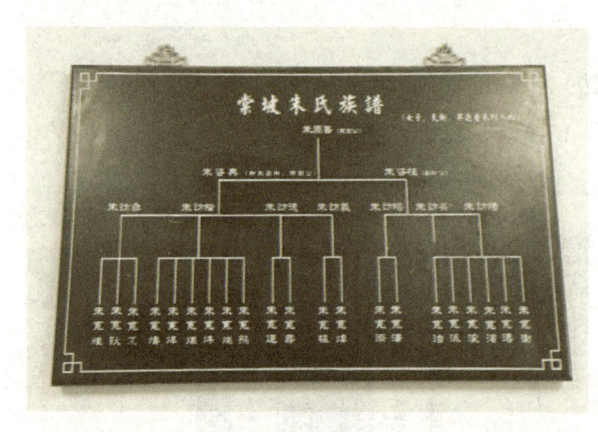

图1-2 棠坡朱氏家族图谱（采集小组拍摄）

---

① 暮云市：位于长沙市南托乡。
② 新中国成立后更名为湖南水口山矿务局第一厂。
③ 今长沙市第十一中学。

学、明德中学[①]教过英文,又在河南商丘一个盐栈做过会计[②]。

1919年4月,第一次世界大战的战胜国在巴黎召开"巴黎和会",决定把战前德国在中国山东的一切权益交给日本,引发了中国人民的强烈愤慨。4月底,北京2.5万名学生向全国发出通电,要求收回青岛。5月4日,北京5000名学生举行群众游行示威活动。痛打章宗祥,火烧赵家楼。拉开了中国近代史上五四运动的序幕。

五四运动很快波及全国。5月9日,长沙的报纸冲破湖南督军张敬尧的新闻封锁,纷纷报道了北京学生的爱国运动。中旬,北京学生联合会派邓中夏回湖南联络,向毛泽东、何叔衡等介绍了北京学生运动的情况,商量改组现在的湖南学生联合会,以便发动湖南学生响应北京的爱国运动。

7月9日,由湖南学联发起,成立湖南各界联合会。学联在暑假期间组织讲演团,演新戏。青年学生们不辞辛劳,日夜劳作,进行各种爱国反日宣传。在参与这一激荡历史运动的一众青年学子之中,朱干和章荃邂逅相识了。

朱建士的母亲章荃,字亮瑜,1901年出生在长沙县东乡的杨梅河,其家族成员大部分从事中医、开药店和教师的职业。章荃的父亲曾任长沙工商联合会的主席,家里在长沙市西长街[③]有两层楼的店铺六个,还开有福康药铺,家道殷实[④]。

1922年,章荃考入稻田中学[⑤],在此,与齐新[⑥]等人成为校友。

---

① 长沙市私立中学。
② 朱建士人事档案:自传,1954年。存于中国工程物理研究院档案馆。
③ 长沙市西长街为当时长沙最繁华的商业街。
④ 同②。
⑤ 稻田中学:1915年湘西、湘南的第二、第三女子师范并入省一女师,更名为湖南省女子师范学校,习称"稻田师范"。1934年改称省立长沙女子中学,简称"省长女中"。1938年为避战火,稻田搬到湘潭石潭肖家塘。1939年再迁安化桥头河与省立一师、一中并入湖南省第一临时中学。1945年抗战胜利后,省立一师、一中均迁回长沙复校。省长女中由于校舍全部毁于1938年的"文夕大火",复校最终未果。参见长沙市稻田中学主编:《稻田记事录1912-2012》。2012年,第1-2页。
⑥ 齐新,女,湖南宁乡花明楼人。1922年秋入湖南省第一女子师范,1934年毕业于湖南大学政治经济系。1939年7月,受命筹建湖南省第二保育院,收容从战火中救出的难童。1951年4月,她被委任为省直机关干部第一幼儿院长,1954年任第三幼儿院长,在幼儿教育界享有较高声誉,先后被选为第一、二届湖南省人民大会代表,1983年荣获省和全国"三八红旗手"称号。参见长沙市稻田中学主编:《稻田记事录1912-2012》。2012年,第182页。

长沙市稻田中学主编的《稻田记事录1912—2012》中记载如下[①]：

1909年清政府的湖南提学使吴庆坻以"省垣无官立女子师范及保姆讲习所，不足以树风尚而资兴起"为由，呈请建立湖南省立女子师范学堂"以立振兴女学，保育儿童之基"，旋即获抚院批准在古稻田修建校舍。1912年，由中华民国湖南省府定名的湖南省立第一女子师范学校（简称"省一女师"，习称"稻田女师"）开学，延请毁家纾难，教育救国，并且已经成功创办周南女校的校长朱剑凡为首任校长。

古稻田，办学历史并不太长，但名校长名教师名学生相映生辉，三湘名校古稻田美名远播，青史流芳。名师治校，是古稻田的优秀传统。有进步教育思想，热心教育又有其人格魅力的校长，吸引了一大批德才兼备的好老师，这些优秀的老师学有专长，教有特色，充分发挥其无穷的创造力，培养出优秀学生。毁家兴学的朱剑凡、以教育兴国为己任的徐特立都为打造稻田而竭智尽力。历任校长倾心办学，礼贤下士，遍聘名师。周谷城、田汉、杨树达、杨伯峻、周世钊、李青崖、鲁力刚、汪澹华、陈鹿苹、郭德垂、李相琼等名师硕彦都曾在稻田传道授业。

当时省会长沙公立学校还为数不多，稻田是其中一所，因为稻田的名气大，质量高，因而对招收的学生也就要求非常高，当时的学生能以考进稻田为荣。在高标准严要求之下，古稻田培养了大批优秀人才，三十年代活跃在电影界的著名演员王人美，著作等身、蜚声海内外的中国第一个女兵作家谢冰莹，深得鲁迅先生器重的作家白薇都是稻田学子。以及多位（校友在）解放后担任党和政府的重要领导人。作为湖南省的一所女子师范学校，稻田毕业生中有相当一部分活跃在教育界，她们兴校办学，开现代教育的风气之先。为湖南特别是长沙的基础教育作出了重大贡献。

---

① 长沙市稻田中学主编：《稻田记事录1912-2012》。2012年。

1927年6月，章荃中学毕业，在修业学校教书①。此时，朱干也已大学毕业。经稻田女师校长徐特立②证婚，两人喜结连理。

陷入危机

朱氏一族开枝散叶，除少数人仍在恬园，绝大多数已散布于各处。

朱干与章荃婚后头几年，三个子女相继出生。长子朱白安（后改名朱力士），长女朱文波，次女朱年三（后改名朱建中）。1936年3月28日，朱建士出生，他是家里的第四个孩子，就将他的小名取作"立四"。此时，家里还请过奶妈，雇过保姆，一家人的生活幸福美满，朱文波在自述中说③：

> 父母亲是自由职业者，都有职业，生活过得很舒服。在后来的三年，又生了弟妹，一家子共有六口，生活仍很好。我父亲是在明德大学商科系毕业，曾在炼锌厂及河南盐栈里做过经理。后来，因为他性情倔强不会吹拍，因此他不满商界，就改业教书。

1937年，朱干带着家人去河南商丘谋生，将幼小的朱建士寄养在乡下奶妈家中。

然而，好景不长，丰衣足食的日子在这一年发生了重大变化。

---

① 朱力士：《耿耿丹心铸核魂》，2007年3月。资料存于采集工程数据库。

② 徐特立（1877-1968），曾任长郡国文教员，修业学校教员。1909年，修业学校为铁路国有问题支持本省各界请愿召开国会，举行全校师生大会，徐特立讲演国事。曾任教于省立第一师范，是毛泽东的老师。参见卢鸿鸣：《郡园春秋》。长沙：湖南人民出版社，2014年，第16-26页。

③ 朱文波人事档案。存于湖南省歌舞团人事处。

卢沟桥事变（也称七七事变）[1]发生，朱建士父母和兄姐仓促逃回长沙。不久，朱干由于少年时曾经患过脑膜炎没有得到根治而复发并发症，经常间歇性发病，无法控制情绪，走在路上，一看到水就会晕倒，无法再从事工作，家庭失去了主要经济来源。这时，朱干的父亲早已去世，二哥朱宽眈失踪，从朱干的家里得不到任何经济支持，家庭堕入"上无片瓦，下无立锥之地"的窘境，一家人只得投靠章荃的娘家，迁至长沙市郊长沙县东乡杨梅河栖身。

七七事变之后，日军狂妄地叫嚣，要在三个月之内灭亡中国。在经历了淞沪会战、忻口会战、徐州会战、武汉会战之后，由于湖南是中国著名的"谷仓"，抗战时期，是民国政府粮食、兵源及工业资源的重要供给基地。因此，日军把湖南视为下一个重要的战略攻击目标。

为了应对日寇对长沙的进犯，国民党计划实施"焦土抗战"策略，制定了焚烧长沙的计划。但在计划正式实施之前，一系列偶然因素却让这场大火变得无法控制，1938年11月13日凌晨的大火，最终导致长沙3万余人丧生，全城90%以上的房屋被烧毁。这场文夕大火，让章荃家的产业一夜之间荡然无存，章父忧愤交加，不久辞世，家业由此败落[2]。

朱建中曾回忆道[3]：

> 父病重后，我们住在乡下，母亲没有工作，我们的生活费用和父亲的医药费都是靠过去父亲做事时的一点积蓄来维持。因为有支出而没有收入，生活一天不如一天，亲戚朋友对我们也一天不如一天，因为我们穷了。
>
> 他们是见钱眼开的人。当时的情形之下，父病，我们四姊妹又

---

[1] 卢沟桥事变，又称七七事变，发生于1937年7月7日，为中国抗日战争全面爆发的起点。日军在北平西南卢沟桥附近演习时，夜间日本军队以有己方士兵失踪为借口，要求进入宛平城调查。遭到中国军队拒绝后，日本军队于7月8日凌晨向宛平城和卢沟桥发动进攻。七七事变是日本全面侵华开始的标志，是中华民族进行全面抗战的起点，也象征第二次世界大战亚洲区域战事的起始。

[2] 1938年11月12日深夜，湖南省当局按照蒋介石"焦土抗战"方针和密令，纵火焚烧长沙城，大火延烧三昼夜，损失极为惨重。因12日在韵目代日表中为文日，故称"文夕大火"。

[3] 朱建中人事档案。存于湖南省妇幼保健院人事处。

小，不能帮助家里，母亲又不能工作，因家庭牵连了她，妈妈把过去买的一些比较好的东西，还在城里卖了一部分，在乡下做了一段时期小生意，勉强维持一家六口的生活费用。

寄人篱下的日子，不知道遭受了旁人和亲属多少白眼。即便如此，在不久之后，章荃的哥哥还是不能容忍妹妹一家的拖累，把朱干章荃一家六口赶出家门，一家人就此丧失了栖身之处。

章荃只得到杨梅河镇上租屋居住，又在镇里毛家祠堂乡村小学找到一个教师的差事，以教书的微薄收入维持家用。病中的朱干浑然不知家境艰辛，仍然按过去的习惯生活，经常拿钱在外喝酒，无钱时还在酒馆赊账，夫妻间常有争吵。

从朱建士记事起，几乎就没见母亲休息过。早上一睁眼，母亲已经做好了早饭。招呼孩子们起床，一家人吃完早饭，稍事收拾，上午上课的时间就到了，她匆匆赶往课堂教学。母亲教的是"复合班"，一个班里有多个年级。先给一个班的学生教新课程，其他学生自习、写作业。教完这个班，布置完作业，再教下一个班。所有班都教过一遍之后，上午的教学也基本结束。她又要赶回家开始准备午饭，午饭之后又马不停蹄回到学校，下午教学又开始了。下午下课后是回家准备晚饭，晚饭之后是批改学生作业。批改作业累了，就纳一会鞋底，权作休息。由于怕年幼的朱建士跌进屋边的池塘溺水，母亲从不让他离开自己的视线。牵着母亲的衣襟，朱建士的启蒙教育是从"旁听"母亲的讲课开始的。母亲做饭时，会一边烧火一边告诉他"火要空心，人要忠心"；纳鞋底时，会给他讲岳飞精忠报国的故事。和道理、故事一起铭刻在他心底的，是母亲的刚强、勤劳执着与吃苦的精神。母亲一心望子成龙，只想几个孩子读了书出来做大事，不论家庭情况如何每况愈下，还是拼着命地送孩子们读书。

章荃对朱建士抱有厚望，从小就叮嘱他要努力读书，将来升官发财，好赚钱养她。她很辛勤地到处筹措学费，总向孩子们说："我所有的钱、精力都用在你们身上了。将来就要靠你们了。"向孩子们灌输"万般皆下品，唯有读书高""吃得苦中苦，方为人上人"的思想。在母亲的教诲下，年少的朱建士学习很努力、刻苦，成绩也很好，当时的目的只是将来能升官发财，考虑问题时也多从个人利益出发。

朱建士在1954年的自传中写道[①]：

> 母亲师范毕业后直到现在担任小学教师，没有参加过什么党派、团体。只想我们读好书出来做大事，不论家境情况如何不好，还是拼命送我们读书，我从小就跟她在一起，六岁时跟她到保育院一直到小学毕业，进中学到现在最和她接近，受她的影响最深。

1939年9月到1942年2月，中国军队与侵华日军在以长沙为中心的第九战区进行了三次大规模的激烈攻防战，也称为"长沙保卫战"。

1941年12月23日，日军第40师一部向守军第20军油港河以南阵地攻击。第三次长沙会战[②]开始。

此时，战火已烧至长沙城下。章荃已经陷于孤立无助的绝境。朱干的小妹朱玉华及时伸出了援手，把久病不愈的朱干接到她的家里去寄养，后又带朱干一起逃到了重庆。章荃将朱文波送到长沙县东乡王家湾大姑母朱福清[③]家当干女儿。经打听，桂林有个儿童教养所，但这个学校只收抗日阵亡将士的子弟，章荃娘家一个叔叔是国民党团长，在前方战死了，他有个女儿比章荃的次女朱年三大两岁。利用这个机会，章荃把次女改成和自己姓，叫章年三，忍痛将她托别人送到广西桂林的儿童教养所。"这个学校是外国人经办的，信奉上帝，我尚不太懂事，只是跟着大家一同读圣经，做祷告，唱赞美诗。"[④]朱建中在教养所的日子就是这样度过的。直

---

① 朱建士人事档案。存于中国工程物理研究院档案馆。

② 1941年12月26日，日军第40师猛攻守军第20军阵地，攻陷关王桥及陈家桥。1941年12月28日，日军第6、第40师分别在新市东方、长乐街附近强渡汨罗江。1941年12月30日，第37军与日军主力激战于新开市、鸭婆尖、浯口一带。1941年12月31日晨，日军第40师猛攻第37军阵地。1942年1月1日凌晨，日军第3师开始向长沙东南郊阵地攻击。2日，日军第6师集结于㮾梨市，并以一部协力第3师进攻长沙。

③ 朱福清为朱干的大姐。

④ 朱建中人事档案。存于湖南省妇幼保健院人事处。

到 1941 年底,逃难至桂林的大伯朱宽耀将她领回,寄养到逃难在湖南祁阳的大姑母朱福清家。

为了能够生存下去,章荃想尽了办法,不惜夫离女散。1941 年 12 月 30 日,在日军第三次进攻长沙的前一天夜里,章荃带着朱力士、朱建士两个儿子,抛弃了家里的一切,逃难到了衡阳。

成为保育生

1942 年 8 月,受湖南第二保育院齐新院长信邀,章荃到位于茶陵的保育院执教。按照保育院的政策,原聘教职工可随带子女,并作保育生看待,免收学杂、伙食等费用。朱建士进入茶陵湖南第二保育院读初小一年级;兄长朱力士经湖南第四保育院(位于攸县)李融中院长同意,进入该保育院读初中。

1943 年下半年,朱建士大姐朱文波被从大姑母处要回,送入湖南第二保育院念初小四年级。7 月,朱建中也被母亲接来茶陵,改回原姓,入湖南第二保育院读初小二年级。

战火纷飞的年代,朱建士兄弟姐妹在母亲的努力下得以在保育院团聚,此时,一家人中只有父亲仍寄居在姑母朱玉华家。

湖南第二保育院在到茶陵之前,经历了重重磨难。

抗日战争初期,中国有 20 万儿童死于战祸,100 多万儿童被日军掳掠,1000 多万儿童四处流浪。武汉几名女性邓颖超、刘清扬、史良、沈兹九、陈波儿等愤而跃起,呼吁政府拯救难童,但国民政府无暇顾及。

1938 年 1 月 24 日,邓颖超联络各界知名人士,在汉口一江春饭店举行保育儿童发起人会议。①

抗战八年间，保育院抚育的难童共3万多人。儿童保育会刚一成立，立刻面临一个最大难题，救助难童的经费从何而来，面对1000多万四处流浪的难童，财政极度困难的国民党政府当然没有这笔资金，只有靠向社会募捐。②

1938年3月，湖南省战时儿童保育会成立。③

1938年11月，薛岳出任湖南省政府主席。薛岳夫人薛方少文接任湘保育分会主任，继在湘西花垣的湖南第一保育院之后，又先后建立了四个保育院，分别是第二保育院在长沙（后迁茶陵）；第三保育院在沅陵；第四保育院在攸县；第五保育院在湘乡。④

其中第二保育院于1937年8月在长沙建立，于1939年7月重建，由齐新任院长。时值长沙"文夕大火"不久，到处是残垣断壁，齐新四处奔波，才找到长沙市南门外五间兵营，作为难童的安身之所。

湖南省军政委员会要求保育会必须把抗日将士的子弟列为首先抢救的对象，并责令地方政府依照军属登记给予协助。1939年9月初的一个傍晚，

---

① 当日，救国会领袖沈钧儒和冯玉祥夫人李德全，文化名人郭沫若、蔡元培等183名发起人参加会议。3月10日，"战时儿童保育会"在汉口界限路圣路易女子中学召开了有700多位中外代表参加的成立大会。发起者共有183人，理事会理事56人，名誉理事270人。理事会设常务理事会，常务理事共17人，候补常务理事5人。理事长宋美龄，副理事长李德全。名誉理事中有蒋介石、冯玉祥、李宗仁、毛泽东、周恩来、朱德、叶剑英、沈钧儒、郭沫若、茅盾、老舍、蔡元培、胡适之、陈嘉庚、胡文虎以及国际友人史沫特莱、斯诺等人。保育总会和大多数分会，在八年抗战烽火中都设有儿童保育院，收容并保育从前线抢救下的难童。全国先后办有正式保育院47所，临时保育院或代养团体6所。1942年前后，一些分会相继合并，但也保留下了31所。所有保育院，除陕甘宁外，都办到1946年结束，移交给了国民党政府的社会部。参见兰鸟：战时中国儿童保育会纪事。《上海档案》，1997年第1期，第45—47页。

② 中央电视台纪录片：《难童》。资料存于采集工程数据库。

③ 湖南省会妇女界张默君、施剑翘等20余人发起成立中国战时儿童保育会，下设5个儿童保育院。当时规定：凡阵亡将士遗孤、前方作战将士及救亡工作人员之子女暨战区难童，年龄在15岁以下，4岁以上者，均可报名。参见向显桃：儿童保育院：战火中的摇篮。《文史博览》，2016年第1期，第21页。

④ 齐新：湖南第二保育院历难记。见：黎维新、刘建本、陈漱霜主编，《烽火岁月的童年》。北京：中国科学技术出版社，2009年，第74—78页。

岳阳临湘300名军人子女在湖南保育分会老师的带领下五天行走200公里来到长沙城，他们被并入湖南第二保育院。

保育院老师大多数来自长沙岳麓山下的大专院校，院长齐新、教导主任李融中从前都是长沙教会中学的高级教师。她们自愿放弃优厚待遇来保育院义务服务，这种行为在当时是很普遍的事情。湖南第二保育院几乎收容了湖南省北部地区所有军政官员的子弟。

1939年9月14日，驻扎在岳阳临湘的日军三个师团十多万人在空军的配合下，兵分三路向长沙外围进攻，很快长沙外围重要据点几乎全被日本军队占领，长沙市区的气氛顿时紧张起来。

9月下旬一个深夜，湖南第二保育院接到一个紧急通知：明天有上百架的飞机要来炸长沙，你们保育院要赶快转移，转移到茶陵。

孩子们当夜就集合，只拿一个小包，带一些随身衣服。由老师提着马灯带大家赶到长沙大西门码头，乘上十五条民船，于凌晨六点，沿着湘江向湘潭进发。在他们身后，日军三个师团已经渡过汨罗江，长沙危在旦夕。第九战区司令长官薛岳也不得不转移到湘潭地区。

三天后，木船划近湘潭城，隐藏在江边有树的地方休息，正好赶上日本飞机对湘潭狂轰滥炸，很多老百姓被炸死。齐新忙召集孩子们上船，船队刚刚离开，日军飞机又出现在湘潭码头，炸得码头上的船只火光冲天。

两天后，湖南保育院的船队航行进入了衡山，又遭遇了狂风巨浪。

湖南第二保育院船队沿湘江转入涞水航道，于1939年10月底，保育院到达茶陵下东村（后被李融中改为霞东村）后，才初步安置下来。院部设在乡绅肖康赞兄弟的住宅院内。肖康赞兄弟有四栋房子，都是青砖瓦屋。师生住宿及办公场所设在肖康赞家，中间一栋作厨房、保管室和职工住房，另一栋作教室，较远的一栋作医务室。

湖南第二保育院是一所完全小学，从一年级到六年级，都设有班级；年长、文化程度较低的同学设有特级班；四岁左右的幼童，还设有幼稚班；个别二三岁甚至八个月的幼婴，则由保姆照顾。

齐新回忆道①：

在茶陵县的霞东村安营扎寨伊始，孩子们就开始了半天学习、半天劳动的生活。接着就是如何对孩子们进行教育的问题。

为了使孩子们受到系统的良好教育，保育院实施了一整套战时教育方法。重点抓了爱国主义教育、集体主义教育、战备教育、生活与劳动教育、爱的教育。

在强敌压境、民族灾难深重的非常时期，向儿童、少年进行爱国主义教育特别重要。保育院的孩子多数家破人亡，背井离乡，饱受辛酸，他们渴望家庭的温暖、祖国的强盛。因此，进行爱国主义教育，最易为他们所接受并见诸于行动。开学不久，我们就组织了一次题为"为什么我被送进保育院"的讨论。激发孩子们对日寇的仇恨，对祖国的热爱。同时规定每天的晚会唱院歌，每天清早唱朝会歌。每当孩子们唱到"我们离开了爸爸，我们离开了妈妈，我们失去了土地，我们失去了老家……"时，大家常常泣不成声。每当他们唱着"老师早，同学早，大家见面乐陶陶。须记住，前方将士浴血在战壕，昨夜今朝，歼敌多多少！未来的主人，责任真不小，及时努力，莫负今朝"时，大家便神采飞扬，精神抖擞，充满着自豪感。当时我们的口号是："一切为了祖国""为祖国而学习，为长期抗战而学习"。在爱国主义精神激励下，孩子们的学习积极性和自觉性是一般学校无法比拟的。

由于他们高度自觉，学习勤奋，都胜利完成了学习任务，且成绩全都优异。1941年秋天，第一届毕业生投考湖南省立二中（校址在茶陵），18名考生全被录取，并名列前茅。以后几届投考国立十一中、国立二十中的毕业生也多被录取。

保育院还经常对孩子进行集体主义思想教育。这些孩子多数没有进过学校大门，更没有经过集体生活，组织纪律性较差。表现在学习生活上，只顾自己，不管他人；集合整队，行动迟缓；不愿参加集体

---

① 齐新：湖南第二保育院在茶陵。见：黎维新、刘建本、陈漱霜主编，《烽火岁月的童年》。北京：中国科学技术出版社，2009年，第80—87页。

活动或随便退出；上课迟到早退，不遵守课堂纪律和院里规则等现象经常出现。年龄大一点的孩子下塘捉鱼、挖藕或河中游泳，外出迟迟不归的事也时有发生。要使孩子们遵守纪律，增强组织观念，我们除要求教师以身作则外，还采取了一些具体措施：一是加强教育引导，我们经常对孩子们进行形势教育，使大家懂得在战争的非常时期，和平与安定是暂时的，面对敌人的侵略，保育院随时都得做好应变准备。如果没有严格的纪律，就不能形成坚强的集体；没有坚强的集体，就无法适应这残酷的战争形势。为了使孩子们懂得集体力量大的道理，我们经常组织他们参加集体劳动。从小车村运煤、运米到霞东村院本部，我们都采用流水作业，三年级以上的学生全参加，一个接一个把物资往下传，几千、几万斤的物资很快被运了回来。这样的事例教育了孩子，他们体会到个人力量小，集体力量大。在集体活动中，一人不好影响全组，一组不好影响全班，一班不好影响全院。二是在教育的基础上，建立学生自治组织。院有学生会，班有班会，班下分组。挑选有能力、在学生中有威信的孩子担任各层领导。我们对他们的要求，一方面把院里布置的工作严格贯彻落实，另一方面根据院教育大纲中提出的"教育生活化、纪律化、军事化"的要求，以快、齐、静为目标，经常组织班组竞赛。一日一检查，一周一评比。在院纪念周或朝晚会上，进行讲评，表扬好的，教育差的。孩子们很快克服了自由、散漫、无组织纪律的现象，集合快、齐、静，寝室里井然有序，棉被叠得整整齐齐，洗脸毛巾摆成一条线，牙刷摆一样高低。前来参观者无不啧啧称赞。

为了把孩子们培养成长期抗战的后备军，我们经常对他们进行军事常识教育及应付战争能力的训练。虽然院里没有正式成立童子军，但在体育课中选择了童子军的一些操练内容，如旗语、露营、野餐、跑步、爬山、救护等。院里还购置了一套"洋鼓洋号"，并为每个孩子做了一套童子军服，买了一个行军壶。每当孩子们头戴船形帽，身穿黄色童子军服，脚穿草鞋，在鼓乐声中昂首挺胸的列队通过茶陵县城时，人们总是投以赞赏的目光。孩子们也充满着自豪感与自信心。

生活与劳动教育是保育院教育大纲中的重要内容之一，主要是使孩子们不忘劳动人民本色。当时，几百名孩子衣、食、住、行的日常琐事都要靠院里老师负责，而院内教师编制又远远不够，如果不培养他们自我料理的能力，许多困难是无法克服的。为此，我们一方面进行劳动教育，一方面组织他们参加生产劳动。院里每周安排劳动课四节，主要是养猪、种菜、种藕、缝纫、打草鞋等。养猪、种菜，农村来的孩子都十分熟悉，并有一定的经验。打草鞋、做缝纫就须专人指导。打草鞋是请院里工友当师傅，孩子们心灵手巧，一学就会，有的还做得非常精致。缝纫课是为女生开的，院里专门请了一名缝纫教师指导。这些有益的劳动，不仅解决了穿衣、穿鞋供应不足的问题，而且改善了伙食。

保育院的孩子，都有心灵创伤，一有闲暇，思乡情切。为了温暖这一颗颗破碎的童心，我们想方设法使他们生活得愉快。每逢星期六，院里都要举行文艺晚会，要求各班必须拿节目，孩子们都要参加。经过一周准备的节目，内容丰富，演出精彩，常至深夜。星期天为自由活动，搞个人卫生。孩子们沉浸在紧张而愉快的时光中，"思家"的悲哀情绪也就没有了。

由于保育院实行的是"保教合一"，提出的条件是：既能教书，又能管学生的思想和生活。孩子们最敬重、最热爱、最信赖的是老师。平日，老师像母亲一样爱孩子，孩子像亲母亲一样亲老师。保育院和老师没有寒暑假，也无星期天。他们除了备课、上课、批改作业、参加各项活动外，还要检查卫生，为孩子们缝补衣裤。夜晚，孩子们依偎在老师周围听故事、道家常，直到睡觉时才散去。孩子们有病，老师问寒问暖，亲自照料。由于老师把整个身心都扑在孩子身上，老师在孩子中享有崇高的威望。老师有事，孩子都争着做。

朱力士在《第二保育院流亡记》中写道[①]：

[①] 朱力士：第二保育院流亡记. 见：黎维新、刘建本、陈漱霜主编,《烽火岁月的童年》。北京：中国科学技术出版社，2009年，第96-97页。

1941年9月18日，日军发动第二次长沙大战，齐新和李融中在保育分会接收新生约200名。9月27日下午，齐新和李融中带领200名保育生刚要离开长沙，日军早渊支队渡过浏阳河突然冲进长沙城，城中的中国守军仓促之间立刻反击，但为时已晚，日军早渊支队已经占领长沙东北部分街道。齐新与约200名保育生陷入日军与中国守军的对抗地带。他们头顶枪弹乱飞，已经无路可逃，正在焦急中，天空突然出现美国支援队陈纳德飞虎队的轰炸机，在被炸日军的一片混乱中，齐新和李融中带领保育生东奔西跑，在傍晚终于冲出长沙城。这时，城外日军第三师团先遣队发现了他们的行踪，以为他们是第九战区司令部的家属队伍，在后面紧追不舍。齐新与保育生日夜奔跑，他们于第三天早晨跑到株洲，以为摆脱了日军的追击，在株洲火车站买米做饭。不料，日军第三师团尾随而至，齐新与保育生赶紧向大山深处的茶陵县跑去。所幸，日军没有再次追击。

不久，齐新对保育院进行了一次重大改革，把500名保育生分为50个小家庭，每一个小家庭分两名女老师担任他们的妈妈，照顾他们每一天的吃饭、起居。

在1944年6月的第四次长沙会战中，日军第166师团在攻击湘潭防线时，防守该处三个师的湖南籍守军没有进行任何抵抗就逃之夭夭，长沙城就这样被日军轻易包围。6月8日，日军仅留三分之一的部队攻打长沙城，主力部队继续南下，直逼衡阳一带。距离衡阳不远的湖南第二保育院危在旦夕。

当时国民党撤退得很紧急，齐院长和李老师商量，决定还是跟着省政府的路线走，省政府准备撤退到汝城，是大山区，她们觉得在那里可能还有一线希望，可以让政府拨一点粮食给保育院。

这时，湖南第二、第四保育院合并，难童已达1000多名，在他们离开茶陵的第三天，日军先头部队就到达了茶陵。

1944年6月中旬，他们沿着这条山涧小河，向大山深处的汝城转移。

当时保育院的经费不是由国家固定地拨给，没有稳定的来源。大部分经费都是靠着院长、老师去募捐,而在逃难的时候就无处去募捐了。为了解决经费,都是老师在头一天,向当地的老百姓或者向政府,或者那个时候的保甲长讨一点东西。讨到米的话,就让孩子们把裤子腿扎起来,把米灌进去,跨在脖子上搬运。①

当时刚满八岁的朱建士常常趔趔趄趄地行进在背米的队伍里,一走就是几十里山路。大一点的孩子走在前面,到宿营地就煮饭,米不够的时候,就只能煮一点点稀饭。老师带着年纪小的和生病的孩子从后面赶上来。

第二保育院在逃往汝城的路途中,有一个月无法筹集到粮食,只好给学生吃野菜树皮。孩子们没有足够的营养,很多得了夜盲症,夜里行进时,只好一个老师牵几个孩子牵着走。有一天,老师带着孩子们到河边上去洗澡,到了河边,孩子们看见水高兴得不得了,把手指在沙石上磨一磨,手指甲就不藏污纳垢,大家正在那里洗着,突然发现顺水漂来了一头死的水牛。小朋友不顾一切地爬到那个牛的身上,用牙齿咬牛皮,吃里面的生肉。老师拽都拽不住,最后把那一条水牛吃得只剩下一点点骨头一点点皮。②

1944年的湘桂大战,以国民党军队的失败而告终,日军按照预定计划打通了横穿中国南北的铁路线,并占领贵州独山附近,打开了通往重庆的门户。

尽管在逃难的路上经历了千难万险,但保育院的老师们始终坚持着,她们意识到中华民族复兴的希望在这批孩子身上,孩子们一到宿营地,老师们马上给学生上课。时局越来越紧张,老师们急切想把民族文化传授给每一个孩子。

有一次上课,一个小朋友问了一个问题,他说,老师呀,你们都说我们中国的版图要比日本大得多,我们那么大的一个国家,怎么被小日本给打败了,占领了大半个中国呀。老师说,落后就挨打,我们一百多年来都搞闭关自守,经济非常落后。而日本呢,他们搞了什么明治维新,把经济搞上去了。我们要不落后、不挨打,就得要富强,要富强就得靠我们每个

---

① 中央电视台纪录片:《难童》。资料存于采集工程数据库。
② 同①。

人，就得要靠每个中国人自强起来，要把中国建起来。①

艰难的跋涉中，看到身边由于疾病永远留在路边的小伙伴，时时忍饥挨饿的常态，让朱建士不知多少次体味到了生与死的考验，这却是他第一次从老师的口中知道了为什么会受这样的苦，以及为了改变这样的命运，每一个人应该怎么做。

1944年8月，湖南第二保育院1000多名师生长途跋涉赶到汝城，在一所山村小学安营扎寨。

汝城地处湘南山区，是大土匪胡凤璋②的天下，一天傍晚，七个男孩子在河边玩耍，一会儿不见了，经多方查找认定是被胡凤璋的儿子骗去了。齐新领着老师们一起到胡凤璋儿子的土匪窝上华寨要人，胡凤璋的儿子不知保育院到底是什么机构，放了七个孩子。

但在不久后的一个深夜，汝城县政府突然发来紧急通知，据一个被捕土匪招供，晚上胡凤璋的土匪要抢保育院的孩子卖到云南。时间如此紧迫，向几十里地之外的驻军求救已不可能，齐新决定与土匪周旋到底。她叫来教务主任李融中，两人分头叫醒孩子们，点燃所有的煤油灯、煤气灯。这时，田野中闪出一路火把，老师们已看得清土匪的身影，他们要明火执仗地来抢人了。

县城离保育院驻地有八里路，又没有通信工具，求救求助已经来不及。老师中只有一个搞总务、搞需务的教工是男的，其余全部是女老师，这怎么办？

只有大家一起扛住。大家站在礼堂里，礼堂窗户都是敞开的，又没有玻璃。就看见土匪从山上一直走下来了，灯笼火把有一长溜，院长镇静地说，没有关系，唱歌。

大家开始唱歌，一个班一个班地由老师带着，整队站在这个礼堂，不准分散。土匪一看保育院通明透亮，以为保育院早有准备，甚至可能有军

---

① 齐新：湖南第二保育院在茶陵。见：黎维新、刘建本、陈漱霜主编，《烽火岁月的童年》。北京：中国科学技术出版社，2009年，第80-87页。

② 胡凤璋（1874-1949），又名训忠、丙镗，汝城县马桥乡石泉村人。曾任蒋介石国民革命军第一游击中将司令、汝桂警备团团长，是当时湘粤赣边界武装力量最强的割据势力。《毛泽东选集》第一卷"井冈山斗争"中曾指其名。汝城解放后，于1949年8月15日在桂东沙田伏法。

警保护。不然的话他们怎么还唱歌，歌声四起、灯火辉煌，土匪就悄悄撤走了。

此事在1000多名孩子的心中影响至深，让他们知道了一个道理：只有勇敢面对困难才能战无不胜，只有集体的力量才能创造奇迹。

1944年的下半年，粮食奇缺，再加上胡凤璋经常骚扰，保育院简直陷入绝境。女生班只好在老师的带领下靠给军队缝制衣服勉强度日，无奈之下，李融中和齐新坐船赶到100多公里外的第九战区司令部去要粮，这时，湖南保育会的负责人薛岳夫人方少文却突然要求他们解散保育院。

薛岳此时正为战事心力交瘁，残酷的中日湘桂大战已经使第九战区在作战中无还手之力。薛岳说，第九战区已经无力养护这些孩子。

然而，保育院却奇迹般地生存了下来，保育院自己办起了农场，开垦土地达300多亩，并成立服装厂，齐新、李融中带领孩子们一直坚持到抗战胜利。

从保育院到育幼院

在汝城期间，每周一和周六的早晨，保育院都要举行朝会，大家都按班级在礼堂里集合，唱李融中主任写的《朝歌会》。到了晚上又集合，每天晚会上必唱由女作家安娥作词、青年音乐家张曙作曲的《战时儿童保育院歌》。这首歌成了难童们接受爱国主义教育的主题歌。每当唱到"我们离开了爸爸，我们离开了妈妈，我们失去了土地，我们失去了老家"时，大家心情沉重，声音颤抖。当唱到"我们的大敌人，就是日本帝国主义和它的军阀。我们要打倒它，要打倒它！打倒它，才可以回到老家……才可以看见爸爸、妈妈……才可以建立新中华"时，全场热血沸腾，激动不已。特别是要"建立新中华"，提高了大家的认识。会上，大都由齐院长讲话。

朱建士永远忘不了那一次齐新院长的讲话，齐院长面对台下衣衫褴褛的孩子们宣布：日本鬼子投降了！全体成员热烈欢呼、鼓掌，人人热泪盈眶。齐院长说，美国在日本丢了两颗原子弹，日本彻底失败了。在这欢快的气氛中，一个疑问也在朱建士的心中浮起：原子弹是什么东西，怎么这么厉害，逼得日本鬼子都投降了？

从1942年起的几年颠沛流离的逃难生活，让朱建士尝尽了人间疾苦。父亲不在身边，正是依恋妈妈的年龄。朱建士和妈妈虽然在同一个保育院，但是他却从来不能叫妈妈，与妈妈见了面也只能叫章老师。

卫生条件差，朱建士的全身生满了疥疮，没有药物治疗，溃烂了几年不愈，最后在一个山涧的溪水中洗濯，可能是水中含硫成分较高，洗了几次之后，方得痊愈。但比起那些在痢疾、疟疾等流行病中失去生命的伙伴，他还算是一个幸运儿。

几十年之后，九十高龄的齐新院长还讲起过朱建士在保育院的一件往事："保育院设在茶陵时，时局比较稳定。省教育厅（设在耒阳）派几名官员来院'视察'（检查工作）。全院师生连夜准备，在简陋的小礼堂的墙上贴着学生们的作文，文字优美，工楷抄写。正当视察时，朱建士忽然走进礼堂，大摇大摆，指手划脚地说：'假的，这都是假的！作文是老师改好请人抄的！'这一声'揭发'惊得我哭笑不得，视察员也惶惑不解。我笑了笑说：'作文的确是老师改过的，为了帮助学生进步。值得自豪的是，我发现保育院出了个敢讲真话的学生，这十分难得。'视察员点头称是，哈哈一笑。"[1] 由此可见，朱建士自小就有讲真话的个性。

在这里，生存成为第一需要，为了生存，什么样的困苦都被奇迹般地克服了。准军事化的管理，让还处在需要呵护年龄的少年过早地成熟了。面对摆在眼前散发着诱人香气的稀饭，所有饥肠辘辘的孩子，只是拼命地用嘴吹着冒出的热气，好加快稀饭变凉的速度，待"开动"的口令下达，才开始快速地吃饭，只有最先吃完碗里的饭，才有可能去盛第二碗。在保

---

[1] 朱建士侄女朱晓林提供的资料。

甲连坐管理制度之下，一个人犯错，其他人要受连累。如果吃饭时，小组中的哪一个人犯了错误，整个小组的人就可能全体挨饿。因此，为了他人的利益而约束自己的行为，无形中形成了全体孩子严明的纪律性。

1945年底，齐院长带着第二保育院迁回长沙，先住在岳麓山下陈家品墙大屋，因此地偏僻交通不便，经过努力又把院址迁到长沙南门外长岭上。

院长齐新在回忆录中提到[①]：

> 1945年8月，传来日寇投降的消息，师生们欣喜若狂，苦难的历程终于有了尽头，保育院出现了有史以来第一次真正的欢乐景象。到12月，我们在极困难的情况下复员长沙。一路水陆兼程，又在长沙大西门码头上岸，旧地重归，不胜今昔之感。

1946年3月底，湖南省各保育院同时奉命结束战时收容任务，转为战后救济。各保育院的孩子中有家可归的，护送回家与亲人团聚，无家可归但有条件就业者，尽可能安排就业。

第二保育院撤销后由当时的救济署接管，改称长沙育幼院，后救济署撤销，长沙育幼院改建为湖南省第一育幼院，这一时期，学校里同学和老师都没什么太大改变，性质也差不多，齐新仍任院长。对于原第二保育院中

图1-3 1946年朱建士（中）与母亲章荃（右）、二姐朱建中（左）合影（家属提供）

[①] 齐新：湖南第二保育院历难记。见：黎维新、刘建本、陈漱霜主编，《烽火岁月的童年》。北京：中国科学技术出版社，2009年，第79页。

那些年龄小的孤儿或者无家可归又无法就业者，则被齐新院长留在了湖南省第一育幼院。朱建士的父亲随姑母逃难去了重庆没有音讯，哥哥姐姐尚在读书，保育院解散，母亲也失了业，他本人属于无家可归又无法就业，因此才得以继续留在育幼院接受培养。

朱建士的姐姐朱建中在自传中回忆[①]：

> 抗战胜利了，我们学校奉命迁回长沙，我们都高兴得很，因长沙比汝城这小地方好。可是一到长沙，不但不能继续读书了，而且会变成乞丐。因我们学校是宋美龄办的，她是在美国说中国难童怎样可怜得来的经费，现在胜利了，这笔费用的来源断绝了，会解散我们的学校，都是一些没办法的孩子，到哪去呢？年纪比较大的进工厂去了，有的得知家庭下落的回去了，剩下一部分是毫无办法的了。我们也是无办法想的一分子。妈妈失业，我们姊妹失学的事实马上就要实现了。但是贫苦的孩子是有救星的。这时，救济署办了一个育幼院，是

图 1-4　1947 年大小患难朋友长沙留别纪念（前左四为章荃，左五为朱建士。家属提供）

---

① 朱建中档案。存于湖南省妇幼保健院。

第一章　苦难童年

爆轰人生　朱建士传

图 1-5　1947 年朱建士在第一育幼院时留影（家属提供）

收容苦孩子的，因育幼院的院长就是我们以前的保育院院长，我们剩下的一群都进了育幼院，共有六百多同学。我高小差一年毕业，先生、院长很多是过去保育院的，我的妈妈也在这里，只是不和我住在一起，她在三部，我在一部，相隔有四五里路。

1947 年冬，朱建士参加了第一育幼院召集的高年级班同学会议，为齐院长的哥哥齐学启将军补办葬礼。齐学启将军在缅甸战场与日寇作战中英勇牺牲，当时孙立人将军是远征军新编 38 师师长；齐学启为副师长。①

英雄能够被大众所敬仰、被爱戴，但英雄也不是遥不可及，也是普通人中的一员。对于崇尚英雄的朱建士来说，从前印象中的英雄第一次离他这么近，这也坚定了他将来做一个英雄的信心。

当然，就当前的朱建士而言，最重要的还是要刻苦地读书，读好了书，才能有本事挣更多的钱养妈妈；才能把国家建设好，不让日本这样的国家再欺负我们；才能知道原子弹是什么而且为什么那么厉害……

1948 年 6 月，朱建士即将从小学毕业。在那时，虽然父亲已从重庆回到长沙，但病情仍不见好，哥哥姐姐也未自立，全靠母亲微薄的薪金勉强度日。家境无法支持朱建士自费读书，所以毕业就意味着失学。但当时有个规定，要想靠政府救济继续求学，必须同时达到三个条件：一、成绩优秀，即要成为育幼院毕业生的前三名；二、要能考上一所公立学校；三、要通过社会救济协会的例行考试。经过一番努力，朱建士取得了育幼院全年级第三的成绩，并考取了长郡中学，通过了获取救济署社会处救济协会奖学金的资格考试，也才得以继续读书。这时他的数学就很好了，他在入

---

① 石裕凯：边逃难边成长的十一年。见：黎维新、刘建本、陈潋霜主编，《烽火岁月的童年》。北京：中国科学技术出版社，2009 年，第 40 页。

图1-6　1948年朱建士（前排右一）所在湖南省第一育幼院第四班毕业生合影（家属提供）

学登记表上将"算术"写为自己的特长。同时，在育幼院期间，他坚持加强体育锻炼，打球也是他的特长之一。

人的个性的形成，一定会受到其成长环境的影响。朱建士幼年及童年的生活经历，形成了他一生个性的主要基调。

在朱建士少年阶段，影响他个性的有几个因素：

其一，国破。日本帝国主义对中国的侵略，是朱建士成长的历史背景。尚不完全懂事，就被战争带来的紧张情绪所感染，追求安全感成为彼时整个社会的共同愿望，也在他幼年的心底打下了深深的烙印。

其二，家亡。朱建士的家庭经历了一个从小康到破产的过程。常说，"由俭入奢易，由奢入俭难"，从艰苦到富足好过，从富足到艰苦难过。他

第一章　苦难童年

家境的变故正是一个"难过"的典型：时局的变幻，使得自由职业者们没有了安稳的依托；加上父亲的疾病，外公家的破产，让朱建士家经历了从富裕到寄人篱下、遭人白眼、流离失所、家人分离、仓促逃难的磨难。在本该天真烂漫的年龄，就备尝生活的人间冷暖。尽管面对充满神秘的自然，有那么多的疑问，他也从最初见人就问、喋喋不休的"肉喇叭"[①]，变得不情愿地闭紧了自己的嘴巴，要看人眼色行事。生存成为第一需要，所有与生存无关或者妨碍生存的行为、语言都会被调整，最终成为一种强烈的自律，不说少语终成为他那一阶段的特征之一。

其三，家人的影响。母亲的影响最为深刻。朱建士母亲受过高等教育，亦留有封建礼教痕迹：三从四德、相夫教子是本分；在生活的重压下，含辛茹苦、忍辱负重，有时还要强充门面地好强，所有的苦自己咽。母亲的教诲，不仅有精忠报国、人要忠诚的大道理，也有要尽孝、将来要养活父母等为人"三纲五常"之内容。哥哥替家庭分忧的举动，大姐天生叛逆、特立独行，因而经常受到长辈的处罚，也成为他生活中活的教材。在察言观色中，在母亲的言传身教下，他也在逐步学习立身的生活技巧，努力成为每一个家庭成员都喜欢的人。

其四，学校的影响。朱建士的小学是在保育院度过的，这里与其说是学校，其实更像一个家。构成这个家的主体，是因战争成为孤儿的难童。这个家的家规是保育院严格的管理制度，他的妈妈虽然在这里任教，但他只能叫章老师。管理条例中的规定，使他树立了严明的底线意识；联保的管理方式，让他明白了一个集体中个人应该承担的责任：不能由于自己的过失让集体中的其他人受到连累；集体生活的经历，让他感受到在生活中遇到自己一个人无法逾越的困难，要依靠集体团结协作共同克服，维护集体、倾力帮助他人成为他品德中的组成部分；从构成集体形形色色的人的身上，他也在以他的视角解读社会……保育院的经历，其实也是一个生存与夭亡斗争的过程。食不果腹，每天在饥饿线上挣扎；疾病肆虐，多少难童在颠沛流离的途中倒下；朝不保夕，谁也无法预料明天的结局。这里有

---

① 朱建士的哥哥朱力士表达的用语。

民族战争的危机，也有身边的匪患。一些鲜活的事例，让他懂得了生存需要抱团取暖、需要发挥集体的智慧与力量、需要真诚的相互帮助。童年就已经有过的生死磨难，也成为他一生的财富，在他日后的工作与生活中遇到的困苦，与之比较都不算什么了，他还有什么样的困难无法克服呢？被孩子们称作"妈妈"的齐新院长等一大批保育院老师对于孩子们的付出、对于孩子们的爱，对于事业的忠诚、热情和投入，也成为朱建士的榜样。在面临该做什么样的事、该怎么样做事、该怎么样做人等一系列和人生相关的问题时，院长与老师们的身影，时时成为朱建士无形中效仿的楷模。

　　残酷的现实，让朱建士深深地懂得：无论如何，必须留在保育院，如果离开了保育院，自己就没有了活路！为了能够这样，什么逆来顺受、什么委曲求全都算不了什么，变幻莫测而严酷的生存环境，培育出他极强的适应能力。虽然没有人时刻明确地教导，但无数自己经历和发生在身边伙伴中的事实，培养了他的悟性，使他学着探求事物发生发展的原因，学会总结经验教训。这成为深深植根于幼小的朱建士心中并且影响了他一生的个性成分。

　　随着战事的更迭，保育院这个烽火中的摇篮在崇山峻岭中数度迁徙，饱受颠沛流离之苦；虽缺吃少穿、疾患肆虐，但保育院从未放松对战区难童从做人到学习知识的教育。保育院以救助功能为主，可在学习方面要求严格，课程设置和教学完全与正规的学校相一致。保育院实行的军事化管理，为朱建士日后严格的组织纪律性、热情竭力帮助他人个性的形成，打下了深深的烙印。

第二章
长郡中学

投 身 长 郡

1948年，长郡中学属于公立学校，公立学校收费比较少，考的人自然就多，所以相对难考。但朱建士终被长郡中学录取。朱建士还以第三名的成绩从湖南省第一育幼院毕业，取得了社会处所属的救济协会[①]的奖学金。

2009年，朱建士在长郡建校105周年励志报告会上为在校学生讲述[②]：

> 长郡中学在历史上有过很多名字，那时候是叫作长郡联立中学，联是联合的联，建立的立。当时它应该是按照古时候长沙郡的12个

[①] 新中国成立前国民党的社会救济部门，新中国成立后该组织属省民政厅。
[②] 朱建士：长郡建校105周年励志报告会，视频文字整理稿，2009年10月9日，长沙长郡中学。资料存于采集工程数据库。

县联合办的，在那个时候属于公立学校，公立学校收钱比较少，考的人比较多。

长郡中学，原名长沙府中学堂，1904年由长沙府署筹建。最初租黄泥街余宅为校舍，后迁至宝南街。1908年，长沙府署拨专款于学院街三府坪考棚区兴建校舍，1909年2月竣工迁入，次年，饥民反抗官府遭到镇压，愤而殴官吏，焚衙署，波及学校，校舍毁于大火。1910年7月在原址上开始修复，并稍扩大范围，1911年竣工。

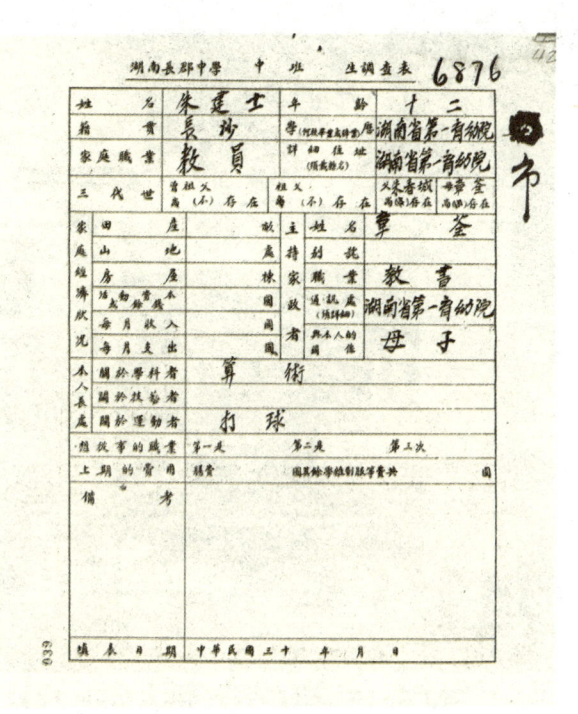

图2-1 朱建士入长郡中学登记表（湖南省档案馆提供）

图2-2 长沙府中学堂门楼，位于现长郡中学校园内（采集小组拍摄）

图2-3 伫立在长郡中学校园中的朱建士铜像（采集小组拍摄）

第二章 长郡中学　33

图2-4 1909年建成的长沙府中学堂（长郡中学前身）校门（长郡中学提供）

1912年，民国建立，废除府制。原长沙府属十二州县（长沙、善化、宁乡、浏阳、湘潭、湘乡、湘阴、益阳、安化、醴陵、攸县、茶陵州）各驻省中学皆力量不足，难以独办，各县有识之士倡议合入府中学堂，集中人才、物力、财力，以收育才实效，定名为湖南长郡公立中学校（简称长郡中学）。

图2-5 20世纪30年代长郡联立中学校门（长郡中学提供）

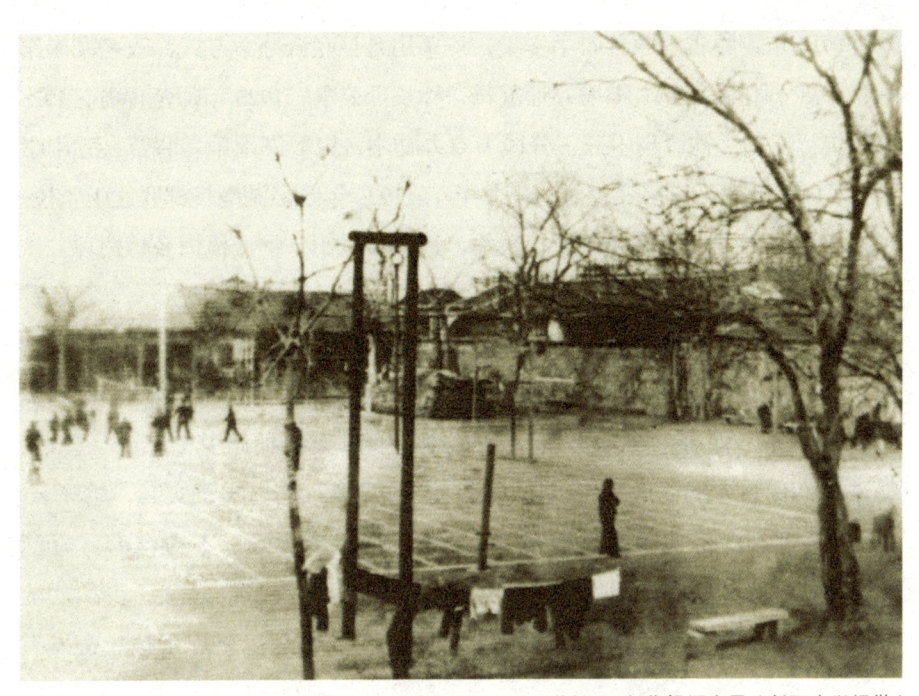

图 2-6　20 世纪 30 年代操坪全景（长郡中学提供）

图 2-7　文夕大火前的学校图书馆（长郡中学提供）

第二章　长郡中学

1914年，原省内原各府中学堂，均采用各县联合办学方式，改名湖南第一联合县立中学。1917年增办师范科，称长郡公学。1925年师范停办，1926年秋实行新制（初、高中三三分段）专办初中，恢复湖南第一联合县立中学原名。1927年"马日事变"后，停办半年。1930年改名湖南长郡联立中学校。1931年增办高中。1938年避日机轰炸，迁安化蓝田，继迁樟梅乡樟树坪。抗战胜利，复经蓝田迁回长沙，修复被日机炸毁之校舍。①

有"老虎校长"之誉的第六任校长彭国钧（1911—1919年），在民国初建（1911年）之时，就以爱国主义为思想教育总纲，制定校训"朴实沉毅"。"朴"即朴素、本真，《老子》中有"见素抱朴，少私寡欲"之语，告诫人们保住本真，不为外界物欲所动摇。"实"是真实、实际，管子云："言不得过其实，实不得过其名。"告诫人们讲求实际，不得浮夸。"沉"即深沉、沉着，"毅"是坚毅、果敢，"沉毅"即沉着坚毅之意。少私才能守真，求实才能去伪，沉着则猝然临之而不惊，刚毅则坚忍不拔、奋发有

图2-8 2018年长沙长郡中学"朴实沉毅"校训（长郡中学提供）

---

① 长郡中学校友会编：《长郡九十年（1904-1994）》。1994年，内部资料。

为。"朴实沉毅"校训之定，为学校树立了教书育人之根本。同时期教师黄铭功作校歌词："雄兮古潭州，襟带江湖踞上游，旧时人才渊薮。中华兴复，共道湘人多造就。四海尽同胞，况吾侪同郡，情联意属相研究。一班班作壮猷，一行行步伐遒。看长沙子弟精神运五洲，凯歌声，还相续。"意在激发学生热爱祖国，"以天下为己任"之雄心壮志。彭校长又以培养有益于国家、有益于社会的有用人才为长郡的教育目标，提出有用人才的标准："一曰爱国，二曰利人，三曰不剥削，四曰有真才实学，五曰爱劳动，六曰正直不畏强暴。"教导学生关心国家大事，为社会有用之才。①

新中国成立前，在长沙市除省立一中外，学费最低的是长郡中学，学子中贫苦人家子弟很多。学校体谅这些学子的苦衷，从未要求做统一的校服，所以每逢长沙市学生集会，雅礼中学、福湘中学、明德中学、周南中学、文艺中学、明宪中学等都着统一校服，蔚为壮观，唯独长郡中学穿得五颜六色，着什么装的都有，因此被称作"叫花子"学校，但毫无讥讽轻蔑之意，反而投以钦羡的目光。因为他们深知长郡中学是造就培育英才的摇篮。学校的校风正派，学生学习的努力程度，不输于任何其他学校，学生的成绩在长沙也一直名列前茅。

长郡中学历来严谨治学，学风优良。长郡学子苦读书，但从不死读书，他们关心天下大事，关心祖国的前途命运，一批批长郡学子投入革命洪流。长郡中学培育造就出许多国家栋梁之材，近代就曾经走出过徐特立、李维汉、任弼时、李立三、陈赓、萧劲光、田汉等一大批优秀学生。②

1948年秋，当朱建士走进位于学院街三府坪内转角处的长郡中学时，映入眼帘的是有些破旧、略显寒碜的青灰色斑驳大门，"门内有竹子围成的一个圆形小花园，正开着淡紫色的小花。左边是一线长廊，墙上涂了黑漆的几块黑板，是学生办的墙报。粉笔字十分工整，从中能够一窥学生中高手的手笔。廊墙厚一尺余，夹墙各有一条五尺来宽的走道，铺着方形的青砖。白色的廊墙下漆有黑色的墙裙，显出很凝重古朴的学府气派。放眼

---

① 卢鸿鸣：《郡园春秋》。长沙：湖南人民出版社，2014年，第16-26页。
② 王明哲："叫花子学校"育英才。见：长郡中学初99班高35班校友编，《长郡在我心中——纪念母校百年华诞》。2004年，第117-118页，内部资料。

一望，长廊深深，两边是对称排列着的两排教室。教室两两之间有一个一丈见方的天井，每个天井中央有一棵高大的梧桐，半径近人合抱，夏日枝叶浓密，亭亭如盖，耸于舍宇之外，光线被遮挡。使宽阔的教室显得不太明亮"。①

大门的西侧有一道直通操场南墙的隔墙，将学校分为东西两部。东部为高中部，西部为初中部。

一座韩玄古墓，坐落在操场的一角。外观并不宏伟，造型堪称雅致。底座为长方形，面积不足10平方米，高也不足10米。整个墓堆是呈斜面向上的屋顶形建筑，正面立有小型花岗岩墓碑，墓体四面及顶部全为三合土包盖。

长郡中学春秋两季都招新生，所以高中三个年级为六个班，初中三个年级本来也是六个班，但当年初中98、99班两个班却同是一个年级的平行班。朱建士被编入初99班②，教室安排在初中部西侧的学生寝室的楼下。

图2-9　位于长郡中学校内的韩玄古墓（采集小组拍摄）

① 杜慧：《流年碎影》。长沙：湖南人民出版社，2014年，第117页。
② 初99班，是指办校以来初中招收的第99个班。

名师荟萃得真传

1946年，长郡中学的校长是鲁立刚[①]先生，任长郡中学校长达13年之久。在长郡中学供职期间，他于抗战时期撑持学校度过危难，首创长郡中学的奖学金制度，恢复了长郡中学校友会，培养出大批优秀的人才，在管理方面建树颇丰。作为教育家，在其执校风格方面，也有着鲜明的特色：倡导以学生为本；营造浓厚的爱国主义氛围；注重教师队伍建设；重视身教；文理体并重，皆不偏废。

教导主任是杨少岩老师，1900年5月出生于宁乡，早期就读于宁乡玉潭中学。1923年毕业于武昌高师数学物理部。1940—1952年在长郡任教，兼任教务，从事教育工作达12年[②]。

长郡中学校史《郡园春秋》中这样记载：

> 今天我们主要是通过思想政治课程，或是各种学生活动落实对学生的德育工作，然而，在那个年代，德育并不仅仅只是校长、训育主任、公民课科任教师这些人的职责，每一位教师都是一个优秀的德育工作者。他们对学生严格要求，关心爱护学生，培养学生严谨的学术作风，培养学生的爱国主义情怀，注重在教学中潜移默化，使学生养成健全的人格。

这一点做得最突出的是杨少岩——这位身材不高而又清瘦，因稀落的门牙和苍白的面孔看得比实际年龄要老一些的老师。2000年，杨

[①] 鲁立刚（1899-1985），字厚直，湖南浏阳东门市人。是长郡中学在任时间最长、连任次数最多的校长。1924年应母校长郡中学之聘，担任教务主任。后继续担任地理教员、教务主任、训育主任等职。从1936年秋至1949年春任长郡中学校长达13年之久。时值抗战前后，校址累迁，鲁校长为撑持学校奔走呼号，居功至伟。1985年7月，在台湾逝世，安葬于台北淡水泉畔，享年86岁。参见卢鸿鸣：《郡园春秋》。长沙：湖南人民出版社，2014年，第92-101页。

[②] 卢鸿鸣：《郡园春秋》。长沙：湖南人民出版社，2014年，第92-101页。

老一百冥寿，长郡中学校友会为之举行纪念。杨老当年的学生纷纷撰文怀念这位文理兼通的数学老师，并将各人文章合成集刊印发行，这就是今天我们能够看到的《杨少岩老师诞辰一百周年纪念专辑（1999年）》。半个多世纪过去了，那一代学生仍然对杨老师难以忘怀，这不仅仅在于他教学精湛，诲人不倦，更是因为他具有独特的人格魅力和对学生道德品质上的教育。

杨少岩是初99班的数学教师，杨老师第一堂课就把学好数学的要诀"多做题目多看书，今日事今日毕"十三个字端端正正地写在黑板上。他在黑板上画图不用圆规和三角板，随手画出的与借用器械画出的相差无几。有一次画圆时，有一段弧有所欠缺，重画那段弧时，他自言自语地说："心不正，则圆不圆。"这句寓意深刻的自语，引起大家的深思[1]。

朱建士的同班同学毛坚石回忆说[2]："杨老师的'杨氏代数'是他的代表作和成名作，还有'杨氏几何'等，闻名全国，中学教本几乎都采用他的。培养了千千万万的学子，均得益于他的教学和教材。"

长郡中学名师荟萃。1948年秋，教初99班数学的是喻斗琪先生，教语文的是章老师，教英语的是宋缉熙老师，教音乐的是黄特辉老师，教体育的是刘牧愚老师。

高中时，朱建士被编入35班。在长郡中学上初中和高中的6年中，教过朱建士的老师个个给他们班的同学留下了深刻的印象：

> 刘烈光老师平易近人，语文课讲得好，记得他讲"打渔杀家"课时，还在课堂教学生唱京剧。他还亲自到学生家中家访。
>
> 数学老师邹芝山，他上课从不讲闲话，也不看课本，满满的一黑板演算，使人目不暇接，他讲话语言精练，"尤之乎"之句让人记忆犹新。
>
> 地理老师邬绍文，他讲苏联集体农庄、康拜因联合收割机、原子

---

[1] 卢鸿鸣：《郡园春秋》。长沙：湖南人民出版社，2014年，第103-105页。
[2] 长郡校友集体访谈，2018年3月22日，长沙长郡中学。资料存于采集工程数据库。

能开山移河，在大家面前展现出一幅幅闻所未闻的画卷。①

国文老师是何老师。他讲课面非常广，天南地北，海阔天空，如脱缰之马，随意奔驰。有历史的佐证，也有当代的衬托，最后还是归拢于教材，集中于课本。上他的课，如同听故事一般，课堂上清风雅静，但偶尔也会爆发出开怀的笑声。有一次讲中国文字的优越，以"春城"二字为例，何老师先在黑板上写中英文的"春城"两字，然后对比分析两种文字的用法。举例凡多，足足讲了一堂课。

有一位数学老师，大约有五十来岁，戴一副很深度的眼镜。他讲课证题，一边讲一边写板书，而且写得飞快，让大家经常记不赢笔记。他证的题思路清晰，便于记忆。最为神奇的是他刚刚证完最后一道题，下课铃就响了，屡试不爽，被传为笑谈，说数学老师操控下课铃。

还有一个教地理的老师。他一进教室，也不说话，就开始在黑板上画图，讲哪个地方就画哪个地方。然后逐步添加山川、城市、交通、物产、名胜等等。到下课时，黑板上的图和地图册中的图，也就相差无几了，而且比例非常准确。只要上课认真听讲，足以应付考试。②

长郡的老师，个个是授课的高手。对学生来说，没有不想听的课，也没有不喜欢的老师。

这些老师授课极其认真，深受同学们的欢迎。他们教课的共同特点是，课堂中不但传授本学科的知识，更重要还教学生做人的道理。他们专业知识渊博、教法得体，理论联系实际，讲解深入浅出，举一反三，生动活泼，通俗易懂，启发性强，板书条理清晰，字迹工整，课时计划性强。从他们的身上，朱建士不仅学到了知识，也学到了更多做人做事的道理，体验着以"朴实""沉着坚毅""创新"为代表的长郡精神。

---

① 罗绍昆：同窗情长忆。见：长郡中学初99班高35班校友编，《难忘的岁月 珍贵的友谊——长郡在我心中续集》。2008年，第27-28页。

② 伏立：永不退色的记忆。见：杜慧主编，《流年碎影》。长沙：湖南人民出版社，2014年，第51页。

感受社会新旧交替

朱建士进入长郡中学时，正逢一个动荡的年代。解放战争"风起云涌势如破竹"；蒋家王朝摇摇欲坠岌岌可危，"反内战、反饥饿"的工潮学潮一浪高过一浪。朱建士等这些中学低年级的同学，跟在高年级同学后面，也参加一些游行示威、散发传单等活动。有一次在郊区开展宣传活动时，遇到国民党特务的搜查，高年级大同学就将传单塞在小同学的上衣里，逃过一劫。为了迎接解放，同学们自动组织起来护校，在床头边都准备有"童子军"棍和装满石头的脸盆；也时不时地学唱起《你是灯塔》等歌曲，只是将原来这首歌里一句歌词"伟大的中国共产党，你就是灯塔，你就是方向"，改唱为"勇敢的中国青年们，你就是灯塔，你就是方向"。还有一首歌，歌的名字叫《山那边哟好地方》。歌词为："山那边哟好地方，一片稻田黄又黄，大家唱歌来耕地哟，万担谷子堆满仓，大鲤鱼呀满池塘，织青布，做衣裳，年年不会闹饥荒。山那边哟好地方，穷人富人都一样，你要吃饭得劳动，没人为你当牛羊，老百姓呀管村庄，讲民主，好地方，大家快活喜洋洋。"很明显，这是一首歌颂解放区的歌曲。音乐老师在前一天晚上教一位同学学唱，不久，全班都会唱了，又传到其他班。不到一个星期，全校十几个班的学生都会唱了。这时，学校里除星期一升旗时还唱"三民主义"歌以外，其他时间到处都是"山那边哟好地方"的歌声。

1949年8月5日，长沙和平解放了。同学们满怀激情地参加庆祝解放的活动，"解放区的天是明朗的天，解放区的人民好喜欢……"唱个不停，游行集会口号声锣鼓声响彻云霄，唱呀跳呀彻夜不眠。初99班还在广场上演出过《咱们工人有力量》的舞蹈，在教室里收听过中华人民共和国开国大典实况广播，聆听了毛主席在天安门城楼上向全世界庄严宣告："中华人民共和国成立啦……"听通过天安门广场接受检阅的人民解放军骑兵的

马蹄声和坦克的轰鸣声……①

长郡中学的同学们满怀豪情,喜气洋洋地走进校园,迎接崭新的学习生活。

朱建士考入长郡中学时,教学仍是沿用 1926 年制定的课程设置体系,见表 2-1。

表 2-1 长郡中学 1926 年起制定的课程设置体系

科目	初一周课时	初二周课时	初三周课时
公民	1	1	1
国文	5	6	6
英语	4	4	4
数学	4	5	5
生理卫生	1		
植物	2		
动物	2		
物理		3	
化学			3
历史	2	2	2
地理	2	2	2
劳作	2	2	2
图画	1	1	1
音乐	1	1	1
体育	2	2	2
童军	2	2	2

---

① 童振云:梦里归。见:长郡中学初 99 班高 35 班校友编,《长郡在我心中——纪念母校百年华诞》。2004 年,第 79-80 页,内部资料。

新中国成立初期，上级指示"废除反动课程，添设马列主义课程，逐步地改造其他课程"。学校首先取消了民国时期的训导制度，废除了国民党的党义、公民等课程和教材，开设马列主义、毛泽东思想新课程，如新民主主义论、中国革命与中国共产党、社会发展史等。其余科目，基本未变，学制仍为六年，三三分段，见表2-2[①]。

表 2-2　1950 年各年级课程周课时

科目	初中 一年级	初中 二年级	初中 三年级	高中 一年级	高中 二年级	高中 三年级
政治	2	2	2	2	2	2
语文	7	7	7	6	5	5
数学	4	5	5	5	5	5
自然	4	1				
生物	2	2	2	4		
化学		4			3	3
物理			4		3	3
历史	3	3	3	3	3	3
地理	2	2	2	2	2	2
外语	3	3	3	4	4	4
体育	2	2	2	2	2	2
美术	1	1	1	1	1	
音乐	1	1	1			
制图					1	1

1952年，按《教学计划和课程》开课，初中停开英语，高中改英语为俄语，见表2-3。

[①] 卢鸿鸣：《郡园春秋》。长沙：湖南人民出版社，2014年，第150-151页。

表 2-3　1952 年各年级课程周课时

科目	初中 一年级	初中 二年级	初中 三年级	高中 一年级	高中 二年级	高中 三年级	备注
政治	1	1	2	2	2	2	①政治课，初一、初二学"时事"，初三学《中国革命常识》，高一、高二学《社会科学基础知识》，高三学《共同纲领》。1954 年高三学《政治常识》，1956 年高三学《中华人民共和国宪法》，每周均为 1 课时。②外语课，英语开始改为俄语。
算术	6						
代数		3	3	2	2	2	
几何		2	2	3	2		
三角					2	1	
解析几何						3	
物理		2	2	2	3	4	
化学			2	2	2	4	
植物	3						
动物		3					
生理卫生			2				
达尔文理论基础				2			
地理	3	2	2	2	2	3	
历史	3	3	3	2	3		
外语	3	3	3	4	4	4	
体育	2	2	2	2	2	2	
音乐	1	1	1				
美术	1	1	1				
制图					1	1	

朱建士在进入初中阶段后，有了在新、旧两种教学体系接受教育的经历，使他有了两种体系教育效果的切身对照。

在旧中国，他拼命读书、拿高分，只是为了能够得到一个被救济读书的资格。在动荡的时局和连天的烽火之下，没有殷实的家业和强大的靠山，妈妈的愿望对他来说是升官无门、发财无路，他不知道将来能靠什么养活妈妈，更不要说在齐院长那次朝会上燃起的报国、建设强国的宏愿了。而在新社会，听到、看到、感受到的，完全是另一种状态。妈妈、哥哥有了稳定的工作，姐姐们可以安心读书，家里的生活逐渐好起来了。让过去生活在社会底层的他,活出了一种主人翁的感受。只要你愿意,就可以找到实现理想的地方和机会,投身祖国建设用不着谁去逼迫,变成了一种积极自觉的思想和行动。两个不同的社会,让他的生活从被动变成了主动,从希望渺茫到时时刻刻被火热的生活所鼓舞、所激动。

在同学们的眼中,朱建士是一个纪律性强又乐于助人的人。特别是对于从农村考来的同学,他会帮助他们适应城市生活,从走路要靠左边行等小事做起。对于学习吃力的同学,会把自己的笔记借给同学,帮助同学理解功课内容,讲解难题,完成作业。①

新中国成立后,全校师生精神振奋,紧密团结在党的周围,不但在教学上取得了优异的成绩,还接受了深刻的思想教育。对学生的思想教育,主要是通过参军、参干、抗美援朝、"三反""五反"进行爱国主义和国际主义教育。学校以讲英雄事迹等形式,进行革命人生观、世界观的教育,宣传共产党为人民服务等社会主义思想,学生自觉地接受了小我服从大局的道理。

成长中的波折

1948年,母亲章荃在长沙城外善救新村佃了几间房子,把生病的父亲从寄居处接回来同住,家中一切由二姐朱建中照顾。母亲、长兄工作,大姐在外读书。朱建士此时还在读通学②,每天住在家里。二姐朱建中在回忆中表述③:

> 放假回来后,长沙乡下乱得很。乡下的亲戚见我们不找他们帮

---

① 长郡校友集体访谈,2018年3月22日,长沙长郡中学。资料存于采集工程数据库。
② 通学,也称"跑学",即走读,指不住校,每日从家中到学校上学。
③ 朱建中自传,1950年5月27日,在中南军需学校一大队二中队撰写,共13页。参见朱建士二姐朱建中干部档案。存于湖南省妇幼保健院人事处。

忙，我们又都进了中学，以为我们有钱，我病了的父亲寄居别人家不方便，妈妈在困难之中在城外善救新村佃了几间房子，把父亲接进了城。妈妈不能离职回家照顾父亲，哥哥更不能（此时哥哥在教小学），姐姐放假留校未回，弟弟年小，妈妈把我留下了，在家照顾父亲。七八年没有过小家庭生活了，家里的事，我一样不会，饭煮不熟，煤火点不燃，一切家里事不插手的我，好容易才和别人学会了，慢慢地比较会做了，在家里有半年多之久，当时全家只有我，病父不能做事，和在长郡中学读通学的弟弟三个人。

新中国成立后，原社会处所属的救济协会改归省民政厅管理，朱建士继续接受资助学费，并按规定读通学，从家中搬出，借住在救济协会，每日往返十几里上下学。

然而，在长郡中学的成长也出现过波澜。初中三年级时，朱建士和那个年龄的所有人一样，进入了人生的叛逆期。1950年上学期，因为救济协会取消，奖学金没有了，学费变成由妈妈负担，成了住校生，同时，申请奖学金的压力也随之消失了。在刚解放的学校里，禁锢学生的规章制度被打破，极端民主自由的风气很重。在他的心目中，一切旧社会的东西都可以反，包括以规章制度为代表乃至于一切约束人行为的纪律，他为了自己的所谓民主与自由，开始放松对自己的要求，生活散漫了，每天很晚才起床，参加任何活动都不遵守学校的纪律，认为纪律妨碍个人自由。老师说他自由散漫，他反以为荣，反问"自由还不好吗？"自己根本不认为自由散漫、不守纪律是错的，还以为是英雄行为。当学校让他搬寝室时，因为在分配上有一点不妥就不搬，一直坚持了好久，自己还认为是意志坚强，把自己的那一点理由认为是真理。还与团组织和进步同学闹对立，认为青年团员们来找别人麻烦，妨碍别人的自由。这一学期，他在班上和学校都表现不好，一直到初中毕业都是如此。

朱建士的自传中，对于这一阶段作了这样的表述[①]：

---

① 朱建士人事档案：自传。存于中国工程物理研究院档案馆。

  1948年暑假小学毕业考入湖南长郡中学，因为毕业是头三名，取得了社会处所属的救济协会的奖学金，读了两期就解放了，解放后仍在长郡读书。于是1949年下期，我读通学，每天来回有十多里路，就只管跑路和读书，学校那时取消了训育制度，同学觉悟又不高，大家认为要民主、自由，各人都随便得很，学校也没有什么制度。
  ……
  50年上期因为社救协会取消，我就自己出钱（这时妈妈只负担我一个人）读寄宿，在刚解放的学校里极端民主自由的风气很重。

但另一方面，整个的新社会及新中国成立后祖国的建设，使朱建士非常振奋。他看了很多战斗英雄、劳动模范的事迹，看了很多新小说。苏联小说里面的英雄人物使他深受教育。

加上在1950年，长郡中学的学生们为了以英雄人物为榜样，不少班级纷纷自发地以战斗英雄或革命先烈的名字命名，"刘胡兰战斗班""董存瑞战斗班""马特洛索夫战斗班"之类的班名纷纷涌现，人人都以自己能成为这些班的一名战士感到光荣和自豪。朱建士所在的初中99班被命名为"保尔·柯察金战斗班"，同学们争相阅读《钢铁是怎样炼成的》等革命读物，从中汲取思想营养和力量。班主任刘老师充满激情地朗诵了保尔·柯察金的名言，在这位英雄的事迹的鼓舞下，学生的爱国热情更加高涨，决心以保尔为光辉榜样，把宝贵的青春献给人类最壮丽的事业，在朱建士内心燃起了爱祖国的热情[①]。

1950年12月，周总理以政务院名义发出了学校学生、青年工人"参军参干"的号召。一时间，到抗美援朝的最前线去，到祖国最需要的地方去，报名参军参干成了同学们共同的强烈愿望，掀起了参军参干的热潮。

  1950年6月25日，朝鲜战争爆发，战火烧到了鸭绿江边，严重威胁到祖国的安全。为了支援朝鲜人民，保卫我国的和平建设事业，

---

① 卢鸿鸣：《郡园春秋》。长沙：湖南人民出版社，2014年，第137—140页。

党中央审时度势，向全国人民发出了"抗美援朝，保家卫国"的伟大号召，要求广大的青年工人和学生踊跃报名参军，同时果断派出中国人民的优秀儿女——志愿军赴朝参战。长沙市军管会派李迪光为军代表接管学校，成立临时校管会并任副校长，聘熊克立为校长，李昌董为教导主任，李人琢为副主任。是年12月和1951年6月，长郡学生分两批参加中国人民志愿军，奔赴抗美援朝战场。

长郡中学的同学人人摩拳擦掌，个个热血沸腾。《美帝是只纸老虎》、《支援朝鲜人民正义战争》、《再见吧，妈妈》、《年轻人火热的心》等激昂的歌声响彻校园内外。谴责美帝国主义侵略罪行的声讨会、控诉会，一个接一个地召开，同学们义愤填膺，保家卫国之爱国热情迅速高涨。许多同学积极主动出刊墙报，演出文艺节目，举办演讲会，开展街头宣传，揭露帝国主义的侵略阴谋，宣扬中朝部队的光辉战绩，受到了广大同学和市民的热烈欢迎，发挥了很好的思想教育作用。[1]

看到同学们都卷入了参军参干的高潮中，朱建士也隐瞒年龄去报名"参干"，结果未被批准。第二次参干报名，检查身体又未能过关。他只能留下继续完成学业。报名动机据他自己后来检讨，一方面是为了要保卫祖国，另一方面也很羡慕部队（特别是海空军）的物质生活。

朱建士在自传中讲述了在长郡中学的这段经历[2]：

看了很多战斗英雄、劳模的事迹很兴奋。看了很多新小说，苏联小说里面的英雄人物都对我自己教育很大。在内心是燃起了爱祖国的热情，但与自己的实际结合把爱祖国的热情用到复习中去，这时还做得不够，可说根本不懂，自己根本不认为自由散漫，不守纪律是错的。以为是英雄行为，当时学校要我们搬寝室，因为在分配上有一点不妥就不搬，一直坚持了好久，自己还认为是意志坚强，把我们的

---

[1] 卢鸿鸣：《郡园春秋》．长沙：湖南人民出版社，2014年，第320页。
[2] 朱建士人事档案：自传．存于中国工程物理研究院档案馆。

图2-10 1951年元旦朱建士留影（家属提供）

那一点理由认为是真理。这个时期的镇反运动因为在校外搞，我又不大看报，所有情况根本不大知道，参干运动我很想报名，可是年龄不够，不能报名。第二参干我报名检查身体没有准。

因为朱建士在初三的"调皮"表现，初中临近毕业时，传出一个消息，说要写个检讨才能进长郡高中（当时的长沙市第二中学，简称长沙二中）。他一听要写检讨，就赶快去考别的学校，并考取了长沙一中。后来又说不用写检讨了，他才又回到了长沙二中。

2009年，朱建士在长郡中学建校105周年励志报告会上，对在校学生讲述了当时的情景[①]：

这里面在初中毕业时也有一段插曲。因为那个时候是刚解放，刚解放比你们幸运，为什么呢？那个时候学生少。为啥呢？教育事业蓬勃发展了，学生少，所以的话学校就希望大家不要走，还是继续在长郡念下去。当时因为很多人就是那个时候也考虑到感觉家庭经济困难的想去考就是叫做高工，现在的职业中学是吧，或者是技术学校。但是当时老师就动员国家需要高层次的人才，要办很多大学，所以的话就希望还是尽量念高中，是这么来的，所以当时就觉得反正上学，就是只要你是原来长郡的继续上长郡，根本不用考就可以上长郡，那当然比你们现在幸福了。现在好像小孩考高中也是很费劲的一件事情，但是后来因为我中学比较调皮，就传出一个消息说要写个检讨才能进长郡，我一听要写检讨，我就去考别的学校去了，就考取了那时候一

[①] 朱建士：长郡建校105周年励志报告会，视频文字整理稿，2009年10月9日，长沙长郡中学。资料存于采集工程数据库。

图 2-11　1951 年 6 月长郡中学初 99 班毕业留念（第三排左六为朱建士。家属提供）

中。后来又说不用写检讨了，所以我就回来了。所以我差点就到一中去了，因为毕竟跟长郡的那些同学熟悉。

可喜的转变

1951 年 9 月，朱建士初中毕业升入长沙市第二中学（即原长郡中学），被编入高中第 35 班。因为初中太不守纪律，思想上的问题并没有根本得到解决，到寒假参加了长沙市学生寒假学习会，参加了"五反"运动，出外宣传奸商的"五毒"行为对人民的危害。使他对奸商为了个人利益进行投机，危害祖国危害人民的行为很愤恨，对资产阶级把个人利益放在祖国人民利益之上的思想觉得极可耻。

朱建士在参观天伦造纸厂的活动中，听了一些报告，开始知道要在思想上划清资产阶级和工人阶级

图 2-12　长沙市第二中学朱建士所在高中第 35 班教室座次表（长郡中学提供，采集小组拍摄）

的界限，知道工人阶级是为了全人类的解放，而资产阶级只是为了个人，拿这两种思想一对比，很明显地看到一边是崇高，一边是丑恶，对一个青年人来说一定要趋向于崇高的这一面。这时候，他开始想到要像工人阶级像共产党员一样为人民贡献一切，就要把人民的利益放在一切之上。与此同时，他又看到《中国青年》上的一篇文章，谈到资产阶级在学校中的影响，才知道他过去所主张的自由，完全是资产阶级个人主义在作怪，是把个人的自由看得高于一切。

有了这样的认识后，他下定决心要丢掉那些不好的思想和行为，要树立崇高的思想，认识到过去拼命坚持不正确的东西并不是顽强而是顽固，一个意志坚强的人应该是勇于改过并坚持正确意见的人。回到学校后，他不管自己过去做得如何不好，在老师同学中的印象如何坏，开始积极靠拢团组织，要求进步，很快地改正了自由散漫的作风。

他"忽然"长高了许多，似乎一步便逼近了一米七〇！脸上阳光般的灿烂笑容依旧，眉宇间却增添了不少成熟和自信。他上课聚精会神，晚自习埋头作业，常常不克难题不回寝室。他热爱集体，积极参加班上一切活动；他对同学和蔼亲切，言行举止无可指摘。他的强烈上进心和踏实的努力得到大家的肯定，团支部确认他为重点培养的积极分子。①

图2-13 1952年朱建士与中学同学合影（前排左起：朱建士、姚耕陶、杨先诚；后排左起：邱绍曾、彭聘龄。家属提供）

到高一期终

---

① 陈正凯：怀念我们的好班长。见：长郡中学初99班高35班校友联络组编撰，《长郡之星 核武精英——缅怀朱建士院士》。2012年。陈正凯，朱建士高中同班同学。

时，朱建士申请加入青年团。1952年7月29日，在湖南长沙第二中学被批准为候补团员，介绍人邱绍增，候补期为1952年7月29日—1952年10月29日的3个月[1]。

被批准为候补团员后暑假便开始了，团组织派朱建士和班上表现较好的陈正凯等几个同学到湖南土地改革展览会担任讲解员。

大家先集中培训，学文件、听报告、观看展品，增强对土地改革的理性与感性认识，然后写出讲解词，反复试讲，不断改进。这段时间，朱建士在工作上非常努力，在思想上也有提高，每天要顶着酷热（展馆没有降温设施）和人潮汗气，为川流不息的观众讲解四五个小时，常常讲得口干舌燥，站得双腿发软。他在工作中受到一场深刻的阶级教育，地主阶级剥削农民的凶残、阴险、恶毒是他所想象不到的。他还常到别的展室去看，思想感情一次比一次不同，地主阶级的一切富丽堂皇，在他的眼中只是丑恶血腥的；对农民的感情也由同情变成亲热，对来参观的农民也特别感到亲切。朱建士讲解的是"党领导湖南农民的斗争"那一单元内的"土地革命时期"，看了很多土地革命时期的文件，看到党如何领导湖南农民在"马日事变"后坚持斗争，特别是毛主席正确指导革命向农村进军建立根据地，使他真正体会了中国革命是离不开共产党领导的。不仅懂得了"土地还家""翻身做主"的真切含义，同时在锻炼意志、增强表达能力方面也有很大的收获[2]。

1952年开学回到学校后，组织上让朱建士担任班主席[3]。这是他从未从事过的工作，一开始就遇到很多困难，不免产生了畏难情绪。10月29日，在讨论朱建士候补团员转正时，同志们提了一些意见，同时对他进行了热情地鼓励。过后又在具体工作中不断帮助和支持他，使他能够慢慢地一次比一次地更能冷静地对待和想办法克服困难[4]。

---

[1] 朱建士入团志愿书。存于中国工程物理研究院档案馆。
[2] 陈正凯：在培育全面发展人才的摇篮里成长——五十年前的高中岁月（之一）。见：长郡中学初99班高35班校友编，《长郡在我心中——纪念母校百年华诞》。2004年，第15页。
[3] 即班长。
[4] 朱建士人事档案：自传。存于中国工程物理研究院档案馆。

同学陈正凯在文章中写道[①]：

> 老话说得好：时势造英雄，机会青睐作好准备的人。一年将尽，班长汤绍铭请辞。团支部经过反复的讨论研究，在征得很多同学的支持和班主任的首肯之后，大胆起用新人，推举新团员朱建士接任。事实证明这是一个正确的选择。他高二上任，一直干到毕业。在两年任上，他交出了一份又一份出色的成绩单，不但带领大家顺利完成高中学业，而且配合团支部开展丰富多彩的活动，增强了同学情谊、拓宽了胸襟视野、充实了知识、树立了团结进取的班风，将35班打造成一个朝气蓬勃、温暖友爱的大家庭，一支积极向上、不断向前的队伍。最后，在接受祖国挑选的全国首次统一高考中，取得了辉煌的胜利。全班四十八人，仅二人落选；三人入北大，十多人进国防科技院校；绝大部分同学四年后成为新中国自己培养的工程师、教师、医生、教授和科学家，为建国初期刚奠基的国防、工农文教事业的发展注入了新血与活力。这些成绩的取得，当然是多方面因素（当时欣欣向荣的大环境、长郡优良的传统与校风、团支部的核心作用等）共同发力的结果，但一班之长的建士也确以身先士卒的实际行动和号召力作出了很大的贡献。

在纪念长郡中学百年华诞的文章中，陈正凯回忆道[②]：

> 朱建士是后来居上的三好学生代表。高一时他个子不高，一脸稚气，各方面并不突出。在团支部的培养引导下，他德智体齐头并进，入了团，成绩进入前列，人也长得高大俊秀；特别是担任班主席以后，工作负责，群众关系好，威信日高。

这时，团中央提出青年人的重点要转入学习。朱建士对学习的责任感

[①] 陈正凯：怀念我们的好班长。见：长郡中学初99班高35班校友联络组编撰，《长郡之星 核武精英——缅怀朱建士院士》。2012年。

[②] 陈正凯：在培育全面发展人才的摇篮里成长——五十年前的高中岁月（之一）。见：长郡中学初99班高35班校友编，《长郡在我心中——纪念母校百年华诞》。2004年，第15页。

也加强了，把国家建设和自己的学习结合起来，学习劲头更大了①。

不管小考、中考，还是大考，第一个交卷的一定是朱建士，成绩总是名列前茅。他热爱理科，数理化成绩都很好，尤其偏爱数学，所以高考后报了北大数学力学专业。长沙第二中学当时的教学法是学习苏联的，每堂课有五个环节：①老师根据前一堂课讲的内容，向学生提问；②简单回顾和复习上堂课的内容；③上新课内容；④总结归纳本堂课的重要内容，指出要点和难点；⑤布置课外作业。课堂上不管哪科老师的提问，朱建士与彭聘龄等几个同学总是最积极回答老师提问的人。

图 2-14　1953 年朱建士在长沙第二中学时期留影（家属提供）

朱建士智商高，思维敏捷，分析问题和解决问题的能力比较强，动手能力特强。上了化学课，朱建士就带着大家学习自制汽水，跑到藩城堤的"废旧物资一条街"上，买荷兰汽水瓶，颈部有一个玻璃球，能密封牢固；去西药店买碳酸氢钠和柠檬酸铁氨两种化学药品，加上糖精，三者混合就会产生二氧化碳气体，倒入汽水瓶后，玻璃球受到气压会顶住瓶口而密封。还跑到一个有饮用水井的同学家，用绳子吊着汽水瓶沉到井底，代替冰箱冷藏，喝得有滋有味。②

朱建士的同学在座谈会上回忆道③：长郡是一所有优良传统的学校，同学们牢记"朴实沉毅"的校训，自觉性强，学习空气浓厚。朱建士更是其中突出的代表，他学习刻苦认真，成绩在班上是名列前茅。除搞好各科学习外，他特别喜欢数学和物理。不知他从哪里弄来一些废旧材料，自己动手动脑制作成简陋的小矿石收音机，居然还可以听到湖南广播电台的广播。在他的带动和影响下，一些同学也跟着做了起来，从此班上掀起了一

---

① 朱建士人事档案：自传。存于中国工程物理研究院档案馆。
② 长郡校友集体访谈，2018 年 3 月 22 日，长沙长郡中学。资料存于采集工程数据库。
③ 同②。

个制作矿石收音机的小"高潮"。

称职的班长

朱建士虽然成绩好，但他从不骄傲，不满足，班里外语课程开的是英语，朱建士并不满足，还自学了俄语。当年，学校和全国一样，成立了中苏友好协会，同学们大都参加了，发给每人一个"中苏友好协会"徽章。湖南人民广播电台每天播放学习俄语讲座，大家用自制的矿石收音机收听。新华书店有中俄文对照的歌本出售，这个消息也是朱建士告诉同学们的，他带头学唱俄语歌，有《我的祖国》《伏尔加船夫曲》《马车夫之歌》《莫斯科郊外的晚上》等。在班上的联欢会上，他演唱了俄语歌曲《我的祖国》，歌词有八段，他能完整唱下来。他的演唱受到同学们的鼓掌欢迎。他还把学习的触角伸到了校园之外。那个中苏友好如日中天的年代，在苏联电影以及国际书店里那些大部头精装而极便宜的俄文书籍的强烈诱惑下，好几个同学都想自学俄文。

陈正凯在文章中写道[1]：

> 大约是高一下期，他得知城北青年会周日有个俄文班，由一些机关干部自费聘请一位白俄女性任教。那时，"一边倒"是外交国策，学俄文成了青年知识分子的时髦追求。机会难得，建士当即串连了刘华秋、我及另外两个喜欢外语的同学，兴冲冲地走到青年会要求旁听。干部们为小伙子们的热情所动，答应了。于是，周日大早，我们几个吃饱了三年不变的煮黄豆配浓粥，便沿黄兴路北上，匆匆奔向俄文课堂。几星期过去，我们熟练地掌握了字母，学了几篇课文，懂得了一些语法，好不高兴！有的便在早晨大声朗读，引来其他同学惊讶羡慕的眼光。可

---

[1] 陈正凯：怀念我们的好班长。见：长郡中学初99班高35班校友联络组编撰，《长郡之星 核武精英——缅怀朱建士院士》。2012年。

惜好景不长，干部们见小伙子后来居上，学得又快又好，还瓜分了他们的辅导时间，觉得喧宾夺主，难以忍受。便正式提出：要和他们一样交车马费。这招击中了我们的软肋。几个靠六七块钱助学金吃饭的穷学生，经常身无分文，哪有钱交费？只得告别老师，无精打采地回校。

但是，朱建士还是断续地听广播自学。当时，中苏青少年之间通信是一项流行活动。一段时间之后，朱建士已经达到可以和苏联的小朋友通信的水平，他还将来信的俄文译成中文，在同学之间传读。在他的带动下，很多同学开始自学俄语，学唱俄语歌。由于他品学兼优，被选拔成为留苏预备生，但由于参加留苏的体格检查没有合格，而遗憾地被取消。

高35班学习风气浓，尤其是在学习与实践相结合方面，在同年级中，高35班做得更为突出。政治课老师讲时事、讲国家形势时，班长朱建士向学校建议让同学们走出课堂去。在班主任带领下，参观了当时最先进的湘潭三大现代化大企业——湘潭钢铁厂、湘潭纺织厂和湘潭电机厂，使同学们开阔了眼界，增强了热爱祖国和社会主义的感情和学习动力。[1]

陈正凯在文章中回忆道[2]：

> 对于班长重任，他更是视为天职，认真负责，全力以赴。首先他十分重视班上几位资深的团员和"老干部"，知道他们是搞好班级工作的保证和依靠。像先后担任校学生会"高干"和班团支书的彭聘龄、连任团支书的王诵芬、历任团组织委员的邱绍曾，都既是他如兄如姐的好友，也是他经常请教的顾问。他们的友谊和合作始终如一，保证了班委会和团支部工作目标一致、步调一致，因而事半功倍、无往不胜。另一方面，建士善于团结群众，特别是比较后进的同学。他总是以朋友的平等关系，通过频繁的日常接触潜移默化地影响和引导那些暂时比较落后的同学迈开前进的步伐。当时有几个同学抱成一

---

[1] 长郡校友集体访谈，2018年3月22日。资料存于采集工程数据库。
[2] 陈正凯：怀念我们的好班长。见：长郡中学初99班高35班校友联络组编撰，《长郡之星 核武精英——缅怀朱建士院士》。2012年。

团，比较特殊：他们爱说爱玩爱给别人取外号；下课铃响，便有人高举扑克牌大喊"一百二！"（那时流行的扑克游戏）三四个人立刻围上去，抓住十来分钟大战几个回合，不时爆发出震瓦摇墙的呼叫。他们政治上没什么要求，生活比较自由散漫，学习也较马虎，被视为"后进"。建士从不歧视他们，经常与之打成一片，一起打球唱歌散步，一道学习锻炼，细水长流地向他们灌输"要有所作为""莫虚度岁月"的观念，逐步带领他们端正人生目标和学习态度。其中的潘强余是最调皮的一个，也是建士初中的哥们。建士当了班长，潘很高兴，觉得"与有荣焉"，也想维护新班长的威信。建士便以"义气"为契机，坦诚地规劝他改正争强好胜、出口伤人等缺点，同时热情鼓励他发扬敏思好学、动手能力强的优点，努力改善群众关系和自己的形象。不久，潘的纪律观念有所增强，上课不做小动作，学习认真起来。课后还买了胶水，用铁钉在废白铁皮上穿洞做成刷子（锉刀），自行修补胶鞋。不少男生跟着干，掀起了一波勤工俭学的热潮。

  一个临近暑假的周六中午，很多同学回家了，寝室里午睡的人很少。我在朦胧欲睡中听到邻床传来低声交谈，潘强余在说："高中一年就要过去了，只剩下两年，我们几个真要做好的搞[①]了。"男高音歌手彭显应和道："是啊，只剩下两年了，是要做好的搞！建士说得对，我要少打一百二，把成绩搞上来，争取'劳卫制'[②]及格。"

  随后还有两三人搭腔，都是异口同声，说要振作起来，"做好的搞"。无意中"偷听"到几个同龄人的真挚心声，我很受感动。为免被他们发现，我赶忙蒙头睡去，心里却记下了这幕青春励志的动人情景。

  没想到为了家庭团聚，潘强余不久随母转学上海，其他几位同学

[①] 做好的搞：湖南话，大意为认真地做。

[②] "劳卫制"的创始者是苏联。苏联和东欧一些国家强调在增强学生体质的基础上，"注重奥运会的运动项目"。1931年3月14日，根据列宁共青团的倡议，苏联部长会议体育运动委员会颁布第一个"准备劳动与保卫祖国体育制度"，即通过运动项目的等级测试，促进国民特别是青少年积极参加各项体育运动，以提高身体的体力、耐力、速度、灵巧等素质，按年龄组别制定达标标准。苏联中小学体育教学内容主要包括"劳卫制"的理论知识，以及体操、田径、滑雪、游泳、球类、古典式摔跤（7—10年级男学生）和艺术体操（7—10年级女学生）等运动项目。时至20世纪末，尽管共青团已不存在了，但俄国还没有废除劳卫制。

在随后两年里，果然履行誓言，在建士等班团干部的热情帮助下大步前进。有的入了团，有的当上班干部，后来全都进入国防院校或北京、武汉等地著名高校深造，成为有用之才。

朱建士积极组织班里开展努力学习、共同提高的活动，并带头帮助在学习中碰到困难的同学。

有段时间，同学罗绍昆上课有点走神。一个星期六的下午，散步时，罗绍昆跟同学朱建士聊到了这个问题。朱建士思索一会儿，对他说："眼睛盯着老师的右手转，就不会走神了。但有的老师，上课不喜欢在黑板上写板书，你就可以跟着老师讲的内容，眼睛盯着课本转，老师讲到哪里，你就将眼睛盯到课文的对应位置上。"眼睛盯着老师的右手转，头脑跟着老师的嘴巴转的听课方法，罗绍昆常用，但眼睛盯着课本转，罗绍昆却还没有用过。经朱建士一点拨，这个方法收到了立竿见影的效果[1]。

朱建士工作认真负责，分析考虑问题全面周到，做事雷厉风行，敢说敢干，表现出有较强的组织能力和领导能力，在班上很有号召力，高35班集体是这样一个集学习、文体、生活于一体的，生动活泼的学习奋斗的群体，而班长朱建士在发挥这个群体力量中起了极其重要的中坚作用。

在组织班集体的各项活动中，朱建士充分表现出了他的才能，在他的主持下，仅在1953年上半年，高35班就安排了各类集体活动达45次之多[2]：

元月3日星期六：下午由团分支[3]全体团员和要求入团积极分子讨论向强生的入团申请。

元月4日星期日：组织全班同学看电影《南征北战》。

元月6日星期二：下午由团分支全体团员和要求入团积极分子讨论蒋鸣和的入团申请。

---

[1] 罗绍昆：寸草春晖，情深梦圆．见：杜慧主编，《流年碎影》．长沙：湖南人民出版社，2014年，第45页．

[2] 罗绍昆：长郡校园生活漫忆．见：长郡中学初99班高35班校友编，《长郡在我心中——纪念母校百年华诞》．2004年，第56—59页．

[3] 团分支：相当于团支部．

元月 11 日星期日：下午组织要求入团积极分子参加"长沙市中等学校新团员宣誓大会"，市文教团委书记肖可移作报告，350 位新团员宣誓。报告的内容为青年学生为什么而学？怎样学？学习同祖国的关系。

元月 12 日星期一：周会颁布《学生守则》。

元月 13 日星期二：下午由团分支全体团员和要求入团积极分子讨论郭炳南的入团申请。

元月 17 日星期六：下午由团分支全体团员和要求入团积极分子讨论罗绍昆的入团申请。

元月 18 日星期日：下午组织要求入团积极分子参加青年讲座，讲青年团性质和如何在学习上发挥青年团的先进作用。

元月 20 日星期二：下午由团分支全体团员和要求入团积极分子讨论朱赛君的入团申请。

元月 25 日星期日：下午由团分支全体团员和要求入团积极分子讨论林惠云、李怀玉的入团申请。

2 月 7 日星期六：下午由班级组织看电影《反对细菌战》。

2 月 22 日星期日：晚上，属坡子街派出所地区的各中学的青年团员开会，讨论如何组织本地区的中学生愉快而有意义地度过寒假。

3 月 1 日星期日：晚上，团支部开部团员大会，讨论如何搞好学习和娱乐。

3 月 9 日星期一：组织全体同学参加长沙市的"斯大林同志逝世追悼大会"。

3 月 21 日星期六：下午团支部召开民主生活会，讨论如何搞好团支部的工作。晚上组织全体同学看电影《一贯害人道》。

3 月 22 日星期日：下午组织全体团员在文化宫听《关于召开长沙市第二届团员代表大会》的动员报告，议题为"把青年人更好地发动起来参加祖国的建设"。

3 月 28 日星期六：上午开团支部民主生活会，对改进支部领导工作提出意见和批评。

4 月 1 日星期三：班主任召开开学前的准备工作会，要求同学用全力投入学习，全力搞好学习。

4月2日星期四：全班同学分组座谈寒假收获，讨论如何迎接新学期的学习任务。

4月4日星期六：下午学校团总支改选，会上要求团员在学习上起模范带头作用。

4月6日星期一：班级组织全体同学参加学校的开学典礼，要求同学要"百倍努力迎接学习新任务"。

4月7日星期二：下午组织全班同学收听"青年学生讲座"，一中一同学介绍如何学好英语，并以此带动搞好整个学习的经验。

4月11日星期六：下午团分支组织生活，各人谈学习的方法和学习上存在的缺点。

4月12日星期日：上午组织全班同学看电影《乡村医生》。

4月19日星期日：下午组织全班同学看电影《黎明前的战斗》。

4月22日星期三：下午由学校组织全体同学看《斯大林生平图片展览》。

4月23日星期四：班级组织全班同学收听"青年学生节目"广播的《永不掉队》，谈学习上不能掉队的体会。

4月28日星期二：下午团分支组织全体团员讨论向强生的转正申请。

4月29日星期三：下午团分支组织全体团员讨论罗绍昆的转正申请。

5月3日星期日：上午班级组织同学游岳麓山。下午看电影《青年运动节》。

5月4日星期一：下午班级组织全班同学看苏联电影，并加映《一九五二年五一劳动节》。

5月6日星期三：下午分组讨论"如何上好每一堂课？"

5月10日星期日：上午组织全体同学看电影《不屈的城》。

5月16日星期六：全校运动会，以班级为单位组织同学集体参加。

5月17日星期日：全校运动会，以班级为单位组织同学集体参加。

5月18日星期一：下午以班级为单位，集体参加校运会的闭幕式。

6月3日星期三：下午分组活动，讨论"我是如何搞好学习的"。

6月6日星期六：下午团分支组织全体团员过组织生活，座谈"我在期中考试中的成绩和学习中存在的缺点"。

6月7日星期日：上午学校组织全体同学看电影《新儿女英雄传》。

6月13日星期六：学校组织全体同学看电影《米丘林》。

6月14日星期日：上午学校团总支组织部分青年团员和要求入团积极分子参加"长沙市中等学校团员宣誓大会"。

6月20日星期六：下午学校组织全体同学看电影《莫斯科在建设中》。

6月21日星期日：上午班团分支组织团员和要求入团积极分子在烈士公园过团日，漫谈"我为祖国做什么？我又能为祖国做什么？"

6月28日星期日：上午学校组织全体同学看电影《重返前线》；下午班团分支召开全体团员会，讨论本班当前各方面的综合情况，团员应起的作用和组织发展问题。

7月1日星期二：我班和34班全体同学召开了一个"七一庆祝会"，请班主任程哲仙老师向到会同学讲述了关于贺龙和徐特立的革命故事。

人生的中学阶段，是人生观、世界观、价值观形成的重要阶段，这一时期，中学生在"三观"方面具有很强的可塑性。朱建士他们那一代人，在"三观"上有非常强的一致性，这不能不说是当时社会教育的成功典范，与社会上普遍开展明确的引导和教育有着密切的关系，这种引导和教育是形成积极向上、投身祖国建设、以国家的需要为个人的需要的社会风气形成的基础。在组织学生们参与各种活动之中，使大家形成了判断是与非、对与错的标准。紧紧抓住青年这个推动社会发展的主体，促成年轻一代人共同意识的形成，对增强全社会的凝聚力，引导占社会主流的价值观发挥了重要作用。

当然，在主观上，朱建士和同学们对于组织这些活动的重大意义并不见得有多么高的认识站位，更多的是按组织上的要求去做，但是，在客观上，这些活动却对于组织和参与活动者的一生产生了重大的影响。丰富多彩的校园生活，不仅使同学们学习了知识，而且提高了大家的思想道德水平，促进了身心健康。

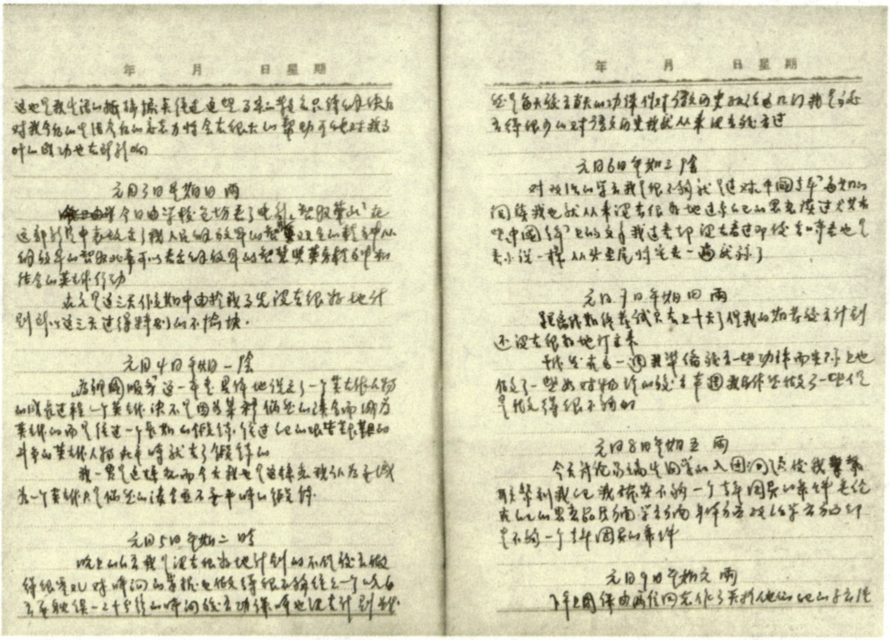

图 2-15 朱建士同学罗绍昆日记，记录学校每日活动（罗绍昆提供）

全面发展

1953 年暑假，即将进入高三的朱建士参加了学生体育干部培训班学习，使他在各方面的素质得到加强。1953 年下半年和 1954 年上半年，因为他的学习成绩、体育成绩及工作好，被选为优秀学生。

1954 年初的寒假，朱建士参加了长沙市学生团干部培训班学习总路线，看到了祖国社会主义的前景，也了解了建设社会主义的艰巨性。使他深刻地认识到，在这个伟大的历史时期，要做前人所没有做过的事，党需要青年团员做好助手，和党一道站在斗争的前列；青年团员一定要加倍努力，在思想上提高社会主义思想觉悟。高中的最后一学期学习特别紧张，但参加了寒假学习班后，学习热情大为提高，急切等待着参加大学学习，更迫近建设的岗位[①]。

---

① 朱建士人事档案：自传。存于中国工程物理研究院档案馆。

图 2-16　1954 年中国新民主主义青年团长沙市第二中学第二分支全体同志合影（前排右一为朱建士。家属提供）

图 2-17　1954 年朱建士（右）与初中同学梁正宏合影（家属提供）

高中三年中，朱建士除了学习各种基础知识，思想日渐成熟，个子也长高了，体质增强了。能够精力充沛地完成学业，得益于母校注重学生身心均衡发展，要求学生坚持体育锻炼。

陈凯正在文章中写道[①]：

> 建士天赋匀称的身材和良好的体质，没见他得过什么病。但他十分重视体育锻炼。我曾任班文体委员，每天安排各小组的锻炼项目，印象中建士是早晨与下午的训练与测试中最认真中的一个，从不迟到或早退，更不缺席，总是全神贯注、一丝不苟地完成每个动作、每项项目。部分项目是某些同学的拦路虎（百公尺短跑、三千米长跑和某些体操动作等），他总是耐心地帮助他们掌握要领，勤学苦练，努力达标。

[①] 陈正凯：怀念我们的好班长。见：长郡中学初99班高35班校友联络组编撰，《长郡之星　核武精英——缅怀朱建士院士》。2012 年。

尽管当时长沙市第二中学场地狭小，设施不足，大家却以见缝插针的精神，因陋就简地坚持下来，三年不懈。大家不论有无运动爱好和体育基础，都主动自觉地参加训练，努力争取达到标准。这一活动开展得持久深入，它是体育课的最好实践，是中学生强身健体的最重要方式，并且取得了明显的效果。尽管少数人个别项目未能过关，但大家都从中得到了好处——增进了健康、锤炼了意志，养成了终身受益的健身习惯。朱建士是积极锻炼的活跃分子，在体操等项目上更是成绩突出。不少同学到了大学都是班上的体育骨干[①]。

2009年，朱建士在长郡建校105周年励志报告会上为在校学生讲述[②]：

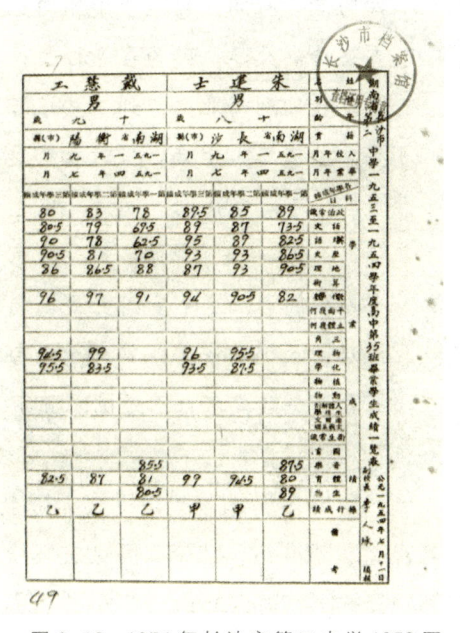

当然通过这件事情以后，就是知道自己不要调皮了，所以高中就稍微有些进步，功课各方面还是不错的。当时的长郡还是要求很严格的，长郡因为它这个学校的师资力量很强。我记得我当时在长郡学习的时候，我们觉得并不是很吃力，为什么呀？老师讲的课基本上在课堂上就会了，所以下来做一些作业以后还有比较充裕的时间进行一些课外活动。特别是解放以后，当时是要求德智体，现在是德智体美，那个

图2-18 1954年长沙市第二中学1953至1954学年高中第35班毕业学生朱建士成绩一览表（长沙市档案馆复制）

---

① 陈正凯：在培育全面发展人才的摇篮里成长——五十年前的高中岁月（之一）。见：长郡中学初99班高35班校友编，《长郡在我心中——纪念母校百年华诞》。2004年，第18页。

② 朱建士：长郡建校105周年励志报告会，视频文字整理稿，2009年10月9日，长沙长郡中学。资料存于采集工程数据库。

时候没有特别强调美，那个时候强调德智体全面发展。德就是要求政治上要表现得好，然后不要调皮捣蛋。智就是学习要好。体育呢？当时我们刚解放，主要是学苏联学得比较多，苏联有一个制度叫作"劳卫制"，就是准备劳动以为国，就是准备将来把身体练好，为了将来能够很好地劳动，并且能够保卫祖国。中国也把这个制度拿过来，所以叫作"劳卫制"，"劳卫制"就定了那个时候高中初中要达到什么标准。它体育方面也是要全面发展的，力量比如说是引体向上，还有推铅球，那个是力量型的，你必须在这几个中间选择一个项目达到的标准，比如说短跑，短跑还有一些技巧性的需要的。当时除了体育课以外，每个同学要参加一个锻炼小组，我记得当时在长郡每一天下午都有45分钟的锻炼时间，每一个小组自己组织起来锻炼身体。这个习惯我是一直坚持到大学。因为在学校里面打好了身体基础，后来在工作中，比如说我们到西北去，到一些艰苦的地方去，一般来说承受能力会强得多，也不怎么生病。当时长郡这个方面的要求还是很高的，就是全面发展，不是只强调一方面，就是要当三好学生，那个时候叫三好学生。你只是学习好，身体不好，大家也觉得不行。新中国成立以后，在青年人中间参加这个爱国主义热潮的积极性还是很高的，特别是1953年以后，咱们国家进入第一个五年计划，就是要把祖国建设好。当时大家都是一致要求自己为祖国服务，这种精神那是普遍的。

1954年，全国首次实行大学招生统考，文理分科，不得跨类。大家对此没有思想准备，部分人面临文理抉择的困难，朱建士则面临着理科与工科抉择的困惑。高35班一部分同学保送到北京航空学院[①]，还有北京工业学院[②]。那个时候，北京工业学院主要是搞常规武器的，北京航空学院是搞飞机的，同学们填报的志愿多半都是理工科。朱建士原来准备学工科，但被体检出有色盲，所有的工科都不能报，理科也只能报数学，物理、化学全不能报，连他倾慕了很久的学海军的志愿也无法实现，一度非常苦恼。但

---

① 现北京航空航天大学。
② 现北京理工大学。

他很快安下心来，考虑新的适合的志愿，报考了北京大学的数学力学系。

在发榜的日子，朱建士大清早就从外边买回刊载中南地区高考录取新生名单的《长江日报》，一路上已经在密密麻麻的姓名中找出了几乎全班的同学[1]，朱建士如愿以偿，被北京大学数学力学系录取。

1954年长江涨大水，武汉被淹没，京广铁路被拦腰切断，从长沙到北京只能绕道南昌，途经金华、杭州、上海、南京，过浦口而至凤阳、徐州，入济南、天津，最后到达北京。

高35班的21位同学由彭聃龄带队，每人胸佩统一制作写有"长沙第二中学"字样的布徽标志，于1954年8月27日凌晨三点多钟乘火车离开长沙，启程北上。当日下午五点左右到达南昌，寄住在南昌铁路中学，第二天上午九点左右从南昌乘火车继续东进往北，火车经过江浙时，铁路两边都是滔滔洪水，车行速度同人步行差不多。一路上，在这支由长沙地区考取华北各高校新生的北上学生队伍中，林惠云总是蹿前顾后，活跃着气氛，尽量减少着同学们初次出远门、想家思亲的冷面愁情。29日中午到达上海，同学们寄住在上海俄语专科学校第一部，31日下午六点多钟，又从上海上火车继续北上。那时还没有南京长江大桥，火车只能靠轮渡过长江，两节车厢为一组，一组一组地渡过去，一列火车三个多小时才最终渡过了长江，火车到达南京时，已经是晚上。从南京出发，一路过徐州、济南、天津，历时一个星期，直到9月2日上午才到达北京[2]。

在长郡中学，"朴实沉毅"的校训，让朱建士清晰了做人的标准、做事的方向。发奋读书的校风，雄厚的师资，自立养家的愿望，促使他努力向学，打下了扎实的知识基础。新中国成立之后，他的哥哥姐姐们都参加了工作，生活条件逐步改善，他长期被压抑的天性也逐渐释放出来。从寡言

---

[1] 陈正凯：纯真友谊地久天长——五十年前的高中岁月（之三）。见：长郡中学初99班高35班校友编，《长郡在我心中——纪念母校百年华诞》。2004年，第29页。

[2] 彭聃龄：在长郡精神哺育下成长。见：长郡中学初99班高35班校友编，《难忘的岁月珍贵的友谊——长郡在我心中续集》。2008年，第7页。

到活跃，从热情关心集体共同进步到无私帮助同学生活学习，从自觉动手实践到建议课堂深入社会，诠释着一个积极向上青年的形象。

时代背景对朱建士的影响不可磨灭。他的中学时代，横亘在新旧两个社会之间。让他有了两个社会鲜明对比的深刻体会，孰好孰坏他心知肚明。新中国成立之初那种旭日东升的发展景象，让每一个人，尤其是代表社会未来的青年人充满了无限的希望。日新月异的建设成就，为青年人积极投入社会，建设一个崭新的国家注入了不竭的动力。热爱这个国家、建设这个国家、到这个国家最需要的地方去，是这一代青年的共同夙愿，也为朱建士的一生描绘出了浓厚的"以身报国"的基调。

然而，和任何少年都会具有叛逆期一样，朱建士在初中三年级时，也遭遇了这样的阶段。为什么是这个阶段？不早也不晚？一是新中国成立，一切旧的东西都被错误地认为应该被取代，学校中普遍弥漫着极端民主、自由的气息，不可能不对朱建士产生影响；二是从初三开始，他已不能享受政府的奖学金，因此，也就没有了达到申请奖学金标准的压力，加之开始由读"跑学"变成住校生，自己做主张的事情多起来……多重原因导致他的叛逆性逐渐地显露出来：除学习成绩尚好之外，其他方面就与学校的要求及组织管理开始格格不入了。

具有叛逆期是正常的，关键是如何引导使其发生好的转变。朱建士的变化来自"导""拉""压"。

"导"：朱建士的成长环境中，学英雄、"参军参干"、支持"抗美援朝"等宣传舆论引导，在社会上形成一种促人积极向上的浓厚氛围，对他产生了积极的影响；"拉"：学校、团组织、同学对他进行热情的帮助，结合让他参加了一系列有益世界观形成的活动，让他在帮助和活动中形成意识的自我觉悟；"压"：他听说要想留在长郡中学，就必须写检查，对他形成了压力，因为他的愿望还是留在长郡中学。并辅之以担任班主席的方式给他压担子，促他成长。三个因素，使他能够顺利地实现了叛逆期的转变。

第三章
燕园春秋

初识北大

1954年9月,朱建士一踏入北大校园西校门,首先看到的是园林化校园中宫殿式雕花的房子,绿树遮天蔽日的林荫小道。美丽的未名湖畔,博雅塔倒映在湖面。

朱建士在去数学力学系报到的路上,不断见到挂在沿途树上的醒目标语:"欢迎你,未来的数学力学家!"

高年级同学叫大家快去吃早饭,晚了就没有饭吃了。大家每个人领到一套学校统一发放的餐具:一个白色平底搪瓷的捷克碗,男同学是大碗,女同学则小一号,

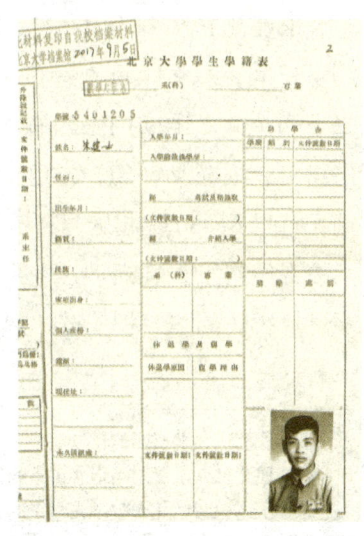

图 3-1　朱建士北京大学学籍表
（北京大学档案馆提供）

还有一双筷子。当然,在毕业时,餐具还须与校徽等物一并交回学校。

拿着碗筷,迎着朝霞,三两新同学相伴,赶往大饭厅,四年大学生活就这样开始了。

第一年是供给制,吃饭不要钱,八人一桌,桌上用脸盆盛菜,饭厅中间的桶里放馒头、米饭和汤,随便吃。大家站着用餐。每个人用毛巾或布缝一个口袋,装着碗、筷和勺子,随时携带,走起路来发出叮叮咣咣的响声,有的同学将碗袋挂在饭厅的墙上。

第二年停止了供给制,开始是每人每月收9元。十个人固定一桌,等十人到齐后,由"值日生"分菜。后改为个人买饭票用餐(家庭困难的同学可申请助学金),大饭厅按甲、乙、丙、丁菜设窗口排队买饭。

刚到校,大家住进了"棉花地"[1]东侧临时搭起的大篷里,好几百人住一个大通间。后来被分到了24楼,那时候叫24斋,24斋是刚盖好的一栋楼。当时哲学楼和大饭厅[2]之间是海淀区的一条街道,不属北大,在街道上架起一座天桥,天桥以南是一大批新建的学生宿舍。24楼和25楼等刚刚盖好,粉刷安装也刚刚弄完,在那里住了大概有半个多月。54级的新生最终被安排到1斋到12斋的二层楼简易房内居住,这些楼的位置即现在的北京大学电教中心所在地[3]。

朱建士被安排到11斋。11斋是老房子,里头的一个大间,用木板隔了三间,八个人就在一间房里,两排共四个上下铺;每间八个人就住二十四个人。中间两张四屉桌,可供一部分学生自习。就在一进门那间,朱建士、王选[4]一组,朱建士住在王选的下铺;曾锦光、何甘棠一组上下铺。每早6:30吹起床号,晚10:30熄灯。那时房子很简陋,没有暖气。学校专门有工人烧锅炉,一个燃煤火炉把蒸汽管子通到每个隔断,大概是通过烧锅炉的热气把墙壁烤热,一点也不冷,很暖和。负责烧火炉和打扫

---

[1] 现北京大学五四体育场。
[2] 现北京大学百周年纪念讲堂的位置。
[3] 王选:回忆北大数学力学系的大学生活。见:《六十年情怀——北京大学数学力学系1954级入学六十年纪念文集》。2014年,第226-235页。
[4] 同[3]。

卫生的工友叫李锡友,他总是把洗脸间和厕所打扫得干干净净①。床也是很破旧,不像现在的上下铺之间都有一个扶梯,可以踩着上下,就是在床柱上钉一块木块,垫脚用,供人从下铺爬到上铺去。王选从上铺下来起夜,好几次踩在了下铺朱建士的头上,他不免心里愧疚,而朱建士只是报之一笑②。

马寅初③校长在开学典礼上的讲话让人印象深刻,他骄傲地说,北京大学的校名是毛主席题写的,而且在全国他只为一个高等院校题写过校名。他生动地诠释"爱国、进步、民主、科学"的光荣传统,号召大家在今后的生活和工作中继承发扬。讲到要加强锻炼身体时,还以自己为例,现身说法,当时他的年龄已七十多岁了,还满面红光。说这就是因为他每天坚持洗冷水澡,并充分论证洗冷水澡的好处,说明洗冷水澡可以让身体好,精神好,还曾经写过一篇《洗冷水澡的八大好处》的文章,要发表在学校的学术刊物上,后来编辑说这不是理论研究的学术论文方才作罢。弄得听报告的青年学生都想试一试,带动了一大批学生开始洗冷水澡,一年四季,尤其是冬季,既增进了体质,又锻炼了意志。

朱建士、曾锦光、沈立三个好友也每天晚上睡觉前去用冷水冲一下,下雪天更是从外面盛一脸盆雪,浑身上下擦拭,将洗冷水澡的习惯一直坚持到毕业。

在北京大学校内,一共有四个阅览室。第一阅览室在西校门口的大图书馆,第二阅览室在文史楼,第三阅览室在今东校门内生命科学楼附近,第四阅览室在印刷厂。朱建士所在的六班的同学们经常结伴去图书馆,特别是晚自习,那里特安静,一张桌子面对面坐六个人,桌面大,可放很多书,每人一盏绿色灯罩的台灯,灯光柔和。因为去的人多,座位相当紧张。经常一起去的朱建士、王振东、尤炳荣、康继鼎、曾锦光、管楚、孙

---

① 王选:回忆北大数学力学系的大学生活。见:《六十年情怀——北京大学数学力学系1954级入学六十年纪念文集》。2014年,第226-235页。

② 曾锦光访谈,2018年10月24日,宁波。资料存于采集工程数据库。

③ 马寅初(1882-1982),中国当代经济学家、教育家、人口学家。新中国成立后,曾历任中国财经委员会副主任、华东军政委员会副主任、重庆大学商学院院长兼教授、南京大学教授、北京交通大学教授、北京大学校长、浙江大学校长等职。

图 3-2　1955 年 8 月下旬朱建士与长郡中学同学在北京颐和园聚会合影（前排左起：陈宗儒、宋毓新、尹克家、汤绍铭、姚善谦、罗绍昆、刘益祥；后排左起：李壮飞、朱建士、彭显、戴慧工、向强生、张德颜、石胜文、李琼芳、杨孝友。家属提供）

图 3-3　1955 年 8 月下旬朱建士与长郡中学同学在北京颐和园万寿山顶合影（前排左起：戴慧工、罗绍昆、向强生、李琼芳、杨孝友；后排左起：彭显、石胜文、刘益祥、张德颜、陈宗儒、李壮飞、汤绍铭、宋毓新、朱建士。家属提供）

图 3-4　1955 年暑期朱建士与同时考到北京上大学的部分长郡中学同学在北京展览馆合影（后排左一为朱建士。家属提供）

图 3-5　1955 年暑期朱建士（左）与中学同学向强生在北京大学未名湖畔留影（家属提供）

苟、程昌钧等几个人偏爱数学系图书馆左拐角处的那张桌子，为了要占那张桌子，晚饭常是在去图书馆路上边走边吃。下晚自习后，几个人说说笑笑地穿过美丽的南北阁①，伴着月光奔回宿舍，分外开心。

数学力学系

1952年8月25日，京津高等学校院系调整，北京大学筹备委员会办公室综合全校教师讨论的情况，编制"新北大系、专业及专修科设置"方案。

北大、清华、燕京三所大学的数学系在全国高等院校院系调整中并入北大数学力学系，由段学复出任系主任。这三校数学系成立了一个六人领导小组，由三位系主任和各系一位党员组成，负责北大数学力学系的组建工作。清华数学系出的是段学复、林建祥，北大数学系出的是江泽涵②、刘世泽，燕京大学数学系出的是徐献瑜、吴文达。教员来自原清华和北大的较多，燕京的较少。三所大学数学系合并后，教师之间的界限就不存在了。大家都很团结，有共同的愿望把数学力学系办好。按资历来说，自1934年就出任北大数学系主任的江先生，是三所大学数学系中资格最老的系主任。但在院系调整时，他既不争当系主任，也不当教研室主任，只是作为一名普通教员教解析几何，而且毫无怨言，始终尊重段学复的领导。这就为北大数学力学系教师的团结带了个好头。同时，江先生的为人始终是谦虚

---

① 北阁：数学系的图书馆。

② 江泽涵（1902-1994），安徽旌德人，数学家、教育家、中国科学院学部委员（院士），北京大学教授、博士生导师。1926年江泽涵从南开大学毕业后，跟随姜立夫到厦门大学数学系工作；1927年参加了清华大学留美专科生的考试，考取了唯一的名额赴美国哈佛大学数学系攻读博士学位；1930年获得哈佛大学博士学位后到普林斯顿大学数学系做研究助教，研究不动点理论；1931年夏天回国，到北京大学任数学系教授；1934年担任北京大学数学系主任；1936—1937年在美国普林斯顿高等研究所进修；1937年回国后举家辗转来到昆明，在国立西南联合大学数学系任教；1946年随北京大学迁回北平；1947—1949年在瑞士苏黎世高等工业学院进修；1949年8月8日回到解放了的北平，并继续在北京大学任教；1955年当选为中国科学院数理学部委员。代表作品研究方向为莫尔斯临界点理论、复迭空间、纤维丛以及不动点理论。

谨慎的，对年纪比他轻很多的人都很尊重，为系里营造了很好的风气[1]。

院系调整时的口号是全面学习苏联。综合性大学就以莫斯科大学为榜样。莫斯科大学有力学数学系，北大仿照该系名称将数学系改称数学力学系。1953年数学力学系成立教研室，就是学习苏联的结果。主任由业务和领导能力都很强的程民德担任。系中的主要教学工作集中在这个教研室，教研室不仅负责教学工作，还负责培养年轻教师。

1954年，系里又成立了几何代数教研室，由江泽涵、段学复、王萼芳、聂灵沼、吴光磊、裘光明、吴祖基和丁石孙组成，主任由段学复兼任。

数学力学系的教授绝大多数都是从欧美著名大学留学回来的。他们有真才实学，有为新中国数学、力学发展培养人才的事业心。1954年是我国高等教育全面向苏联学习的一年。北大数学力学系从课程设置、教学大纲、教材选用一直到考试方式等，都全面照搬莫斯科大学力学数学系的培养方案。

按照北大校长马寅初所提倡：一年级的课一定要用最好的教师，而且教师的头衔也都是最高的，这样，在心理上就给了一个让学生崇敬、崇拜的优势。因此，一年级基础课的大课都由一些著名教授讲授，如周培源教授、王仁教授教理论力学，徐献瑜教授教常微分方程等。基础课要配备习题课并由高水平的教师担任，这也是学习苏联经验的一个举措。

解析几何由江泽涵先生讲授，他当时已年过半百，是北大的一级教授，由此可见当时北大对基础课教学的重视。江先生的教材是自编的油印讲义，因为当时尚无成熟的教材（包括苏联的）。在学生的记忆里，课间休息时，江先生总要抽一种散发香味的烟斗。

教授数学分析这门主课的程民德[2]先生，当时是37岁的正教授，他讲

---

[1] 袁向东、郭金海访问整理：我在北京大学的前期经历——丁石孙访谈录．《科学文化评论》，2012年第9卷第2期，第85-109页。

[2] 程民德（1917-1998），数学家、教育家，中国科学院学部委员（院士），北京大学教授、博士生导师。1950年进入清华大学数学系工作，先后担任副教授、教授；1952年转到北京大学数学力学系任教并担任数学分析与函数论教研室主任；1955-1966年担任北京大学数学系副主任；1956年加入中国共产党；1978-1988年担任北京大学数学研究所第一任所长；1980年当选为中国科学院学部委员（院士）；1982-1986年担任北京数学会理事长；1985年创办英文杂志《逼近论及其应用》并担任主编；1986年担任北京大学信息科学中心学术委员会主任；1998年11月26日逝世，享年81岁。

课循序渐进，十分严密，培养了大家严格思维的习惯。

教高等代数的先是聂灵沼先生，后是丁石孙[①]先生。丁先生毕业于清华大学，北大数学系主任段学复表示不惜用六个人去换丁石孙一人来北大，可见他才华之出众。

此外，王选在文章中写道[②]：

> 一年级习题课的老师也很优秀，数学分析习题课由吴文达、陈永和担任。吴文达先生生性乐观，讲话有趣。1958年，他在苏联受到了不公正的批判，"文革"期间更是作为计算数学专业资产阶级代表人物被批斗，但他都挺过来了。"文革"结束后他创建北京市计算中心并任主任，还担任北京市科委委员。

高等代数习题课老师是郭悦成，他与陈永和均是数学系专修课毕业生中的尖子。

解析几何习题课老师是程庆民，他是年轻教师中的三好积极分子。他的习题课很有特色，尤其是第一学期末的一堂总结课，真是十分精彩。他用更高站位的观点，深入浅出地把一学期的内容串在一起并加以提高，大家听后受益匪浅。

> 无论大课还是习题课，老师都十分敬业，他们针对同学情况，备课非常认真。尤其是年轻的教师，和同学的关系特别亲近，经常到学生宿舍来答疑和了解学习情况。有时大课老师外出开会，习题课老师代为上课，他们讲解清晰生动，毫不逊色。[③]

[①] 丁石孙（1927—2019），江苏镇江人，民盟成员、中共党员。1950年参加工作，清华大学数学系毕业，大学学历，教授。丁石孙是著名的数学家、教育家和社会活动家，中国民主同盟的杰出领导人，第九届、十届全国人民代表大会常务委员会副委员长，中国民主同盟第七届、八届、九届中央委员会主席，第九届中央委员会名誉主席，曾任欧美同学会会长、北京大学校长。

[②] 王选：回忆北大数学力学系的大学生活。见：《六十年情怀——北京大学数学力学系1954级入学六十年纪念文集》。2014年，第226—235页。

[③] 同②。

图 3-6　北京大学 1954—1955 学年科学讨论会（北京大学档案馆提供）

大 开 眼 界

  1954 年的高考，报考人数和录取人数间差数甚小，因此，录取的难度不大。那一年的录取分数最高的前三名分别是：北大物理、清华电机、北大数学。也就是说，北大数学力学系的学生中多数是以高分录取的。

  北大数学力学系 54 级是扩大招生后人最多的一届，全年级共 240 人，数学力学系全年级分成九个班。其中三班、六班和九班是尖子班，是考分最高的。但当时是保密的，学生均不知道自己的考分，也不知道哪个班是考分高的班。朱建士、王选、曾锦光都分在了六班。这二百多名大学生的成分大概分两种，一种是正规高中毕业考的。还有一种就是当时强调的工农干部，被称为"调干生"，"调干生"是从工作岗位上抽调出来的，大都比较成熟，但学习基础不太整齐。他们有的学习能力很强，也有的人一时不太适应。老师们特别关怀学习感到吃力的"调干生"，常给他们"吃小灶"；同学之间也建立起"一帮一"，好让他们跟上课程的进度。后来"调

第三章　燕园春秋

干生"中的大多数人都赶上来了，不少人毕业后在工作中很有成绩①。

朱建士的同班同学武际可在访谈时回忆道："二百多位同学来自五湖四海，除西藏、新疆、台湾和香港外，内地各省和澳门均有入学学生。开起会来，不少同学说着方言，或带当地口音的普通话。四年学生生活使大家伙辨别和听懂各省方言的能力大为提高。"②

朱建士到北大之后，亲眼见到了许多过去只是听说过的科学家。华罗庚、周培源等重量级数学、力学大家亲临讲话。

1954级同学谢昌年在文章中写道③：

华罗庚说，读书要从厚到薄，再从薄到厚；周培源讲，学习数学，要巧用方法，并以"两人相向而行、小鸟在其间往返而飞、求解小鸟所飞路程"为例。使学生思路大开，向学生们开启了数学、力学诱人之门。钱学森回国以后，曾受邀到数学力学系作航空工程、力学各个领域的发展历史和现状，以及他丰富工作经历的精彩演讲。大学的学习从数学分析和解析几何开始，老教授江泽涵、程民德亲自授课，严密的思维、严格的推理，使大家终生受益。丁石孙讲高等代数并兼任大班的班主任时，才刚27岁，已显露非凡才华，相当枯燥的高等代数，在他的讲述下变得那样生动："'1'就是最高度的抽象"，让人不再感觉抽象的神秘。周培源的理论力学课，讲得从容流利，从不拿讲稿，在黑板上飞快地写出一行行复杂的力学方程，尽显其功底之深。

这使朱建士大开眼界。

---

① 武际可访谈，2018年9月30日，北京。资料存于采集工程数据库。武际可，朱建士大学同班同学。

② 同①。

③ 谢昌年：一甲子感怀。见：《六十年情怀——北京大学数学力学系1954级入学六十年纪念文集》。2014年，第286-288页。

朱建士发现[1],同年级的同学中的一些人也是相当了得。当时同年级中平均水平最高的是上海籍的学生。上海有几个学校的人,三分之一的人留苏,三分之一的人到北大,三分之一的人是不愿意离开上海,就上了上海的复旦大学。当时是这种状况,长郡中学是到不了这样水平的。湖南那个时候只是中等水平,比不上上海。

在旧中国,整个工业基础很落后,有一些专业没有发展的起码条件,学科研究的发展很不平衡,比如说学物理的,必须做实验,有一个新的想法就必须用实验检验。中国当时连实验要用的仪器都买不到,没有好的成熟的实验手段,所以它的发展就受到了限制。但是,由于数学主要是抽象思维,只要有笔有纸有脑袋就能进行研究。所以,旧中国数学还是发展得不错。很多父母,看到小孩在小的时候显示出对数学的兴趣、拥有这方面的天才的话,就鼓励孩子学数学。因此,六班这样的人特别多。到北大之后,才知道有一个《数学学报》的刊物,每一期会出三四个题目,那些题目都是很难的。中学生就去做,谁做对了,再下一期就在刊物上发表。朱建士刚到北大就听老同学在议论:54级数学力学系中哪个人是做对过这四个题,哪个人是做对过这三个题的,就觉得很新奇,因为他离开长沙以前,从没听说过这种事情,而其他很多同学却知道。同班有一个同学在刚上大学的时候,就开始学三年级的课程,有些同学到了大二大三时就跟着老师开始写论文,论文甚至已发表在《数学学报》上面。

王选在文章中回忆道[2]:

> 六班中成绩最突出的是陈天权,他是上海中学考来的,中学期间就学了部分大学课程,并具备了阅读英文和法文数学书的能力。上数学分析习题课时,他常常很快把题目做完,习题课老师吴文达就给他

---

[1] 朱建士:长郡建校105周年励志报告会,视频文字整理稿,2009年10月9日,长沙长郡中学。资料存于采集工程数据库。

[2] 王选:回忆北大数学力学系的大学生活。见:《六十年情怀——北京大学数学力学系1954级入学六十年纪念文集》。2014年,第226-235页。

另出题目,吃偏饭。

有一次在解析几何习题课上,他出了一个奇招,使一个习题的结果极为简洁,任课老师程庆民感到吃惊,思考片刻后肯定了他的结果,并加以赞扬。陈天权在二年级时就发表论文,我记得题目是《典型拓扑域上的黎曼可积性》,论文的内容均是课程中尚未学到的东西。程民德先生后推荐给其他教授,并评价"陈天权已掌握了有关领域的全部基本知识"。

同学张恭庆在文章中写道[①]:

同年级的马希文同学更是一个神童,15岁戴着红领巾上的北大,上大学前华罗庚先生曾送给他一本别尔科夫麦克兰的《近世代数概观》,因此他早有抽象思维训练。他的特点是:思维敏捷,兴趣极广,天文、物理、文学、历史、语言、文字以至音乐、戏曲无所不读,而且过目不忘。他还会赋诗、作曲,指挥乐队,堪称奇才。

朱建士同班同学、挚友曾锦光有一个观点,这个年级的同学在学习上大概可以分成四类:第一类就是超前的,整个年级有五个,他们基本已经把大学的书都读得差不多了,是大家公认的天才。第二类的所谓准天才,简单来说就是学得很好,听课也没问题,做习题也没问题,就是学起来不怎么费劲,就可以过去,考试成绩都是优良。第三类就是学起来比较费劲了,但是还是跟得上,自己努力,就是经过努力可以跟得上。第四类就是学了一年基本上不行了,就淘汰了,就大部分都自己提出来退学或转学校。[②]

按照这样的分类,朱建士属于第三类,在学习上就要付出比常人更多的努力。

[①] 张恭庆:我的大学生活片段。见:《六十年情怀——北京大学数学力学系1954级入学六十年纪念文集》。2014年,第336-341页。

[②] 曾锦光访谈,2018年10月24日,宁波。资料存于采集工程数据库。

步 履 艰 辛

　　一到北大，数学力学系就要求学生开始上数学课程。为什么会这样呢？力学基本上是比较成熟的学科，用它解决实际问题主要是把方程列出来，之后就是一个求解的问题。

　　　　因为当年那个时候国内还没有电子计算机，很多问题不能求解。在这个现实面前，要求学力学的必须要有很强的数学功底，苏联的教育制度就是强调把数学和力学合在一起。现在的大学没有数学力学系了，要么是数学系，要么是力学系，分开的。这是因为计算机大力发展以后，很多求解的问题都解决了，这样的话，学力学的人就不一定非得强调数学有这么重要了。①

　　虽然从小到大从没有为学习发过愁，在中学更是学习"尖子"，从而能考上北大数学力学系。但开始上课之后，朱建士开始感受到压力了。前两年半，所有人学全部数学基础课，按照数学系大纲开课程。正好赶上1954年北大数学系这个班，据说也是北大数学历史上最著名的一个班，水平相当高。数学系同学的水平高，上同样课程的朱建士就感觉到有些跟不上进度，自然会有些不知所措。②

　　曾锦光回忆道："上数学分析的程民德教授毫不客气，当着大家的面，指着答不出问题的朱建士问：'你是哪个中学毕业的？你是怎么考到北大来了？'"③

　　习题课每班不超过30人，每次上课时出四五个题目。题目是一道一

---

　　① 朱建士：长郡建校105周年励志报告会，视频文字整理稿，2009年10月9日，长沙长郡中学。资料存于采集工程数据库。
　　② 同①。
　　③ 曾锦光访谈，2018年10月24日，宁波。资料存于采集工程数据库。

道出的，不是一起出的。大家一起做习题的同时，还要挑一个学生到黑板上做。这位学生做的同时，教师不断地提示并修正，给其他同学做示范。也允许其他的同学提建议，并且可以不按教师提示的方法做。如做得不对，再找另外一个学生上去纠正。做习题的时候，学生要把上个星期的习题本放到桌子的边上。教师随时抽出学生的习题本批改。除课上做的题目外，习题课还会留课后作业。

第一次上习题课，朱建士就突然挨了一记"杀威棍"。老师出了题，题目还没有看懂，朱建士就被老师叫了起来，他当然就答不出来。答不上来还不能下去，只能站在讲台上，被称为"挂在黑板上"。老师又叫了另外一个同学，另外一个同学一上去，三下两下就把答案写了出来。这给了朱建士很大的刺激：两个人的差距怎么会如此之大？

好在朱建士曾经在生活的道路上屡受挫折，具有很强的心理承受能力，他不好面子，下来之后就问那个同学：这是怎么回事？同学说，老师讲的我都学过，我早学过了，你们复习的时候我就去做习题，老师出的题，都是按照苏联的教学计划出的，有个基里多维奇的习题集，是苏联的数学分析习题集，老师出的题全在这里，我事先把那个老师讲的内容，有关的题目全部做过，我上去当然就写出来了。还有个同学跟朱建士说，他小学五年级时，他的爸爸就跟他说，你将来要学数学，所以他从小学五年级就开始努力抓数学，在中学就把大学的课本学了好多。朱建士这才明白：原来是这么回事儿，我没有做出题目，并不能说明我与他的智力差别有多么大，而是他比自己早走一步。这个差距也就是差一两年呗，在人的一辈子中，差一两年算不了什么，是可以努力赶上的。

分析清楚自己和其他同学有差距的原因之后，剩下的就要看自己的努力了！朱建士为自己制定了一个现实的学习目标：争取三分，不补考！当时考试实行的是五分制，三分只是及格的标准。

为什么他会制定这个看上去不高的标准呢？因为他知道：根据平时对学生的了解，学生的水平在老师的心中是有数的，所有学生里谁是第一个集团的，谁是第二集团，谁是第三集团，要超越各集团之间的界限是非常困难的，也就是说，如果你在靠后的集团，要想考高分是很困难的。

当然，要实现门门功课拿三分这样一个目标，对于朱建士来说，也不是一件轻而易举的事情。

大学一年级的三门基础课，解析几何、数学分析和高等代数，把朱建士从中学数学一下子带进了高等数学的殿堂，这是一个很大的台阶，要在短时间内完成这一跨越，可不是一件轻松的事情。

初等数学和高等数学在学习方法上有很大不同。中学学数学，只要会做题就差不多了。在大学，特别是按苏联教材讲授，数学分析课重视逻辑推理证明，内容十分严谨。因为分析学是建立在"实数系"之上的，所以为了建立完整的理论体系，需要从头定义"实数"，还要去证明一大堆似乎属于常识的"定理"，为了弄清抽象概念之间的似是而非的关系，往往还要通过制造"反例"来排斥直观。这些做法对于培养抽象的、理性的思维习惯是十分必要的。

当时全国高校都在学习和推广苏联的教学计划和模式，北京大学从1952—1953学年第一学期开始，在少数课程中试行口试及四级分制，1952—1953学年第二学期采用口试的课程占全部课程的62%，1953—1954学年第一学期口试课程占全部课程的58%，到朱建士入学之后的1954—1955学年第一学期，口试已占全部课程的98%，全校只余六门课程笔试。[①]

朱建士入学之后，面临的考试方式几乎全数是口试。进入考场以后就先抽签，抽了签就确定了题目，这个题目全答对了得三分；然后老师再出题，老师出的题全答对才能拿五分。老师非常清楚：这个人是拿五分的，那个人只能拿三分。

> 当时有一个同学说一定要拿五分，从上午六点钟考到下午六点钟，考了十二个小时，还是只拿了个四分，出来气坏了。为什么呢？他答对了老师出的题。好，老师又提个问题，你答不出来可以坐在那

[①] 王学珍、王效挺、黄文一等：《北京大学纪事 1898-1997》。北京：北京大学出版社，2008年。

儿想，想好以后再来答，答对之后老师再给你出个题，你接着想，总有答不出来的时候。后来大家跟他说，老师是知道你程度的，怎么样也可以把你考住。①

当时，北大考试制度非常严格，不及格就是不及格。不及格就得补考，毫不含糊。到二年级结束时，如果累计有两门功课补考两次还不及格，就得退学，以肄业论处。后来确实按规定执行，六班中，班长转去了江苏师范学院，朱建士的同室好友何甘棠也退学回了厦门。

朱建士开始了每天宿舍—食堂—教室—运动场—图书馆固定线路的循环。围绕自己设定的目标，大脑总是在不停地运转、思考问题和探索问题，还不时与同学相互切磋、讨论，除了必须参加的"五一""十一"大游行，他整整一个学期没有迈出大学校门一步。

除了学习和必要的锻炼，几乎什么事情都没有时间去做。1954年政务院批准在全国推行"准备劳动与卫国体育制度"（简称"劳卫制"）后，朱建士每天下午四点钟还是随大家从图书馆出来，一个班集合起来在操场锻炼，跑步、打篮球，或做一些其他的体育活动了，几乎每天都要跑一个1500米。这种锻炼对他很有帮助，在学校里打下了好身体的基础，在后来工作中，无论是到西北，还是到其他一些艰苦的地方去，承受能力相比其他人就强得多，不怎么生病。

虽然朱建士已经很刻苦，但相形之下，有的同学，特别是一些比他学得早，看似学习不吃力的同学，努力的程度丝毫不比他逊色。有一个本身就很优秀的同学，就连春节的上午都还在图书馆看书。听到有人说为了学习，很长时间没出过校门，他们的老师说，当年在莫斯科大学时，数学系的一个中国留学生一个学期没有下过楼。为什么呢？因为莫斯科大学楼很高，里面的设施很全，吃饭的食堂都在楼里边，所以就可以不用下楼。看到、听到这些见所未见、闻所未闻的事例，更加激励着朱建士发奋地努力。

---

① 朱建士：长郡建校105周年励志报告会，视频文字整理稿，2009年10月9日，长沙长郡中学。资料存于采集工程数据库。

尽管如此，朱建士第一学期的六门功课中，除体育为优等，解析几何是良好之外，数学分析、高等代数、俄文、中国革命近代史都只达到了及格的标准。成绩虽不理想，但已实现了他制定的目标。

在不断地认真总结和与同学之间的交流过程中，朱建士也掌握了一些学习的规律，逐渐明白了要掌握一门知识，要着重从概念着手，深刻领悟其实质，反复推敲，多问几个为什么；不仅仅要读懂书中的内容，还要学会思考。

要想赶上学习进度，老师的指点也发挥了不可替代的作用。更使朱建士在获取知识的同时，在综合素质方面也逐渐提升。

各门课程的老师都不停留于"交"给知识，而是进一步"教"学生掌握各课程基本的观点、方法及精神。江泽涵老师提醒从"不同变换下的各种不变量"的角度去理解解析几何，引导大家对每种知识都力求用较高较深的观点去认识。老师在大课上强调"是什么、为什么是"，习题课常常训练大家思考"不是什么、为什么不是"。正反辨析使同学们思维日臻严密，大胆质疑、善于质疑。老师们鼓励学生独立思考，发展"自己的"认识和体会，乃至"自己的"正例和反例。

一批德高望重的老教授所教授的基础课和专业基础课，把大家带入数

图 3-7　1956 年暑期朱建士在北海公园留影（家属提供）

学和力学的科学殿堂，使大家深感数学和力学的美妙和乐趣。老教授们的爱国精神、追求真理的大无畏精神和尊重实际的科学态度，以及他们独特的教育理念和教学方法都深深地影响着学生，他们既是良师，更是精神楷模。当时那一批锐气开拓的年轻师长们严谨求实的治学态度，勤奋好学和刻苦钻研的学风，严谨的逻辑思维方式，追求、探索和坚持真理的精神，关爱学生的一举一动，是北大精神的具体体现。老师们的所作所为感染着每一个青年学子，使朱建士既受到严格的科学训练，又受到了科学、民主精神的熏陶。丁石孙先生是六班的班主任，对54级情有独钟，1956年时曾与54级同学一起划船游颐和园，并在石舫讲了话，他说："现在的青年学生给我最深的印象是：大家都有理想。"

从这些老师的身上，朱建士学会了应该怎样做人、怎样做学问。他把北大人的性格理解为：不计较名利，不图虚名，只做实事；严于律己，与人为善，追求科学、追求技术创新、心无杂念。懂得了"爱国最重要。做人、做事要执着，保持本色，不畏权势。做学问要独立思考，打破思维定势，不畏权威"。

在刻苦学习的同时，大饭厅听报告成为朱建士了解国内外形势的一个窗口。

校长马寅初的威望高，面子大，所以常能请到领导人来北大演讲。例如1957年11月7日苏联十月革命四十周年时，周恩来总理来北大演讲。周总理还多次陪同外国领导人来北大；李富春同志曾作过关于第一个五年计划的报告；陈毅同志曾作过关于亚非会议的报告。马老介绍陈毅时说："他不仅会打仗，是总理外交上的得力帮手，还会写诗，是个诗人。"介绍完演讲人后，马老总是搬一把椅子，横放在演讲人小桌子边上，边听边记。陈老总上台的第一句话就说："今天是马寅老掐着我的脖子让我来的。"接着十分生动地介绍当时刚闭幕的亚非会议一些内幕，有一个情节最精彩，陈毅说，会议结束时某国家的领导人说："这次会议大家都犯有错误，只有中国的周恩来没有错误。"此话引起我们的热烈掌声。

胡耀邦同志当时刚满四十，任团中央书记，精力充沛，讲话时表情和动作很生动，有时还在台上转360度的一个圆。讲到京剧演员杜近芳等赴欧演出大受欢迎，不亚于当年梅兰芳出国演出的盛况，他开玩笑地说："杜近芳取这个名字的意思就是'近似'梅兰芳，而出国演出受欢迎的程度超过她老师，说明中国国际地位的提高。"1957年康生出访南斯拉夫后，受马老邀请来北大介绍南斯拉夫情况。他一上台就用山东口音宣布："今天的报告不准录音，不准用速记记录，你们若不同意的话，咱们见个面，我就回去了（意思是报告不作了）。"当时就感到康生久经运动，生怕报告中有什么辫子被人抓住。

50年代江隆基同志任北大副校长，后又兼任党委书记，是北大的实际负责人。他是一位教育家，对北大颇有贡献。听他的报告次数最多，但有时他也会不顾场合发表长篇讲话，记得有一次阳历除夕晚会上，大家都等着看节目和联欢，他却从国际形势讲到国内形势足足讲了四十分钟。[1]

1956年暑假，二年级的课程全部结束了，两年半的基础课结束之后，开始分专业，六班也就消失了。整个年级分成三个专业（力学、数学、计算数学）。同室好友王选分到了数学专业，朱建士与曾锦光分到力学专业。正如朱建士预料的那样，分专业之后，大家的物理基础差不多，学习的压力就没有那么大了。

他的成绩也慢慢由三分到了四分，甚至五分。

表3-1　1956年9月—1957年1月（三年级上学期）朱建士成绩表[2]

序号	课程	学时	成绩	备注
1	普通物理	6	优等	
2	复变函数	4	良好	
3	理论力学	4	良好	
4	微分方程	4	及格	考查
5	材料力学	4	及格	考查

[1] 王选：回忆北大数学力学系的大学生活。见：《六十年情怀——北京大学数学力学系1954级入学六十年纪念文集》。2014年，第226-235页。

[2] 朱建士干部档案。存于中国工程物理研究院档案馆。

"运动"的考验

那时大家都想多学点专业知识，将来更好地工作，都自觉自愿地多听一些课。正当同学们鼓足干劲准备在专业学习上大展身手的时候，一系列政治运动轰轰烈烈密集地展开了。

从1956年下半年到1957年初（三年级第一学期），思想上开始收紧，组织"政治学习"也日渐频繁。

三年级第二学期开始，年级进行专业化，分为数学、力学、计算数学三个专业。

力学中又分为固体力学和流体力学。朱建士、曾锦光、沈立三个最好的朋友想学同一个专业，都做流体力学，去研究上天的事，但因为固体力学没有人读，三人一合计：没人愿意读，我们就读吧！三个人又都改为固体力学。但后来，组织上又把朱建士抽调到流体力学班去了。[①]

就这样，朱建士和曾锦光把自己购买的专业书籍进行了交换，朱建士把所有固体力学的书给了曾锦光，曾锦光也把自己所有的流体力学的书给了朱建士。

尽管分专业专门化之后，学习压力比前两年好一点，但是弹性力学、流体力学和数理方程三门专业课的内容仍然较重。王仁先生考力学课，从下午开始考，到最后一位交卷已是半夜二时。课业也使朱建士无暇对其他事投入更多的热情。

1957年6月24日，冯定代

图3-8 1957年国庆朱建士（后排左三）与在北京上大学的长郡中学部分同学合影（家属提供）

[①] 曾锦光访谈，2018年10月24日，宁波。资料存于采集工程数据库。

表校党委向全校团员作报告,号召团员站在反右派斗争前列。

反右派斗争来临时,很多人给学校提意见,朱建士对学校提供的条件非常满意,没有任何意见,所以也不会提什么要求。另外,朱建士、曾锦光等几个要好的朋友都比较低调,属于不太愿意到处去抛头露面,或者是发表什么看法的人。朱建士根本没有参与这些事情。①

  1957年10月12日前后,大小饭厅墙上、化学楼、地学楼和许多学生宿舍的楼道里,贴出了很多反右派的大字报,反右斗争又进入一个新高潮。到目前为止,已经有哲学、历史、东语、俄语、中文、经济、数学、生物等系,召开批判会五十多次。②

随着运动的不断深入,54级数学力学系陈奉贤、杨路、张景中等人受到冲击,被划为右派。身边熟悉的同学一个一个被打为右派,同年级中有四十余人被戴上了右派的帽子,占了全年级学生总数的20%多。除这件事使朱建士震惊之外,资助他上大学的哥哥朱力士、姐姐朱文波和姐夫梁范洪也相继被打成了右派,更让他谨小慎微,在语言和行为上不敢越雷池一步。

在这各项政治运动风起云涌的年代,朱建士也很难置身其外。"大跃进"、人民公社化、大炼钢铁运动一个接着一个,正常的教学秩序已被打乱,课程时上时停。

一般情况下,早上上课,下午劳动。劳动都是干重体力活,到车站去卸车、卸沙或砖头,或其他东西;或者到附近农村去帮着犁田,犁田也没有牲口,不像南方还有水牛,就是靠人拉。有经验介绍说深耕土地可以增产,朱建士就与同学、社员一起深耕,但似乎挖得越深越好的做法,也多少引起了他的怀疑。学生们都是干类似的重体力劳动,干一下午,回学校吃晚饭,晚上搞科研,科研一搞就不是一两个小时,至少是十二点以后

---

① 曾锦光访谈,2018年10月24日,宁波。资料存于采集工程数据库。
② 王学珍、王效挺、黄文一等:《北京大学纪事1898—1997》。北京:北京大学出版社,2008年,第614—630页。

了。每天晚上，画图的画图，该干什么的干什么。十二点以后还有个夜餐，学校倒是考虑得很周到，当然也是要花钱的。吃完以后已经两三点钟了，睡一会儿就天亮了，天亮之后，马上又得要上课，基本上睡不了觉。曾锦光有一次早上起来做操，做着做着就倒在地上，马上就睡着了。可想而知，早上再上课，就只有打瞌睡了，所以，那一年基本上就什么也没学，尽管请的老师都是最好的。①

正处在各种运动的风口上，所以没有做论文，没有做论文也总得有个成绩。后来就由老师指定做一个题目，指定读几篇文献，去写一个读书报告，老师看一下这个读书报告就交差毕业。②

在北大的四年，朱建士既受到严格的科学训练，又受到了科学、民主精神的熏陶。北大老师的热情诚恳、诲人不倦、以身作则，他们言传身教使朱建士学会了怎样做人、怎样做学问。当然，也经受了政治运动的严峻锻炼。

54级数学力学系的学生是一个比较特殊的群体，由于入学时政治气氛较好，老师和学生思想比较放得开，教师配备比较强，出了较多的优秀人才。

很多年之后，谈起北京大学的求学经历，朱建士说：我觉得我进北大的前两年，是我这辈子最努力，可又是学习成绩最差的一段时期。但是，在此期间，也有很重要的收获，对于北京大学的精神有了较为深刻的理解，感悟到一些科学研究的思维方法，那就是要善于在纷繁

图3-9　1958年北京大学毕业典礼照片（北京大学档案馆提供）

---

① 曾锦光访谈，2018年10月24日，宁波。资料存于采集工程数据库。
② 武际可访谈，2018年9月30日，北京。资料存于采集工程数据库。

复杂的问题中抓出主要矛盾，理论论证要严格，思维逻辑要清晰。

　　北京大学时期是朱建士记忆深刻的一个阶段。

　　在这里，他见识了什么是天外有天，人外有人。虽然在长郡中学同学中他是最优秀的学生，但在54级数学力学系，张恭庆、马希文等人个个出类拔萃。在老师里，从校长马寅初到系里的段学复、江泽涵、丁石孙等，人人学富五车。

　　在这里，他第一次感受了什么是学习上的失落。从小学到中学，他一直名列前茅，而北大是他"学习最努力，而学习成绩最差"的时期，为了赶上学校进度，他曾经"一个学年没有出过北大的校门"①。

　　在这里，也是他实现自我飞跃的地方。他客观分析了学习赶不上进度的原因，制订出合理的学习计划，完成了学习的最终任务：学会了理论研究的思维方式。

　　在这里，他经历了一次次严峻的政治洗礼。特别是在反右派斗争中，同班同学中有几十人被划为右派。而他主观上一贯低调，客观上学习压力较大，无暇顾及其他，加上已有亲属被划成右派，促使他的言行越发谨慎。

　　按照王选对朱建士的评价："智商上他不是第一，情商他绝对是第一。"是否也可由此推出一个结论：一个人若能够顺利成长，除去智商因素，情商的作用也不容忽视。

---

① 曾锦光访谈，2018年10月24日，宁波。资料存于采集工程数据库。

第三章　燕园春秋　　91

第四章
投身核武器研制

报到三里河

当时，我国的大学（含中专）实行的是"统招统分"制度，即统一招收、统一分配。学生毕业之后，由组织上按照需要分配工作，对于工作单位、所从事的专业等，毕业生个人基本没有选择的机会。

北京大学54级数学力学系毕业生的分配，与1957年开展的反右派斗争有着一定的关系。部分同学受影响，未能分配到心仪的岗位。比较起来朱建士还算幸运，被分到了第二机械工业部（简称二机部），但是具体是什么部门、从事什么样的工作则不得而知。

1958年9月，朱建士来到二机部机关所在地北京市的三里河报到，刚开始是和一起报到的毕业生们一起学习，并不知道自己会被分配到哪个具体的单位。在部大楼六楼一个很大的会议室里，支着好多的上下铺，可以住二三十个人，新来的大学毕业生都住在这里。

学习一段时间之后，人事部门负责接待的人说：把你们先分配下去吧。就带着朱建士、胡思得[1]、蔡蔚三个人到二楼报到。来到一间办公室，里边一共有三个人：邓稼先[2]、王贻仁、陈晓达。

介绍之后，大家不知道应该如何称呼邓稼先，邓稼先说：我比你们大几岁，就叫老邓吧。

据邓稼先介绍，他们所在的单位是二机部九局的北京第九研究所（简称九所）。

老邓说，咱们先看书学习吧。并摇了摇手中的那本书，那本书是俄文的，据说当时国内只有这一本，由钱三强[3]先生从苏联带回来，是库朗写的。但是，三个新人再加上老邓等原有三个人，一共六个人，大家都要看这本书，怎么办呢？新人们的第一项任务就是把学习用的讲义做出来，由俄文打字员把书全部打出来，再由三个新人负责画出书中的插图，之后油印，把油印的讲义发给大家看。这本书的主要内容是超声速流与冲击波，属于流体力学的范畴。因为朱建士是学流体力学的，所以学起来有一定的基础。

老邓亲自带领大家学习，通常是他每天晚上回家先看，看完了以后第二天给大家讲。当时单位正在筹建期间，老邓要管的事情千头万绪，有时他的时间会来不及，他就让把书分成几个部分，每个人分一部分先自己看。有的时候老邓在上面讲，讲着讲着他看过的内容讲完了，讲不下去了。他就说，朱建士，你来说说怎么回事儿。这时候朱建士就上去讲，因为他是学流体力学专业的，比其他人专业对口，这方面比较得心应手，学得比较快。很长一段时间，大家在一起学习库朗的那本书。不久，另外一本书《中子输运理论》的学习也开始了。[4]

---

[1] 胡思得（1936— ），浙江宁波人，中共党员，中国工程院院士。朱建士亲密同事，曾任中国工程物理研究院院长。

[2] 邓稼先（1924-1986），安徽怀宁人，中共党员，著名核物理学家，中国科学院院士，中国核武器研制与发展主要组织者、领导者之一，为中国核武器事业的发展作出了重要贡献。

[3] 钱三强（1913-1992），浙江吴兴人，中共党员，著名核物理学家，中国原子能事业的创始人，"两弹一星功勋奖章"获得者，中国科学院院士。

[4] 胡思得访谈，2017年3月9日，北京。资料存于采集工程数据库。

几个月之后，大家还是不知道到底要干什么工作。胡思得发现，在王贻仁的抽屉里边有一本书，叫原子爆炸的什么效应，很薄的一本科普书，猜测可能是干与原子弹有关的工作。问早到一段时间的竺家亨，竺家亨说他也不知道，但是他说钱三强是二机部的副部长。于是就问老邓：我们要干什么事情到现在都不知道，分配以后总得给我们讲任务啊。老邓说：你们只管看书。直到有一天，老邓召集大家开了个会。老邓说："我们现在搞的工作谁都不能说，你们跟你们亲戚朋友、家里人、家里的父母都不能说。我们是搞原子弹的。"就这样，在相当长一段时间，大家的主要工作内容就是学习，学习的内容也逐渐扩充，包含了中子理论、状态方程等内容。

朱建士等大学毕业生不知道的是，早在1954年，中央就下了研制中国自己核武器的决心。1957年10月15日，中苏两国政府签订了《中华人民共和国政府和苏维埃社会主义共和国联盟政府关于生产新式武器和军事技术装备以及在中国建立综合性原子能工业的协定》，简称《国防新技术协定》。协定中，苏联答应在原子能工业、火箭武器、航空新技术以及导弹和核试验基地建设诸方面，对中国进行援助。并且，苏联将于1957年至1961年底，为中国提供原子弹教学模型和技术资料，提供P-2导弹样品和有关的技术资料。

为此，在1958年1月8日，第三机械工业部成立了九局（2月改为二机部九局），任命李觉①为局长，副局长是吴际霖②、郭英会③。九局是二机部最重要的一个局，负责核武器研制和研制基地建设工作。初期主要工作是组建机构、调集和培训技术人员、创造科研的工作条件，着手核武器研制基地的选址、勘测、机构筹备、施工准备和组织协作。

---

① 李觉（1914-2010），生于山东省沂水县。曾任西藏军区副司令兼参谋长，少将军衔。1958年调入二机部九局任局长。后任九所所长、九院院长、二机部副部长。

② 吴际霖，1940年入延安陕北公学学习。1941年加入中国共产党。曾任延安军工局教员、鲁南军区军工部长。新中国成立后，历任山东铝厂厂长、冶金工业部有色冶金设计院副院长、第二机械工业部军工局副局长兼总工程师。组织起草了我国核武器研制、发展方案，参加领导了我国第一颗原子弹的研制、试验，是我国核武器研究基地的主要组建者之一。

③ 郭英会，抗战时期赴延安，先后进入陕北公学、延安抗大学习。1950-1956年任总理办公室军事秘书，后调入二机部九局任副局长。

1958年7月13日，二机部批准九局先在北京建设一个过渡性临时机构，作为接收苏联答应提供的原子弹模型（样品）和技术资料，以及接收从全国各地选调来的专业技术人员、党政干部、新分配来的大学毕业生的场所。当时考虑到北京市海淀区花园路远离市区（上世纪五十年代，出了新街口豁口往北就是广阔的农田），附近单位很少，环境安静，有利保密和安全。另外距西直门火车站较近，从西直门火车站运输原子弹模型（样品）和技术资料到花园路不用经过市内，比较便捷安全等因素，九局决定将这一临时机构的地址选在海淀区花园路东侧元大都土城墙以南一片庄稼地上。九局先是派员到北京市规划局进行交涉，提出二机部打算在花园路地区建设一个科研机构，请予支持。北京市规划局立即表示同意支持。随后开始到海淀区东升公社塔院大队办理征地手续。1958年7月，二机部四局编制的花园路工程（又称五号工程）设计任务书，包括：科研办公区（花园3号）占地61.09亩，生活服务区（塔院1号）占地83.04亩。整个工程由二机部设计院三室负责。按照先生产后生活的原则，从1958年8月1日起，开始抢建花园路3号院内准备存放原子弹模型（样品）的库房——模型厅。[①]

朱建士之后又有一些学生相继到九所报到，前后共计28人，这28个最早报到的应届毕业生，被九所人称为最初组建九所理论研究队伍的"二十八星宿"。到二机部报到的人越来越多，位于三里河的二机部大楼已经容纳不下了。1958年11月，九所的青年职工就集体搬到北太平庄，住进北京有色金属研究院一幢还未完全竣工的宿舍楼。办公室在二楼，宿舍在四楼。当时条件相当困难，因为房子刚盖好，下水道还没有完工，连厕所都不能使用，要方便只能到几百米外路边（今三环路）的公共厕所。入冬之后没有暖气，靠烧炉子取暖。与朱建士同住一屋的大多数是南方人，都不会生炉子，有时工作回来晚了，干脆就缩进被窝，冻一晚上。

---

① 杨绪河：中国工程物理研究院历史上的几个科研基地。内部资料。

起步花园路

朱建士他们从二机部搬到北太平庄之时，花园路工程已经开工。为了早日建成九所，大家经常到工地参加基建劳动。尽管白天已经参加了八小时重体力劳动，晚上却还坚持在办公室里读书。

邓稼先也与大家一起劳动，挑沙子时，扁担不是放在肩上，而是用两手高高地举起，又费力，又不能把握平衡，一看就是没有干过这种活，但神态却极其认真。休息时，他也闲不住，组织每一个人轮流弯下腰当木马，其他人排着队，助跑之后，依次双手撑着弯腰者的背，从上面跨越过去，招来一阵阵的欢笑。由于老邓长得又白又胖，被大伙戏称为"大白熊"。

1958年10月，预备存放原子弹教学模型的模型厅建成并达到苏联保密专家的保密要求。科研办公区内的北红楼于1959年4月建成；西门内生产加工车间于1959年7月建成，锅炉房于1959年7月建成；南红楼于

图 4–1　北太平庄家属院（拍摄于 1984 年。九所提供）

图 4-2　位于北京市海淀区花园路 3 号的灰楼（拍摄于 1984 年。九所提供）

1959 年 10 月建成；食堂于 1959 年 12 月建成；灰楼于 1960 年 6 月建成。

北红楼建成之后，朱建士他们就搬进刚刚盖好的房子，这里虽然可以供暖，但星期天没有暖气。每逢周日，大家在工间操[①]时，就会去马路对面的副食店内取暖的火炉旁烤火，有时候还会碰到也来这里烤火的老邓。[②]

1958 年 10 月 10 日，经二机部批准九局将"花园路工程"正式定名为北京第九研究所（简称九所）工程。1958 年 10 月 28 日，九所公章正式启用。从此，中国核武器研制机构——北京第九研究所（中国工程物理研究院的前身）在首都北京诞生，中国核武器研制事业开始启航。[③]

1959 年 3 月，根据苏联专家的建议，九所设一室、二室。

---

① 当时在上班的上（十点至十点半）、下（四点至四点半）午，各有半个小时做广播体操的锻炼时间，被称作"工间操"。
② 胡思得访谈，2017 年 3 月 9 日，北京。资料存于采集工程数据库。
③ 杨绪河：中国工程物理研究院历史上的几个科研基地。内部资料。

图 4-3　北京市海淀区花园路 3 号的北红楼（拍摄于 1984 年。九所提供）

最初组建的九所一室，邓稼先任室主任，何桂莲任副主任兼党支部书记。一室先分为三个组，一个是数学组，组长是龚静芳；一个是物理组，组长是王贻仁；一个组是力学和状态方程组，后来分成力学组和状态方程组。朱建士分在了力学组，组长是孙清和，同组还有傅樱。力学组三个人分了一间 23 平方米的办公室，临窗放上办公桌，相隔二三米。

大家的任务是尽快拿到原子弹样品和技术资料，着手学习、消化资料，并开始进行原子弹设计准备工作。当时苏联专家让邓稼先到大学里去找几十个搞理论的，主要目的是消化苏联的资料。所以这些新毕业的大学生除了学一些基础知识，另一个要做的事就是要学好俄语。

然而，事情并没有按照最初设想的那样发展，随着中苏关系的急剧恶化，派来中国指导研究工作的苏联专家，心思已经不在工作之上，当向苏联专家请示如何开展工作时，专家让大家先学习。

1959 年开始读书以后，有一次开会，邓稼先列了 14 门课，很多都是理论物理方面的书，据说这是苏联专家让我们读的。苏联专家说，不读完这些书根本无法工作。力学方面有：爆轰力学、爆轰原理、热力学、统计力学等。物理方面的有：统计物理、中子输运方程、核反应理论、物质状态方程、高温高压物理等。说实在的，在大学本科里头，除了其他辅助的各种学科，专业课也就这么多……①

邓稼先气愤地说："如果全部学完苏联专家要求的内容，等于要重新上四五年大学。我们可不能这样等下去，等学完了再去工作！"

最后一个派驻九所的苏联专家组组长叫列杰涅夫，到来之后，也许是领受了上级的指示，不回答中方人员提出的任何技术问题，还在一些小问题上吹毛求疵，一会说工作区里人太多了，一会说保密问题做得不对了。由于他严重谢顶，又不回答问题，大家暗地里都把他称为"哑巴和尚"。

邓稼先和中方研究人员的办公室，与列杰涅夫办公室紧挨着，都在北红楼。但专家整天躲在办公室看一本绿皮书，遇到有中方工作人员进来，还迅速将书塞进办公桌的抽屉，不让来人看见书名。

  一天，邓稼先来到力学组找朱建士，让他乘列杰涅夫不在，去办公室看看他总看的那本绿皮书的名称。朱建士进到专家办公室，看到绿皮书的封面上是用俄文写着《爆轰物理》。在原子弹研究之初，研究人员连要看什么书都得不到苏联专家的指导。②

为新中国成立十年大庆献礼的人民大会堂刚建成后不久，1960年的春节期间，每一个中央单位可以在人民大会堂搞一天活动。二机部也在人民大会堂搞活动，活动内容首先是二机部领导讲话，宋任穷③同志作了报告，但报告中有那么几句话令人费解，他说"有人看不起我们，不给我们东西，

---

① 傅樱访谈，2009年5月6日，北京。资料存于采集工程数据库。
② 同①。
③ 宋任穷（1909-2005），湖南浏阳人。1926年6月加入中国共产主义青年团，后转入中国共产党。1956年11月，任第三机械工业部（后改为第二机械工业部）部长。

图4-4 二机部刘杰部长送苏联专家回国（九所提供）

那我们就自己干"。后来才知道，宋部长这个报告的背景是1959年6月，苏共中央给中共中央一封信，以赫鲁晓夫和肯尼迪在戴维营会谈为借口，要暂停对中国在核武器研制方面的援助。

接到苏共中央的来信，中央做出了苏联可能停止对中国核武器研制援助的判断，由此确定了由中国自力更生研究核武器的战略，并开始抓紧组建自己的核武器研究技术队伍。彭桓武[1]、王淦昌[2]、郭永怀[3]、朱光亚[4]、程开甲[5]等先后调九所任副所长，并于1960年、1962年分两次从全国各地各行业抽调科技骨干二百余人，充实核武器研制队伍。

从1958年到1960年，在邓稼先的带领下，朱建士等人进行了两年的理论工作准备，在获得了关于爆炸力学、中子输运、核反应和高温高压下的材料属性方面的大量数据后，准备进行原子弹的实际设计和造型。

---

[1] 彭桓武（1915-2007），湖北麻城人，著名物理学家，对中国核武器研制和理论设计作出了重要贡献，"两弹一星功勋奖章"获得者，中国科学院院士。

[2] 王淦昌（1907-1998），江苏常熟人，中共党员，著名核物理学家，中国核科学的奠基人和开拓者之一，"两弹一星功勋奖章"获得者，中国科学院院士。

[3] 郭永怀（1909-1968），山东荣成人，中共党员，著名力学家、应用数学家、空气动力学家，中国科学院学部委员（1993年改称院士），近代力学事业奠基人之一，"两弹一星功勋奖章"获得者。

[4] 朱光亚（1924-2011），湖北武汉人，中共党员，著名核物理学家，领导中国核武器研制的战略科学家，"两弹一星功勋奖章"获得者，中国科学院院士，中国工程院院士。

[5] 程开甲（1918-2018），江苏吴江人，中共党员，著名核武器技术专家，中国核武器研制的开拓者之一，中国核试验的主要领导者之一，"两弹一星功勋奖章"获得者，中国科学院院士。

1960年4月，九所党委[①]作出正式开展自主研究原子弹工作的决定，由于当时苏联专家还在九所，研究工作是在对苏联专家保密的情况下进行的。中方研究的保密资料自行保管，而接受苏联保密专家检查的保密包内，没有任何有价值的资料。

1960年6月中旬，九所副所长朱光亚向部分科技人员进行工作交底，介绍了苏联专家讲过的那个原子弹设计方案的情况。

这个方案来源于1958年7月15日，到中国考察和工作的三位苏联专家聂金、戈夫利洛夫、马斯洛夫在北京作了一个报告，从教学角度讲了原子弹的一般原理和大体结构。但介绍的是一种教学概念，不是工程设计，一些数据也有失准确。二机部的宋任穷部长，刘杰[②]、袁成隆、钱三强副部长，九局吴际霖、郭英会副局长等领导听了这一报告，应苏联专家的要求，报告不允许记录、不得录音，而听报告的人，多数是不具备专门知识的领导和非专业的工作人员。报告会后，吴际霖指示担任翻译的陈中和、朱少华两人，根据回忆整理出一份记录素材，再经过邓稼先、李嘉尧[③]加工整理，形成了一个不准确的方案。尽管苏联专家在介绍中给出了一些数据，但数据是怎么计算、怎么实验得到的，工作应该怎么样具体地做，却无从得知，而且也很难判断这些数据的真伪。如同告诉了你一辆汽车发动机的体积、汽缸的尺寸、百公里耗油量，这些数据虽然知道了，可离造出一辆汽车还相去甚远。

图4-5 1960年朱建士证件照（家属提供）

---

① 1959年5月12日，二机部党组批准成立北京九所党委，由吴际霖、郭英会、彭非、邓稼先等11人组成。

② 刘杰（1915-2018），河北威县人，1932年加入中国共产党，中共七大、十二大、第五届全国人大代表，曾任二机部副部长、部长。

③ 李嘉尧，时任二室主任。

图 4-6 1960年朱建士与同事在西山碧云寺合影留念（左起：孙清和、周作良、朱建士、王贻仁。家属提供）

图 4-7 1961年10月朱建士去南昌探望母亲，与母亲、姐姐及姐姐的儿子合影留念（朱建士、章荃、朱建中、朱建中长子胡平。家属提供）

参加这个方案整理的邓稼先有一次悄悄地和朱建士等人说：这个资料跟看天书一样，看不懂是什么。

但这一简单的教学方案，从整体上讲，使中国一开始就能够从理论、实验、设计和生产几个方面同时开展工作，客观上起到了引路作用，加快了研制进程，争取了一些时间。

1960年8月，苏联单方撕毁协议，撤走在核工业系统工作的全部223名苏联专家，带走了重要图纸资料。中国被迫走上了一条自力更生研制核武器的道路。

九次计算

　　第一颗原子弹的理论设计工作是在彭桓武、邓稼先和周光召等主持下进行的。

　　彭桓武辩证地分析了原子弹爆炸的全过程，提出了决定各反应阶段的主要物理量，对掌握核反应的基本规律与物理图像起了重要作用。

　　九所一室的领导认为中国的原子弹设计肯定不能照搬苏联的教学模型，因为这个模型里用的活性材料是钚，而那时我国还没有钚，只能用高浓铀，而钚与高浓铀的临界质量不一样，所以必须自己重新设计。

　　原子弹里有复杂的炸药爆轰、流体动力学和核物理等过程，有材料的状态方程参数和计算方法等问题，如何能保证我们设计的原子弹是正确和可信的？领导们商议认为应先把苏联的教学模型计算一下，如果对得上模型所提供的主要物理量，那对自己设计的原子弹就有了较高的可信度。

　　按照这样的部署，从 1960 年 5 月开始，在邓稼先领导下，力学组和数学组的同志经过调研，开始探索炸药爆炸后物质飞层的运动规律，选择了特征线方法对教学模型进行核反应之前力学过程的数值计算。首先要把苏联给出的模型算对了，然后再来算我们自己的。但要进行计算，很多东西要自己找，如流体力学方程、状态方程都要自己找。要靠自己去调研，但这些东西又都是保密的，如状态方程中铀的状态方程就是保密的，是根本找不到的。

　　这时候，朱建士的作用就发挥出来了。当时，主要的计算任务就落在力学组的身上。朱建士、孙清和、傅樱、薛铁辕跟数学组的同志一起开始算。后来，人根本就不够用了，就由朱建士领着开始搞三班倒，物理组的同志也参加进去，搞状态方程的同志也参加进去。

　　特征线方法把要算的对象分成网格，从外面的边界条件那个点

图 4-8　第一颗原子弹理论设计时所用手摇计算机及计算尺（九所提供）

图 4-9　第一颗原子弹理论设计时所用理论设计计算用纸（九所提供）

开始，一个点一个点往里算，但是，只要有一个点数字算错了，这个错误就会往里传，就意味着全部都白算了。为了避免这种情况的发生，大家在一起讨论，想了好多办法，朱建士提了很多合理化建议，包括两个人对算的方法。就是两个人一起算，算了几排以后要对对结果，小数点后面四位五位如果都一样，那么再往下算。既避免出错，又提高了工作效率。①

由于计算工具数量有限，往往是一个人先算半个小时，然后去画图，

---

① 胡思得访谈，2017 年 3 月 9 日，北京。资料存于采集工程数据库。

另一个人再接着算半小时，然后去画图，其他人再接着算。图画在一张很大的坐标纸上，把计算出的每一个点的数据标出来，连接成物理图像。从炸药起爆开始，起爆以后爆轰波波形一点一点往里传，把它的整个运动发展的过程画出来。

就这样，算了很多的物理量，跟苏联专家说的物理量完全一样，这时候大家很兴奋。但是，有一个主要的物理量，前面算着还很对，然而到了某一个关键点以后，计算结果就差了一倍，这样就算不下去了，算了多遍以后还是这个数据。大家就此开始讨论，所里的专家彭桓武、朱光亚、程开甲等不同学科的领导从物理学、力学、数学等不同的角度来提问：状态方程对不对？在飞的过程当中，里边有没有空气？是否考虑到相关一些因素？等等。新工作的大学生有的时候也可以说上两句，朱建士是计算的主力，他肯定计算的结果没有错误，但为什么这个数据是对的，却讲不出很多的道理。

至1961年1月，针对这一问题前前后后一共算了九次，都是同一个结果，验证计算结果是否正确的过程，也是对原子弹爆炸的整个物理过程进行非常详细了解的过程，提升了大家对于原子弹技术规律性的认知。

在此期间，几乎每一周都要举行一次讨论会，参加的有九所的几位负责业务的副所长王淦昌、彭桓武、郭永怀、程开甲、朱光亚，有一室正副主任邓稼先、周光召[1]、秦元勋[2]、周毓麟[3]、何桂莲[4]，以及力学组、数学组的同志们。在会上，大家各抒己见，不同观点精彩纷呈，争论不分高下。

一开始，亲身参与计算、做具体工作的朱建士等小字辈，虽感觉到与大科学家的观点有所不同，但怯于人微言轻，不敢在会上表露意见，只能

---

[1] 周光召（1925- ），湖南长沙人，中共党员，著名理论物理学家，为中国核武器理论设计奠定了基础，"两弹一星功勋奖章"获得者，中国科学院院士。

[2] 秦元勋（1923-2008），贵州贵阳人，数学家，为核武器理论设计作出重要贡献。历任中国核学会计算物理学会理事长、中国人工智能学会理事长，长期从事数学理论及其应用的研究。

[3] 周毓麟（1923-2021），上海市人，数学家、应用数学家，中共党员，中国科学院院士。

[4] 何桂莲，时任一室副主任兼党支部书记，是理论部"八大主任"之一。

在下面小声议论。彭桓武先生看到后说:"你们有什么看法,可以说出来,在原子弹问题上,大家是平等的,因为谁也不知道应该怎么做。"鼓励每一个与会者都说出自己的见解。

在彭桓武的倡导和积极推动之下,渐渐地,不管是谁、不管是什么场合、不管是什么身份,在任何学术研讨会上,参会者都可以积极踊跃地发表自己对所讨论问题的理解和看法。由此,在科学技术问题上每个人都可以自由、民主地发表意见和看法,成为九所科研工作中一以贯之的风气,"学术民主"成为九所的传家宝。

1961年9月,周光召以他深厚的物理功底,利用热力学的原理,论证即使全部炸药做了最大的功,也达不到苏联专家说出的那个数据。他的论证和判断结论,从理论上否定了苏联人给出的数据结论,结束了长达几个月的争论和徘徊,扫清了理论设计的障碍,大大加速了我国自行研制原子弹的步伐。

1963年2月,周毓麟又用一种新的方法数值求解一维流体力学方程的大量数值结果,再次否定了苏联人给出的那个数据。至此,关于中苏两个不同数据之争,经过多方工作,终于水落石出。这就是我国核武器研制历史上著名的"九次计算"。

图 4–10 讲述九所原子弹攻关时期"学术民主"为题的大型油画(采集小组拍摄)

对于这样一个数据，花费如此大的精力去验证，一方面是该数据对于原子弹理论设计有着重要的作用，另一方面也诠释出九所科研人员严肃的科学态度。"知之为知之，不知为不知"，在科学上不放过任何一个疑点，是九所科研人员在整个核武器研究与设计过程中始终坚持的原则。

九次计算的过程，使刚刚起步的原子弹理论研究有了三大收获：其一，使科研人员比较深入地认识了原子弹的内爆过程，扫清了设计原子弹的障碍，熟练掌握了特征线计算方法。对于爆轰过程从理论上深刻的认识，为后来的工作打下了坚实的基础，也打破了"洋迷信"，增强和坚定了科研人员的自信心。其二，培养了一批我国自己的核武器研究专家，这些专家，不仅仅有从其他领域转行过来的彭桓武、王淦昌、郭永怀、朱光亚等知名科学家，还有那些大学毕业不久，在科学研究事业中入行时间不长的年轻人，朱建士便是其中之一。其三，在原子弹技术具体的科学研究之中，创造了自己的一些技术方法。

九次计算过了一年不到的时间，苏联出了一本书就叫《特征线计算方法》。科学院的数学所把它翻译出来了，翻译出来以后大家一看全懂，因为这个书里面写的东西大家都有过切身体会。尽管当时这些刚毕业的大学生对于工作中的一些基础理论问题不敢整理成书，不敢有这方面的想法，但是看别人写的书，大家全懂，书里面的问题在工作中都碰到了。这也从一个侧面说明，大家对计算方法有了很深刻的认识，创造并把握了一些原子弹理论设计的技术方法。①

九次计算在客观上达到了树立信心、培养骨干、开创方法的效果，对未来核武器研制，发挥了很大的促进作用。

1961年3月，九所一室提出了1961年工作纲要和行动计划，确定原子弹的设计分三步走：首先摸清物理图像，准备计算方法；然后重点计

---

① 胡思得访谈，2017年3月9日，北京。资料存于采集工程数据库。

算,对产品有一个完整的理解;最后配合实验重复计算,使结果更加肯定,从而提出一个理论设计方案。

彭桓武先生一开始就明确指出:把核武器研究当成科学研究来做,而不是工程实践,这是一个很重要的区别。要求一定要把问题弄得清清楚楚,明明白白。这一提法后来被总结为:知其然而且要知其所以然。在他的领导之下,理论设计者们并没有简单地依葫芦画瓢,而是把原子弹理论设计当成一项科学研究工作来做,抱着严肃科学的态度对待苏联人给出的原子弹教学模型,认真地去研究、理解、核实该模型中的相关数据,期望以这样的方式,达到彻底掌握原子弹设计的各项理论之目的。以至于在"两弹"突破后的科研工作,如核武器小型化等都比较顺利,能够一直往前走,基础都是从原子弹研究时期打下的。[①]

非常幸运的是,朱建士一参加工作,就从事了一项中国从无到有的事业。更为幸运的是,他遇到了当时中国一群最优秀的科学家,在他们的领导和熏陶之下,在如何做人和如何做科研两个方面,都受到了深刻的影响,为他后来的人生和事业的发展奠定了基础。

十七号工地

理论研究不断推进,验证理论的实验工作也刻不容缓。其中,实验场地是必备条件之一。

为了寻找合适的实验场,所长李觉找到了自己在新四军时期的老上级陈士渠上将,向他借用河北省怀来县的工程兵实验场,不仅借到了实验

---

① 《九所所史》。存于九所档案馆。

场，还解决了场地的警卫、后勤等问题。在古长城脚下的一个山谷里，一片开阔地，一座碉堡型的建筑，几排简易的平房，十几顶军用帐篷，成为我国最初的爆轰实验场，代号为"十七号工地"。

1960年4月上旬，二室一个十多人的小组，开赴十七号工地，开展了炸药成型工艺实验。

上级要求"五一"节前拿出炸药柱，打响第一炮。当时，加工工号刚开始建，在熔药炉没有到货的情况下，为了抢时间，因陋就简，实验人员在搭建的帐篷里，利用一台普通锅炉，从部队借来几只熔药桶，用马粪纸作炸药模具，动手浇铸炸药件。后来他们焊接出一把双层结构的铝壶，夹层通上蒸汽，在里面熔化炸药。为保证炸药部件密度均匀，还要用木棍不停地搅拌。炸药熔化后形成的蒸气和雾腾腾的粉尘充满整个帐篷，气味刺鼻，毒性也大。越是苦累大家越是争着干，冒着生命危险，舍身忘我地研制炸药部件。4月21日，打响了爆轰实验的第一炮，从此揭开了我国核武器爆轰实验的序幕。

实验的重要目的之一，就是要以实验的手段，验证理论设计的数据

图4-11 十七号工地，位于河北省怀来县官厅水库旁（拍摄于1986年。中物院档案馆提供）

第四章 投身核武器研制　　109

与实验得到的结果是否一致；如果不一致，就要分析出不一致的原因是什么。

作为理论设计人员的朱建士，从此开始涉足核武器研制的实验领域，他不是简单地得到实验人员提供的数据就浅尝辄止，而是要知道这些数据是怎么样得到的。为此，他多次到十七号工地，从实验方案设计、实验元器件制备、实验测试设备功能、实验测试手段、实验人员对于测试结果的处理流程等多方面进行了解，尽量多地获得实验的第一手资料。

在这里，朱建士也对实验提出了一些有益的建议。比如波形测量，他当时跟实验人员提出，怎么样在炸药表面、球表面取得爆破波形，以及测试等问题。

朱建士跟大家一起工作，讨论爆轰元件、爆轰聚焦问题，朱建士、孙清和、胡思得、薛铁辕几个人共同参加波形分析讨论，以及工作的设计和进展。有一项工作是在实验里面"打炮"（爆轰实验的俗称）要瞄点子，瞄点子必须数学化处理，要解一个很复杂的线性方程。那时候没有高速电子计算机，靠手摇。有人问：老朱你有没有新办法，我们这个办法太慢了。朱建士看了看说：你这个行列式是一个对称行列式，用对称行列式去解，可能要快一些。按朱建士的方法一试，果然行之有效，比以前的工作效率大大提高了。

那时候，还没有剥线钳，怎么办？冬天用剪刀剪导线，这个导线外面有一个包层，要把这个包层揭开，把线露出来才能接雷管。用剪刀去剪，一下子就把线剪断了，用钳子又剪不开。当时朱建士就想了一个办法——用牙咬。大家开玩笑说：朱建士不是姓朱吗，说老朱（猪）的牙厉害，请老朱来咬。朱建士拿起导线用牙一咬就咬开了，说"行不行？"后来就照老朱的办法，没有剥线钳就用牙咬。

实验的时候，为了防止静电意外引爆火工品，参试人员要穿防静电服。但最初没有防静电服，朱建士就想了一个办法，把一个导线两头的绝缘层都剥开，然后一头拿在手里一头拖在地上，这样你身上的静电随时就放了，办法十分有效，大家就手里面拎着导线拔雷管。这个办法一直沿用到场地有了专门的接地棒，拔雷管以前手摸接地棒，与朱建士的办法原理一样。大家都说，老朱这人脑子比较灵活，有时候他还真能想出一些管事的"歪点子"来。①

二室科研人员在王淦昌、陈能宽②等的领导和具体指导下，在不到三年的时间里，在十七号工地研制出高爆速炸药和低爆速炸药组成的起爆元件、平面波发生器、聚焦元件，建立了炸药成分分析方法、炸药铸件结构的显微照相分析方法，建立了爆轰实验所用的电子学基础。更重要的是，为原子弹理论设计提供了一批基础性的数据。同时，也培养锻炼出一批人才，为后来在核武器研制基地的进一步发展输送了实验技术骨干。

经过理论（一室）和实验（二室）两个方面的共同努力，1962年的年底，原子弹的初步理论方案终于基本形成了。

在花园路及十七号工地的工作阶段，朱建士所从事的是一项国内没有人做过的科学探索事业，在此期间，他初步完成了一个从象牙塔中走出的学生到科研工作者的转变。从科学精神、科学研究思维方式到科学研究的方法，乃至于如何做人等方面，受到中国最优秀的科学家们的言传身教，使自身素质实现了全面的提升，奏响了他核武器理论设计人生的第一乐章。

---

① 刘文翰访谈，2018年11月20日，北京。存于北京应用物理与计算数学研究所档案室。
② 陈能宽（1923-2016），湖南慈利人，中共党员，著名金属物理学家，中国核武器事业奠基者之一，"两弹一星功勋奖章"获得者，中国科学院院士。

第五章
"596"之战

会战金银滩

二机部九局成立后,1958年3月,立即组成了研究基地选址小组。最终将基地地址确定在青海省海晏县金银滩。核武器研制基地于1959年8月开始动工,核武器研制基地代号221。[①] 计划在建成之后,将在北京的过渡机构(二机部九局九所)迁至青海研制基地。1962年8月,二机部领导向中共中央报告了争取1964年爆炸我国第一颗原子弹的"两年规划"。

完成了第一颗原子弹初步理论设计方案之后,如何把理论设计方案变成实际的产品?在"变成"的过程中会出现哪些问题?这些问题应该如何解决?理论与实验相结合就提上了议事日程。当时,九所考虑要成立一个

[①] 青海省海北藏族自治州海晏县的金银滩草原(代号221基地),是我国曾经的核武器研制、生产基地。于1958年筹建,1973年221厂从九院分离出去,1987年经国务院批准撤厂销号,1995年正式退役。

理论联系实验的工作组。这个组成立的目的就是要把理论方案带到221去，然后跟搞实验的同志、搞生产的同志、搞设计的同志相结合，解决初步设计方案中还存在的一些问题。

1960年，九所正式成立理论部、实验部，暂时合并由邓稼先任主任，吴益三任书记。正式启动科研工作。九所一室划归理论部。

1962年底，九所理论部开始酝酿成立第一组，即"理论联系实际（验）小组"。

邓稼先、周光召对这项工作都非常重视，一再告诫大家要加强理论和实践的结合，并且为理论联系实际小组（简称一组）做了很多的理论预备工作，邓稼先、周光召亲自给一组"开小灶"，把理论部的所有理论和已经取得的成果从头至尾给一组成员讲了一遍。

1963年3月，一组正式成立，组长胡思得，副组长孙清和。先后参加这个组的成员全部由理论部各科研组的骨干组成：陈乐山、朱建士、薛铁辕、刘嘉树、水鸿寿、苏肇冰[①]、李智伟等。这一去，朱建士等人的人事关系就正式从九所转入青海221研制基地，直到1973年才返回北京。

出征

1963年暮春，张爱萍将军在位于北京市海淀区北太平庄的铁道部干校礼堂内，为即将奔赴221草原的九所科技人员做动员。

他走上讲台，还未开口，下面就掌声四起。他摆摆手说："先别鼓掌，我可是来动员你们到古代'充军'的地方去啊！"

别致风趣的开场白，又引来一阵热烈掌声。

张爱萍接着说：

> 我先吟诵两首唐诗给大家听听："渭城朝雨浥轻尘，客舍青青柳色新。劝君更尽一杯酒，西出阳关无故人。""黄河远上白云间，一片孤

[①] 苏肇冰（1937- ），江苏苏州人，物理学家，中国科学院院士。

城万仞山。羌笛何须怨杨柳，春风不度玉门关。"

这是1300多年前盛唐时期王维与王之涣的诗，你们应该大多读过。听说你们现在议论最多的，是这两首诗的最后两句："西出阳关无故人"和"春风不度玉门关"。是不是这样啊？

大西北，我去过。玉门关，又叫小方盘城，在戈壁滩上。那里一片茫茫，人迹罕至。这个地方苦不苦？当然苦！所以，王之涣在1300多年前就说是非常困苦荒凉的地方，连春风也过不了玉门关。就是1300多年以后的20世纪60年代，由于遭到严重自然灾害，那里也还是很苦的。因此，有些同志怕去了不适应，影响研制原子弹，这也是很自然的，可以理解。不过，也绝对不是像王维所说的"西出阳关无故人"，连一个人也见不到。根本不是那么一回事！1958年，解放军工程兵部队就已经进驻那里，开辟、建设核试验基地、导弹发射基地和储存器材的仓库基地了！他们正等待着你们，正准备欢迎你们呢！他们已经为你们建了宿舍和实验室，你们的生活条件，要比他们去的时候好多了！你们说是不是呀？

至于王之涣在诗中说的"春风不度玉门关"，无疑也早已成为历史了。工程兵部队早已把"春风"带出了玉门关。经过三四年的开辟、建设，那里的环境得到很大改变。你们这批科技精英去了，那里的"春风"会变得更加和煦、更加温暖。

过去有句俗话说："知识分子手无缚鸡之力"。这里，我要把它改成"知识分子有擎天之力"！你们这些知识分子，不，你们这些大知识分子，到了那里，将要亲自制造倚天长剑——原子弹。到那时，我们祖国必将处处是和煦、温暖的春天！

我相信，在你们中间，可能有不少人读过百回长篇小说《封神演义》这本书。这是明代一个叫陆西星的道士所作。内容是反映商末政治纷乱和武王伐商的历史故事。我从小就喜欢读这本书。《封神演义》的作者陆西星极富想象力，敢于标新立异讲了很多神话，什么来无影、去无踪呀，什么千里眼、顺风耳呀，什么撒豆成兵、移山倒海呀，等等。可是这些故事，有的已成为现实，有的正在成为现实，有的将要变成现实。

  同志们，你们现在所从事的，就是把神话变为现实的工作。将来，我们的国家和人民也会把你们封为神的。我建议你们好好读读这本书，这对你们这些科学家是会有很多启发的。这里，我再读王昌龄的《从军行》。王昌龄的《从军行》原诗有七首，我这里只读第二首："青海长云暗雪山，孤城遥望玉门关。黄沙百战穿金甲，不破楼兰终不还。"

接着，张爱萍简略介绍了诗的大意：青海的云层笼罩着雪山，远远天边的孤城就是玉门关。百战沙场的铁甲虽已磨破，不灭敌人绝不回还！介绍完，张爱萍又开始吟诵起这首诗。没想到，当张爱萍刚吟诵到"青海长云暗雪山，孤城遥望玉门关"时，台下的所有人异口同声地一起朗诵起来："黄沙百战穿金甲，不破楼兰终不还！"

张爱萍激动起来，大声说：

  最后，我要宣布两件事。第一件事，两位老帅——陈毅和聂荣臻，为了改善你们的生活，以他们个人的名义，向各大军区募集了一批粮食和副食品，正在运往西北途中。我要宣布的第二件事是，中央决定派我和你们一起去西北。我打前站，会后就走。我向你们表示：我愿当你们的服务员，做好你们的后勤保障工作。

全场掌声雷动。

李觉将军不失时机地跨上主席台，对着台下黑压压的几百名科技工作者，振臂一挥，大声说道："同志们，跟我走啊！上草原去！"

会场上群情激昂，又响起一阵阵热烈的掌声。

1963年3月26日，孙清和带领朱建士、薛铁辕，第一批到青海草原研制基地221，开展理论联系实际工作，参加原子弹研制大会战。

金银滩

图 5-1　青海 221 基地全貌（九所提供）

金银滩草原，位于青海省东北部的海北藏族自治州海晏县境内。它四面环山，西邻柴达木，东接西宁市，北依祁连山，南临青海湖，草原面积 1100 平方千米，平均海拔 3200 米。

1959 年 4 月，来自全国的 2000 多名转业军人、7000 多名民工和 2000 多名建筑工人迎着大风雪，秘密开进了这片西部高地，形成了一支庞大的基础建设队伍……几年后，中国原子城雏形基本形成，建成了总建筑面积 50 多万平方米的核武器研究、设计、制造、实验基地，为原子弹、氢弹突破提供了物资技术上的保证。

在"先生产、后生活"方针的指导之下，核武器研制基地的实验室、生产车间先于生活设施建成。

1963 年初开始，核武器研制工作逐步由北京转移到青海高原。

在回忆那一段时期时，朱建士说[①]：

> 我们厂就在金银滩，大概海拔最高的地方 3600 米，最低的地方 3200 米，什么概念呢，就是和拉萨一样高的高原。那个地方因为是高寒地区，有个特点就是天气变化无常，在夏天我们都是不脱毛衣的，冬天大概零下二三十度，夏天还会下雪，六月份下雪很平常。因为高原的空气稀薄，紫外线特别强。

---

① 朱建士：长郡建校 105 周年励志报告会，视频文字整理稿，2009 年 10 月 9 日，长沙长郡中学。资料存于采集工程数据库。

我给大家举个例子，我们当时上去以后，有一次开了三天运动会，那个时候没有经验，不知道那个紫外线的威力是什么。开了三天运动会，在外面太阳晒了三天，没有感觉热，因为那个地方很凉快。最后所有人的脸上掉了一层皮，从鼻子开始脱皮，然后整个脸脱一层皮，这就是紫外线的厉害。青海你们不知道去过没有，青海人的两个脸蛋是红的，这都是紫外线的原因。当然大家都知道那儿空气稀薄，打篮球是跑不动的，那时我们年轻，问题不大，主要就是吃饭不香。当时没有高压锅，没有高压锅那个馒头是蒸不熟的，馒头拿在手里一捏就是个面团，蒸不熟，面条也煮不熟。因为水只有80度就开了，开水的温度低。吃饭是想到该吃饭了，不吃饭对健康不好，所以要吃饭，就吃。有的时候馒头在嘴里嚼半天老咽不下去，就拿开水送，就是这样的。

我们住24平米的一个房子，住13个人，周围一圈上下铺，行李就摆在中间，吃饭就坐在床上搁在箱子上吃。

要做一个大型实验，要往厂区跑。那个时候路也没有修好，我们都是坐到卡车上，那个路是颠的，从住的地方到实验场地那儿颠得我们就像摇煤球似的。你们大家也许不知道，北京烧煤经常要把散煤摇成煤球，在一个大筐里摇来摇去。

朱建士在写给同学的信中提到在青海高原吃饭的艰辛[①]：

　　这里冬天比北京冷，但比不上东北，室外走走并不显得太

图 5-2　221 基地原址上伫立的中国第一个核武器研制基地纪念碑（采集小组拍摄）

---

① 朱建士写给同学曾锦光的信，1964 年 2 月。资料存于采集工程数据库。

图 5-3 221基地原址上的纪念碑，刻有曾经在核武器研制基地工作的人员名字（采集小组拍摄）

冷，就是不能待得太久。吃饭老是吃不下，每天一斤要花九牛二虎之力才能吃下去，不吃又怕身体受不了。真想不到吃饭现在倒成了一桩难事了。

随着科研人员和设备仪器逐渐向基地转移，221基地新修的住房异常紧张。李觉发布了一项声明："只要有一个科研人员还住在帐篷，我李觉就绝不住进暖房。"吴际霖作出决定："所有机关干部、工作人员都住帐篷，把房子腾出来保证专家住。"看到在天寒地冻中，李觉、吴际霖等领导仍然在帐篷里工作、生活的表率，让大家感动之余，更激发了对工作的饱满热情。

图 5-4 原221厂生活区黄楼现状（采集小组拍摄）

会战

1963年5月10日，二机部九局发文通知使用"596"代号命名我国第一颗原子弹产品，不再用"第一种试验产品"名称。"596"代表一个日期，这一日期对从事原子弹研制人员来说确是一个极不寻常的日子。1959年6月是苏联正式毁约的日期，二机部宋任穷部长到第九研究所视察工作，传达了这一信息，全体职工无不义愤填膺，谴责赫鲁晓夫集团背信弃义的恶劣行径。宋任穷部长鼓励大家把气愤化为力量，用这种"气动力"潜心研究出我们自己的原子弹——争气弹，为祖国

图 5-5 221 厂如今命名为中国原子城（采集小组拍摄）

争光，为民族争气。这就是第一颗原子弹代号为"596"的由来。

朱建士所在的一组被编入实验部[①]的二十四室，实验部为他们确定的工作定位是进行实验的理论分析。

一组来到草原之后的主要任务有三项。

第一，为搞实验的同志授课，专门为做实验工作的同志办了一个培训班。因为他们中的很多人没有接触过理论设计工作，好多理论计算都不会。计算主要是指原子弹爆炸物理过程的相关数据计算，从炸药爆炸一直到中心出中子，整个理论过程非常复杂，每一步每一步怎么算，炸药、飞层、空腔等，做实验工作的同志基本不知道怎么算。

在将近半个月的时间里，一组成员就从邓稼先和周光召介绍过的《球面聚心爆轰波理论》这本书开始讲起。讲课最多的就是朱建士，爆炸物理

---

① 1963年，九所二室迁往青海221基地成为实验部。

的基本现象，球面聚心爆轰波理论，包括爆轰过程从外到里如何计算。朱建士讲了从雷管点着一直到出中子的整个理论过程，讲了之后，还布置作业，让大家学习计算"596"模型。同去的孙清和、薛铁辕也参加讲授其他的内容。在理论上培养那些从事实验工作的年轻人。在讲课的过程中，也让搞实验的同志明了将来实验的目的和意义所在。为理论联系实验打好基础，在共同的工作目标引领之下开展工作。①

图 5-6 已列入全国重点文物保护单位的中国第一个核武器研制基地旧址（采集小组拍摄）

第二，根据理论设计的需求，与实验设计者探讨实验方案内容，在不断的磨合中形成共识，做好实验方案的顶层设计。实验部依据最初的原子弹理论设计方案，对模型进行分解，归结出几类不同内容的实验，分别设计实验方案。对于要做哪一类的实验，实验要获得哪些数据，这些数据通过什么方式获得，都是理论联系实际小组需要与实验部的实验人员进行协调、讨论的。将理论设计方案逐一分解，变成一个个相对独立的项目，每一个项目设计出相应的实验方案，在方案的指导下开展具体的实验。在具体的实验过程中，如果出现始料不及的问题，还要分析原因，并对方案进行调整。

第三，理论联系实际小组到 221 基地联系实际的最重要的工作就是参加爆轰实验（俗称"打炮"）。所谓爆轰实验，就是内爆压缩实验——由炸药元件内界面的爆轰波，驱动飞层向内做功，把中心材料压缩到高温高密度，一直到最后出中子。把这个过程分解出来，一步一步去完成

---

① 叶本治访谈，2018 年 3 月 20 日，绵阳。存于九所档案室。

每一个分解实验。

爆轰实验在原子弹研制中是非常重要、不可缺少的阶段。它主要有两个目的：一是验证已完成的原子弹初步理论设计方案，对构成原子弹的部件进行动态考核，从理论与实验的结合上来完成和完善理论设计；二是通过实验来解决原子弹研制中的一些关键问题，摸索产品设计的基本规律和各种参数的设计方法，解决仅仅靠理论计算无法解决的问题。

理论部的领导通过内部保密专线与实验部门或理论联系实际小组同志传递信息，得到最新的实验结果，有时一天要数次通话。为了话音清晰，还会特选深夜对话。实验结果反馈到北京之后，理论部在北京进行计算，看能不能算出这个数据，数据跟理论设计得是否一致。

这种北京与青海草原之间的理论与实验结合的工作方式，形成了一种工作机制。除及时沟通前方（草原）最新实验情况之外，遇有重要的实验，或实验中出现了重大问题，邓稼先、周光召还要亲自从北京赶到草原，现场讨论，解决问题。

朱建士所负责的内容，主要就是解决实验中如何形成在形状上接近理论设计的爆轰波。

原子弹爆炸，就是一个核材料由静止到裂变的过程。要想实现裂变，首先必须使核材料达到超临界状态，这种状态的形成，在原子弹的设计中，是通过外力在短时间内对核材料压缩完成的，这个外力就是化学炸药爆炸形成的爆轰波。但是，要想实现这一设想，对于爆轰波的波形要求十分苛刻。如果把核材料放在球心，就要求爆轰波呈凹球面向球心同时推进，方能达到最好的压缩核材料的效果。他深知这项工作的重要性：这是原子弹是否能够实现爆炸的首要条件。如果炸药爆炸不能形成达到要求的爆轰波波形，核材料就无法被均匀压缩达到超临界状态，链式核裂变的条件就无法形成，核裂变就无法产生，所有围绕这一中心开展的任何工作都没有了意义。

但是，这又是一个十分复杂的问题。试验装置在动作的一瞬间，压力从一个大气压升至百万、千万个大气压，温度可上升到亿度量级。构成装置的各类物质，经历了由固体、液体、气体到等离子体的变化过程。要研

第五章 "596"之战　*121*

究出这些变化对于试验装置发生核裂变发生条件所产生影响的规律，及这些规律的力学特点。如炸药起爆的同步性、爆轰波正常传播的规律、在不同媒质中的传播规律、波形变异规律、变异之后效益叠加规律……需要一系列的实验去验证、去探索。朱建士大胆设想、小心求证。尽管以前他对于实验工作有所涉及，但为了探明问题的究竟，求证理论设计的最初方案，这一次，他从实验设备功能、原理着手，深入了解实验的原理、程序，现场观看实验人员操作，甚至于实验装置摆放对于实验结果获取产生什么样的影响，都做了详细的调查和深入的了解。

关于爆轰波波形，实验上有些什么问题呢？爆轰波并不是如一个圆点放射出的标准的圆周的面均匀地向前推进，实际形成的波是有起伏的，波形与理论设计要求有差别，这个波形差就需要按照设计要求进行"整形"，将其慢慢调整为一个接近正圆的波形。根据每一次实验的测试结果，什么地方出现变形，先分析出变形的原因，找出解决办法，再进行实验，再测试，看问题是否能够得到解决。有时变形不止一处，每一个地方都要进行反复实验，爆轰波弱一点的地方想办法加强一点，爆轰波跑得慢的地方想办法让它快一点，不断调整波形。这个工作被大家形象地称为"补皮鞋"。

朱建士的工作对象异常复杂。特别是涉及不同元件对于波形的影响，元件加工的时候，元件大小、使用的材料、形状、厚薄、不规则的曲度，都要靠多次实验慢慢地摸索，一点一点地去做。在整个构成装置的复杂体系之中，元件、构成元件的材料、元件摆放的位置、各元件之间的距离、元件加工和装配时的公差等，几乎各个方面都会对爆轰波的波形产生或大或小的影响。为了克服各种因素对于爆轰波形成的扰动，调整出合适的波形，就必须想出物理的、化学的等各种办法进行解决。这些办法中，有的是在明确了机理的基础上提出的，效果也是可以预判的。但限于对出现的问题背后科学规律的认识尚不完备，有时也只能是一点一点地"凑"出接近理想的波形，虽然还不能完全说出这种"凑"是源自什么原理，但只要能够解决问题就行，因为完成任务的时间太紧迫，先闯出一条路，规律留待将来再去慢慢探索。因此，有的人把调整波形的工作比作一门艺术，从探索的手段和过程来看，这种比喻一点也不为过。

正是这种不断"想办法"的过程，培养出朱建士全面地看问题、联系和发展地看问题的思维方式，考虑具体问题时更是心细如发，不轻易放过任何一个环节、任何一个影响爆轰波波形的因素。他从炸药起爆开始，炸药出什么波形，再到里面出现飞层形成什么波形，然后达到靶球以后又是什么波形，观察一层层波形的变化、波形如何变化，并要知道这些变化是通过什么手段看到的。例如在实验时，有各种各样的探针放在实验体的不同位置，用光和电等不同方式，就可以把波形在示波器上记录下来。还要了解最终的实验结果与实验人员进行数据处理之间存在什么关系。最后报出实验结果。

在原子弹草原会战之初的战略部署中，原计划爆轰实验设计了五次攻关战役。就是攻关实验预计要进行五轮，每一轮又由数十乃至上百次爆轰实验组成。

经过理论和实验人员一段时间的共同攻关之后，实验工作骨干——冲击波驱动实验技术负责人经福谦发现，经过对实验中一些数据的仔细测量，在实验中能够测到的有用波形很短、很小。一个球面三百六十度，只能测到二三十度范围内。经福谦提出了"严重稀疏范围"的概念，他觉得原实验设计方案可以改动，形成既可以减少实验轮次，又可以获得更多实验数据的方案。但是，该实验方案还需要从理论上进行充分论证。在经福谦的意识里，理论联系实际小组中，能够说得上话、好说话的人就是朱建士，朱建士这个人最接触工作实际，最善于和同志相处，很平和，能够虚心听取别人意见。经福谦就此找到朱建士进行研讨，朱建士从实验设计的原理着手，对提出的爆轰筒模型设计方案进行了仔细地论证，认为新方案可行。这次更改，把预先设计的五轮实验节省为三轮大型爆轰实验。这一改动是草原会战实验工作的一次大跃进，是理论联系实验的一个显著成果，是实验部和理论部工作组，主要是和朱建士讨论之后形成的结果。客观上缩短了我国第一颗原子弹的研制周期，节省了原子弹乃至于后来氢弹的研制时间。①

各种类型的爆轰模拟实验按计划不停地在做，得到的实验数据需要及时进行分析，然后报北京，不断给出波形调整的方案，设计新的实验方案，再进行新的模拟实验……直到取得符合设计要求的数据。烦琐、枯燥、重复性的工作，也把朱建士的个性"磨"得坚韧不拔、细致入微。

一个理论方案，在物理设计上是一个理想的东西，还要在工程上把它变成一个具体的结构，这就是所谓的工程设计。在原子弹初步理论设计方案完成，理论与实验相结合工作向前推进的同时，工程设计工作在郭永怀的领导之下，也在设计部紧锣密鼓地开展起来。工程设计方案，是理论设计方案变成产品的蓝图。涉及材料、制造加工、产品装配等诸多方面，这些方面中的任何因素无形之中都要对原来的理论方案的完整性产生一些影响，导致发生或大或小的变化，那么，这些变化的效果叠加，会不会由量变到质变，对理论方案带来致命的影响？这种影响是否会致使方案无法实现设计的目的？如此等等，就需要搞理论方案的人能够在做理论方案时，尽量要考虑方案的可实现性；而工程设计人员则要想尽办法，尽可能保留原来理论方案的东西。一个好的工程设计方案，需要理论设计与工程设计双方不断地迭代，不断地交流。工程设计的许多过程，都需要理论与实验小组的参与。

在解答工程设计中提出的问题，作出一个个工程设计中"行与不行"的决策过程中，朱建士又对理论设计方案如何成为工程设计方案、在这一转变过程中会涉及哪几大方面的问题、这些问题应该如何解决等，有了深入的了解和切身的体验。充实了他对核武器研制大系统工程知识体系的把握，丰富了他核武器研制具体工作中的经验。

理论与实际的联系，以实验为桥梁，对于第一颗原子弹物理设计的不断完善和最终确定发挥了至关重要的作用。

1964年2月，二机部党组决定，九局、九所机构撤销，总院名称定

---

① 陈俊祥访谈，2019年8月22日，绵阳。存于北京应用物理与计算数学研究所档案馆。

图 5-7　原 221 基地实验部爆轰实验场（采集小组拍摄）

为"二机部第九研究设计院"，简称九院，李觉任党委书记兼院长，吴际霖、王淦昌、彭桓武、郭永怀、朱光亚任副院长。221 基地为"221 研究设计分院"，掩护名称为"国营综合机械厂"。3 月 2 日，九院正式成立理论部，理论部主任邓稼先，第一副主任周光召，副主任黄祖洽、秦元勋、周毓麟、何桂莲、江泽培。九所一室即九所理论部正式改为九院理论部，理论部在北京。1965 年 9 月，221 研究设计分院改为 221 厂，九院副院长吴际霖任党委书记。

1964 年 3 月，北京大批人员转移到 221 研究设计分院，九院工作重心转移到了 221 基地。

1964 年 6 月，实验部进行了全尺寸爆轰模拟实验及其他一系列实验，并取得了完全成功。至此，历时四年的爆轰物理实验，从单件到组件，从局部到整体，从缩小尺寸到全尺寸，共进行了千余次小型实验和多次大型实验，验证了理论设计，考核了部件，解决了聚合爆轰等关键性技术问题，获得了丰硕成果。它表明我国原子弹的理论设计、结构制造、加工能力、试验测试等方面都取得了实质性进展。

5—7 月，221 基地的科技人员分别对核部件、炸药部件、起爆元件和同步装置等进行了震动实验和运输模拟实验。在自行研制的装置上成功地对核装置进行了次临界实验。组织科技人员和工人，用土办法进行了一系列实验，解决了加工装配过程中的工艺技术问题，保证了各种零部件的加工质量。

回忆起那一段工作时，胡思得说[①]：

> 理论与实际相结合小组的一项重要的工作就是负责装置零件的公差设计，预计实验的量程。
>
> 进行聚合爆轰实验的目的是为了检验在核装置中心形成一个相当球对称、能汇聚在一个极小范围内的冲击波，这就要求核装置从外到内的各零部件都要搞得非常对称、均匀，也就是说它们必须满足很严的加工和装配要求。但这样一来零部件废品率就较高，影响工作进度。还在北京的时候，邓稼先、周光召、黄祖洽指导我们（理论联系实际小组成员）做了一项工作，研究什么样的波形对聚焦影响最大以及各种公差对聚焦影响的程度；到221厂后，结合生产实际，我们调研哪些零部件的公差较易达到，哪些较难。然后研究对较难达到的那些公差能否适度放宽，而对较易达到的适度收紧。经过这样的调剂，既保证了聚焦需要，又提升了零部件的合格率。
>
> 1963年12月24日，成功进行了缩小比例的聚合爆轰实验，实验结果非常理想，使理论设计和此前的一系列实验获得了综合验证。周光召亲临基地，参加分析讨论。
>
> 1964年3月，二机部刘杰部长对221视察。那时大礼堂还没有建成，所以他在一个食堂里作了动员报告，要求全体职工按时、按质、按量安全地完成国家交给的光荣任务。
>
> 1964年6月6日，成功进行了全尺寸爆轰模拟实验，实验装置中除核裂变材料用替代材料之外，其余都是核爆炸试验时要用的实物，实验结果非常理想。至此，成功实现我国第一颗原子弹爆炸已基本胜利在望。
>
> 这次爆轰实验因为是全尺寸的，所以用的炸药较多。爆炸后的高温碎片飞散得很远，远处的草丛被点着了。实验部的领导立即组织队伍去灭

[①] 胡思得：在青海基地工作的点滴回忆。见：安吉龙山源·国家使命主题文化园出品，《光辉印记》。第186-187页。

火，大家拿着扫把去扑打火苗。火苗在草丛中若隐若现，扑朔迷离，这边扑灭了，一转身又在身后窜了出来。我们使劲扑打，加上高原缺氧反应，没一会就感到精疲力尽，但在大家的努力下，火终于被彻底扑灭了。

1964年7—8月，严格按照工作计划和各项操作规程，相关各单位大力协同，完成了核试验用的三个合格核装置的装配。

在221基地所有核试验前任务基本完成，万事俱备，枕戈待旦，难得有了一点轻松的时间。朱建士和同志们去了一次青海湖。

那是青海湖最好的季节，但青海湖水还相当冷，好多人争先恐后地下到了水里，朱建士也耐不住扎进湖水中。游完泳之后，又兴致勃勃地去捡蘑菇，捡了满满一兜，却碰上老藏民的狗追了过来，朱建士拿捡蘑菇袋子甩那条狗，一下子捡的蘑菇通通都甩了出去。回来以后，朱建士跟大家一起做了一次蘑菇宴，把在商店买的鸡腿罐头和蘑菇煮在一起，美餐了一顿。①

这或许是他们唯一难得的放松，也是他们唯一能有的放松方式了。

塔 上 塔 下

1964年7月初，九院开始组建参加第一次核试验的队伍，参试队被李觉命名为"第九作业队"。队长为李觉，技术领导核心由吴际霖、朱光亚、王淦昌、彭桓武、郭永怀、陈能宽、邓稼先、方正知、苏耀光、疏松桂、陈学曾、吴永文、何文钊、倪荣福组成，作业队设有一个办公室，办公室主任为谷才伟。作业队生活管理由王义和、李荣光负责。技术保障组、保

---

① 刘文瀚访谈，2018年11月20日，北京。存于北京应用物理与计算数学研究所档案馆。

卫保密组、政治处，分别由刘克俭、赵泽民、刘志宽负责。

第九作业队下属七个分队。701分队由队长陈长宜、副队长叶钧道、吴世法负责，队员由21人组成，朱建士也是成员之一。

701分队主要有三方面的工作，一个是负责核装置从塔下运到塔上。第二个就是核装置的保温，由朱建士负责理论计算及实际测试。第三个任务是插接雷管。其中试验用核装置的安装是由贾栓贵、李仲春、朱建士完成[①]。

1964年7月下旬，要到核试验场地去。

那就是戈壁滩了，当时动员我们去的第一条是剃光头，所以我这辈子剃过两次光头，第一次剃光头是进长郡中学。长郡那个时候初中进来的时候男同学不许留分头，必须得光头。[②]

去核试验基地也要剃光头，为什么呢？

核基地那都是咸水，什么是咸水？就是有很多矿物质，大家都跟吃了泻药一样，喝了就拉肚子。去那里我们九院算是最受照顾的，吃甜水，没有吃咸水，但是用咸水，用甜水是不可能的。我们吃的甜水，就是在几百公里外用汽车拉的水，那就等于是喝汽油。场地里面都是戈壁滩，它打下去的水都是咸水，用水可能是用的孔雀河的水，孔雀河是戈壁滩里面一条河，孔雀河的水洗了头以后头发都是黏的，黏在一起。所以干脆剃光头最好，洗个头是用咸水，大家都在海里洗过吧，海里如果起来以后你不用淡水洗的话，你身上就感觉有一层盐似的，所以我们当时都是剃着光头到基地去的。[③]

---

① 方正知、林传骝、吴永文等口述，侯艺兵访问整理：《亲历者说"引爆原子弹"》。长沙：湖南教育出版社，2014年，第105-107页。

② 朱建士：长郡建校105周年励志报告会，视频文字整理稿，2009年10月9日，长沙长郡中学。资料存于采集工程数据库。

③ 同②。

图 5-8　参加新疆核试验作业队驻地（中物院提供）

从青藏高原出发，第一次到千里戈壁，条件异常艰苦。朱建士和作业队队员们一起经历了另一番艰辛：

> 第一次核试验我们住帐篷，夏天的戈壁滩中午特别热，帐篷一晒就透，热得不行，中午躺在帐篷里面是很难受的。但是，戈壁滩晚上很冷，白天很热。试验场区的路很难进去，因为戈壁滩你别看它没有水，但是它下起雨来就涨水。我们有一次往前走，路好好的，后来一看那边在下雨，因为戈壁滩很大，远处下雨，这边晒太阳，看得见下雨。等回来的时候，路就冲断了，你别看它没有水，它一有水就很厉害，冲得那个上面全是土，冲出来的沙子就埋掉了一段路。[1]

同为 701 分队队员的薛本澄事后回忆道[2]：

---

[1] 朱建士口述。参见央视纪录片：《塔上塔下》。
[2] 方正知、林传骝、吴永文等口述，侯艺兵访问整理：《亲历者说"引爆原子弹"》。长沙：湖南教育出版社，2014 年，第 93—97 页。

图 5-9　朱建士（左一）与同事在核试验基地沙漠中行走（九所提供）

图 5-10　赴核试验基地，雨中过天山（九所提供）

221厂保密制度非常严格，当时保密工作做得非常好。走的时候都是通知到个人，不公开。更没有敲锣打鼓欢送之类的活动，到了出发的时候上车就走。周围的人也不知道这个人到哪儿去了，大家也不打听。甚至一直到核试验成功了，许多人还不知道这个原子弹就是我们自己研制和试验的。

作业队大部队是一起进去的。我们走的时候静悄悄的，记得是在7月底，具体日期记不准了，坐一列专列走的。青海草原7月份的气候相当凉爽，一到新疆罗布泊，那正是最热的天气。

1964年，在炎炎夏日去新疆罗布泊马兰基地是第一次。

列车从兰州再往西，一直到新疆，到大河沿——吐鲁番车站。这一段路天气非常热，刮的全部是热风，把人吹得口干舌燥。在221厂从来没有经受过那样的热天。但是大家兴致很高，人人都是满腔热情，奔赴核试验场区。到大河沿以后，在简陋兵站住了一夜，第二天改乘汽车往里走，天不亮就出发。车过托克逊的时候，不少当地居民还在大街上睡觉。

从大河沿到马兰，这一段是所谓的搓板路。搓板路名副其实，真像洗衣服的搓板一样，路上一沟加一沟，一个坎儿加一个坎儿，横在车前进的方向。每一个坎儿的距离大概60厘米左右，在搓板路上开车，汽车会不断地上下跳跃。一路颠簸，走了一天，翻过天山两个山脉，就是大家习惯说的大天山、小天山两个山，才到达马兰基地。

在马兰休整两天，第三天进试验场区。

九院有自己的客车，那时候客车虽然差一点，总还有座位。从马兰基地往里开，一直开到咱们驻地，还有320千米，一天到不了。九院自己的客车第二天都开走了，剩下的少数人第三天走。我第三天走的时候就坐基地的通勤车，也就是往来于各个兵站之间的班车。那个车是矮帮的解放牌大卡车。为了防晒，从前到后拉上一块帆布遮阳，人坐在上面一个是颠簸，一个是尘土。上车的时候，基地部队的人大概都了解坐这种车的滋味，都抢先上。我呢，算外来人，咱谦虚一点最后上的车，这回真正体验到坐在车后面是什么滋味了。车开起来以

第五章 "596"之战 *131*

后，我坐在最后面，坐得越靠后颠簸越厉害。我说"坐在车后面"其实不准确，因为没有座位，席地而坐颠得受不了，但站起来没有可以抓的地方，蹲着也不能持久，一路上只能不断变换各种姿势待着，真盼着早点到达目的地。

这里讲一个笑话。走到半路上，车子后面卷起土来，尘土飞扬。我坐在最后面，自然是灰头土脸就不必说了。天那么热，就是渴！还好，走的时候作业队发给我们每人两瓶汽水。那时候没有什么矿泉水，发的是玻璃瓶汽水，渴了，就想在车上喝两口。坐在车上汽水打开瓶盖，无论如何都喝不到嘴里头，因为车在震动，你手也在震动，头也在震动，全身都在震动，不是磕着牙，就是磕着腮帮子，无论如何都喝不到嘴里去。最后只好不喝了。

那天出发比较早，从马兰坐车到甘草泉才吃中午饭，这一段路还可以。下午从甘草泉再往里开，12点以后，中午最热的时候，一直没喝水，想喝但喝不上水。这一瓶汽水放到背包里，背包放在一个脸盆里。我们都是自己带洗漱用具，包括脸盆。等到了开屏机场，下车一看，背包磨出一个洞，脸盆磕得掉瓷了。这样，第一次领教了戈壁滩的路，是如此之难走。

第一次核试验被确定为塔爆，托举核装置的铁塔高102米，重达76吨，由工程兵国防工程设计院设计，建工部华北结构厂加工，工程兵特种工程技术总队负责安装，由14节桁架组成的铁塔中垂线设计允许误差值为63.8毫米，而实际误差仅仅6.5毫米。

一台卷扬机拉动一个吊篮，完成试验核装置由塔下至塔上的传输，700米长的钢丝绳是卷扬机起重的重要组成部分，安全系数为7，验收中多次做负荷、超负荷实验。一次检查发现断了一根丝，虽然一根丝仅仅是钢丝绳截面222根丝之一，经过几次讨论，第九作业队领导还是下决心更换使用备用的那一根。

在朱建士要完成的任务中，最重要的是负责考虑试验核装置将来出中子的问题，因为他是搞理论设计的，如果加工方面有超差或是产品装配方

图 5-11　试验装置进场（中物院提供）

面出现问题，他必须要参加讨论、决策。但是，由于第一颗原子弹加工的质量非常好，装配经过多次演练，基本上没有牵扯到朱建士负责的那项工作。

有一天，朱建士正在独自琢磨事，邓稼先走了进来，到帐篷里给朱建士交代了一项工作：一定要把塔上爆室里边温度分布的情况考虑清楚。邓稼先的考虑是，假如"产品"安装好之后，雷管也插好了，进入爆室里边的一切电源信号全停掉，进入准备起爆的状态。在此过程当中，如果出现一些特殊情况，比如说温度突然大幅度变化，使爆室的温度急剧下降，"产品"究竟会怎么样，会不会受影响？因为这个核装置是几十个学科上百个专业的集合体，是九院的同志经过精雕细刻做出来的实验性成果，组成"产品"各元件之间的公差配合要求非常高。还有制造产品各元件所使用的材料不同，万一温度发生太大升降，材料热胀冷缩不一样，如果里边出现一些公差变化，可能就会影响到聚合爆轰的聚焦和偏心，影响到了聚合和偏心，就涉及核爆炸成败的问题。所以这件事情邓稼先早就考虑到了，

第五章　"596"之战　133

让朱建士去琢磨，去计算，去研究爆室里边温度变化的情况会不会影响试验装置正常"动作"。这是到试验场地之后，邓稼先给朱建士增加的一项任务。

铁塔上的爆室分两层，下层考虑到戈壁滩上夏天很热，周围装有降温的空调装置，上面四个角是作业队制作的土电炉，电炉的作用是万一气温低可以加热，让爆室里面的温度环境能够满足"产品"的要求。在冷实验时，已经做过这样的实验，这个"产品"温度的要求有一定范围。但是，如果说爆室断电10个小时、20个小时，甚至于有其他情况发生，爆室温度还能不能达到理论设计要求？这确实是关系到成败的大问题。

当时，要在作业队做这项工作很困难，要资料没资料，计算的手段也没有，就是一把计算尺。朱建士认为，只有靠做模拟实验来完成任务。

试验指挥部提的要求是什么呢？就是在场区最冷的情况下，还必须要保证试验核装置所处的环境温度在20度正负2度，必须保证试验用核装置始终保持在这个温度范围之内。所以，在核装置安装完毕，拆除卷扬机以后，核装置的温度要慢慢下降。要保证插雷管人员完成任务到安全撤退的这段时间之内，核装置所处环境温度不能低于所要求的温度下限。

模拟试验最冷的时候是晚上，戈壁滩晚上大概是零下十几度，最冷的气象资料是零下31度。零下31度和20度之间相差50度左右。那零下10度的时候，做试验时房间的温度就要开到40多度。我在塔上呆了十来天，和基地气象总站的一个战士一起，负责晚上测量温度。铁塔上面这个房间，温度是四十几度，下面房间是零下十几度。两个人就穿着裤衩、背心，然后披上皮大衣，下面有一些茅草垫着，就在底下房间待着。然后每隔一刻钟（十五分钟）就爬到上面的房间去，把上面房间的温度测一下，记下来，又爬下来。

两个环境的温差是50度左右，就是从零下十几度到零上四十多度。人一爬上去，全身的毛细孔都在动，上面又热，还是密封的。赶快把这个温度记下就爬下来，再披上皮大衣，赶紧钻到被子里。在铁塔上面工作了十多天，就是为了测试这个数据。核试验是10月份，10月份外面的气温没有到零下30度，里面还是20度左右。因为是在严酷的条件下做的模拟试验，这个数据还是让人放心的。①

朱建士根据实测温度的情况，创立了一个理论模型，一个平衡态的问题，最后给出了爆室的温度曲线，就是温度随时间变化的这么一条曲线。就是说在十多个小时之内，温度波动究竟有多大，满不满足核试验要求，这样为九院领导、为试验指挥部首长下决心，确保核试验成功提供了温度变化的理论依据。这个理论依据是理论和实验相结合的一个很完美的数据。最后，朱建士把这个数据交给了试验指挥部，作为参试人员最后撤退的时机选择参考使用。

有了这个曲线以后，"零时"插好雷管撤退后，仍然保证爆室能保持核装置温度不会低于20度左右，这样一来，大家心中就比较踏实了。朱建士出色地完成了这项任务。②

朱建士的另一项工作，是在塔上安装试验核装置——"596"产品。朱建士不但是唯一到核试验场参加第一颗原子弹从设计到爆炸全程工作的理论部人员，更幸运的是，他作为最后登上试验铁塔的八个人之一，完成了产品的最后安装。安装要求必须是绝对安全！特别是"产品"吊起来，吊篮下去以后，这时"产品"是悬空的，处于100米的高空，这个时候对安全要求非常高。

在实际操作之前，按照"五定"（定任务、定人员、定位置、定设备、定职责）的要求，大搞岗位练兵。大家预先设计安装过程："产品"吊装时，盖板打开，吊篮拉上来，先用一个小的起重机，把"产品"从吊篮里拉出来，空吊篮放下去，合拢盖板，核装置再落下来，在盖板上找准安装

---

① 朱建士口述。参见方正知、林传骝、吴永文等口述，侯艺兵访问整理：《亲历者说"引爆原子弹"》。长沙：湖南教育出版社，2014年，第160-161页。

② 张振忠口述。同①，第162页。

图 5-12　1964 年 10 月在即将引爆原子弹的铁塔上八位参试人员合影（前排左起：贾浩、李仲春、朱建士；二排左起：李火继、陈常宜、潘馨；后排左起：张振忠、叶钧道。九所提供）

孔，实施安装。按照设想一步步地讨论，每一步谁干什么事情，谁拧螺丝钉，拧几个螺丝钉，螺丝拧几圈，都写进了操作规程里面，每个人都把分工记得很清楚，大家就苦练自己的装配动作。如果遇上工具要从一个人手里交到另一个人手里，那么，这两个人谁说什么话、谁答什么话，都有规范的要求。一个说"工具递过来了"，另一个回答说"我已经拿住了"，前面那个人才能松手，诸如此类都写到操作规程里面，并且背得滚瓜烂熟。反复地进行演练，把周恩来总理提出的"严肃认真、周到细致、稳妥可靠、万无一失"十六字方针贯彻到具体工作之中。

当时要求在操作过程中，不能掉任何东西，如果掉一个扳手下去的话，那就是重大事故。为了绝对安全，那个时候扳手都抓得紧紧的。朱建士等几个人当时按程序演练，练了很长时间。并且在正式核试验以前，还进行过一次预演。就是用假的"产品"，整个外形还是和真的一样，只是里面不是炸药，而是代用材料，确保安全。

所有人把安装工作反复地练习了以后，张爱萍总指挥到北京汇报，回来就说让第九作业队待命。待命的时候还有个任务，就是让作业队提问题，查漏补缺。大家相互提问题，还有哪一个环节没有考虑到，可能影响最后的装配工作。大家绞尽脑汁地想，因为很多问题都考虑得十分可靠了，但是这时候还说查问题，不放过任何一个细节，所以那个时候反复地讨论，怎么样保证绝对安全。

图 5–13　第一颗原子弹试验铁塔，高 102 米（九所提供）

核爆命令下来之后，就要开始正式操作了，正式安装的时候却出现了意外。平常有规定，5 级风以上，为了安全，这个吊篮就不能起吊。而上面命令下来的时候，正好赶上刮大风。那个时候就不管这些了，照常起吊。吊篮把"产品"吊上来以后，就是把盖板舱门打开，两个人上去把吊篮的盖打开，大家一看，核装置就是一个球，将来插雷管的地方，是用胶布贴着的。上面还有一个分离盘，几十个起爆元件分出几十路电缆线，这些分离盘都装好了。安装程序开始，用手摇的葫芦吊钩住装置，让最有力气的张振忠和李火继把这个核装置从"吊篮"中吊出来。"产品"调上去以后，吊篮就放下去。吊篮下去以后，把盖板一合，大家松一口气，这样就不会出现产品从高空掉下去的现象了。然后把"产品"放下来，我的工作看起来很简单，按照事先分配好的位置，先把核装置底下的固定位置与盖板上的固定位置对齐，然后把几颗螺丝拧紧，再把上面一个支架装上，接着又把分离盘装上。分离盘是这样的，它里面有一个法兰盘，在上面装上以后，安装的任务就完成了。整个过程看似很简单，但是每一步、每一个动作，大家都练了一个月以上。每个人对自己该说什么话，该做什么事情，记得滚瓜烂熟，就是为了保证最后核试验的时候，做到万无一失。701队安装组就负责做到这一步。下面就是搞电子学的人上来测试，这是下一道工序了。①

1964年8月15—30日，在新疆核武器试验基地开始进行核爆炸前的综合性演习。

朱建士回忆说：我原来在九所理论部工作。1963年参加理论与实践结合小组到青海221厂实验部工作。张爱萍到北京汇报以后，回来场区试验委员会就规定，不要问什么时候做试验。他说，总理说，这件事情我连邓颖超都没有说，所以你们一定要绝对保密。当时规定了一条，任何人不要问什么时候做试验，连你问什么时候做试验，这都算作涉及秘密了，所以大家都不问。10月16号中午，第九作业队说上车大家就上车，车开到一个土坡上面，一个气球吊在前面很远的地方。大家就坐在那儿，这时候谁也不说话，一看大概是要做核试验了，但是谁也不议论，很有意思，没有任何人议论要做试验了什么的，都静静地坐在那里。过了一会，广播喇叭开始广播，说现在是"零时"前30分钟。这个时候我们知道了，30分钟以后做核试验。所以说，参加中国第一颗原子弹爆炸的人，是在爆炸前30分钟才知道什么时候要做核试验，这是真的。我们的保密观念很强，大家互相都不问，就好像我们不是干这个事似的，实际上心里很关心这件事的，但是口头上大家都不谈。

---

① 朱建士口述。参见方正知、林传骝、吴永文等口述，侯艺兵访问整理：《亲历者说"引爆原子弹"》。长沙：湖南教育出版社，2014年，第155-158页。

……

因为是第一次做核试验,所以规定任何人不许看。只有领导发了墨镜,可以面对爆心,一般人都要求在沙包的后面,背对着爆心,屁股朝天,趴在地上,上级是这么要求的。当时距离爆心60千米,我背对着爆点,没有趴下,就坐在那里。反正我自己感觉肯定能成功,因为从前面的理论设计到后面出中子试验我都参加了,所以心里很踏实,觉得没有问题。核爆的时候,我心情倒没有太大的波动,就坐那儿了,因为距离太远,没有听到爆炸声音。我是听到欢呼以后才转过身来的,这个时候欢呼场面早就过去了。从很远的地平线上,很远的地方看到一个慢慢升起的蘑菇云,那当然是很高兴的。

第一次核试验保险系数很大,为了保险,在60千米以外观看,确实离得太远,离得太远你就是正对着爆心也没事。能不能看到闪光,我没听到人说。领导们戴墨镜,戴墨镜也看不到。①

分秒不差的十五时整,寂静无声的戈壁深处,骤然爆发出一片比太阳还要强烈百倍的夺目光芒,旋即,从地面升腾一个巨大的火球,接着就是惊天动地的巨响,飓风般的冲击波以排山倒海、雷霆万钧之势,从爆心向四周飞驰,大火球垂直跃上天穹,由红变黑,黑里透红。团团火焰和烟云翻滚着,一根粗壮的尘柱平地拔起,紧追不舍,烟云在高空蔓延变幻,戈壁滩上长出一个直冲九霄的"大蘑菇"。

"是核爆炸。"在现场的九院副院长彭桓武发出一声大喊,这是中国大地上中国人的第一个判断。

"肯定是核爆炸。"当张爱萍找王淦昌确认时,王淦昌坚定地回答,"化学爆炸绝不可能有这么壮观的景象。"

1964年10月16日15时,中国第一颗原子弹在西北核试验基地爆炸试验成功。

多年之后,每当回忆起从试验基地撤回的经历,朱建士都掩饰不住当

---

① 朱建士口述。参见方正知、林传骝、吴永文等口述,侯艺兵访问整理:《亲历者说"引爆原子弹"》。长沙:湖南教育出版社,2014年,第118-119、299页。

爆轰人生　朱建士传

图5-14　1964年10月16日我国第一颗原子弹爆炸的蘑菇云（中物院提供）

图5-15　1964年10月16日我国第一颗原子弹爆炸成功《人民日报》号外专版（九所提供）

年的那份激动[①]：

原子弹爆炸成功以后，九院作业队很快就撤了。我比较早地撤离基地，因为参加试验的人多，后期撤就比较困难。我们在马兰基地住了几天就到了大河沿，那实际上是一个火车站，牌子是吐鲁番站。吐鲁番是一个地势很低的地方，火车下到吐鲁番以后再爬上来是很困难的。大河沿车站是一个地势比较高的地方，大河沿离吐鲁番还有几十千米，在那个地方上车，你们想不到，很有意思。当时张爱萍专门向中央申请了一列专列来接九院的人，专列直接把我们送回青海。

专列过去是中央首长坐的，多半都是在苏州、杭州这些地方转，车上的列车员从来没有到过西北，也没有钻过山洞。我们是7月底去的核试验场区，去的时候是夏天，带了几件换洗的衣服，装在帆布旅行袋里。在马兰基地有葡萄干卖，每人买了一两斤葡萄干放在旅行袋里。那时候，场地仪器包装箱很多，都是木箱子，这些包装箱再运回来也没有价值。大家闲着没事的时候，就拆了包装箱钉了

---

① 朱建士口述。参见《亲历者说》，2014年，第319-321页，内部资料。

图 5-16 人民群众争抢号外的情景（中物院提供）

好多小板凳，小板凳用草绳子捆着，准备带回青海。我们主要的行李就这两件，一个手提包，一个小板凳。到了 10 月份开始试验的时候，我们的衣服就不够穿了，马兰基地发给我们一些战士的旧棉军装穿在身上。

我们坐了一天的长途汽车，在戈壁滩上颠簸，到了大河沿车站，下车就吐。反正我感觉当时的状况，比现在的农民工刚进城的时候好不到哪儿去。我们到大河沿车站，整个一列专列早等在那儿，每个车厢门口都站了一个服务员，她们穿的都是毛料的衣服，像现在空姐穿的衣服。这个时候，大家都不敢上车。因为，我们看到里面卧铺全是新的、雪白的床单。大家不上车，先在车下掸自己身上的土。因为核试验成功了，估计列车员都知道。有一个列车员，我还没见到人，就听到她的声音，她说："同志们，别打了，这些土带到北京去，都是我们的光荣。"就这么一句话，给我的印象特别深！听到这句话，几个月的辛苦好像都被冲掉了，对我们是一个极大的鼓舞。当时，列车员不知道要去青海，他们只知道把这些人拉到北京，这都是保密的。等到上了车以后才发现，这个车全是软卧，有两节餐车。我们坐了两天多，吃得很好。除了米饭外，主、副食没有重样的。列车长对我们态度非常好，经常聊天。他们说，我们从来没到过西北，过去没有钻过山洞。

专列到了兰州之后，突然一拐往青海开去，列车员说："哎，你们不是去北京嘛，上级下的任务也是到北京，不是到青海啊！"结果列车一拐就拐到西宁，然后到了我们厂区。实际上从西宁到海晏这一段路，就是最早的青藏铁路。所以，我说九院人在40多年以前就坐过青藏铁路线，这话一点也不错，因为青藏铁路第一段就是西宁到海晏。然后专列一直开到海晏，再转汽车终于到家了。

到了221厂以后，全国人民都在庆祝核试验爆炸成功，但是221厂没有开庆功会，没有任何的活动。221厂在干吗呢？挖防空洞。为什么？美国当时说，共产党中国要做核试验，要对他们采取"绝育"措施！当时怕外国人来轰炸，整个厂区挖了很多猫耳洞，晚上防空演习，一拉警报，全厂停电，所有的人，每个人胳膊上绑一条白毛巾，跑去钻防空洞。所以，没有开庆功会。

喜 结 良 缘

1960年3月，父亲张钰去世的时候，张秀琴还不满16岁，在北京市第四十四中学读初中。张秀琴是家里的老大，为了减轻家里的负担，毕业后，决定放弃读高中参加工作。经短暂培训后，1960年9月，她被分配在西城区按院胡同小学任教。

1961年9月至1962年1月，她被派到西城区师范学习，学习期满后，仍回按院胡同小学教书。

1963年4月，校领导接教育局通知，将张秀琴调到二机部。5月，她随一起调二机部的其他五人来到了青海221厂，被分配到了实验部二室任计算员。跟着老师学习手摇计算机、计算尺等计算工具的使用。后由于二室行政秘书生病，她又开始兼任行政秘书的工作。

1964年初的一天，理论联系实际小组的副组长孙清和找到我，问我："小张，有对象了吗？"

"没有。"我回答。

"我给你介绍一个怎么样？"

"这个事，我还没有考虑过。"

"那好，我先告诉你，那个人就是朱建士，你考虑好之后再告诉我吧。"①

张秀琴在实验部的先进工作者光荣榜上，看到过朱建士的照片。知道他是理论部派到221厂工作的理论联系实际小组的成员。路过小组办公室时，经常听到里面讨论问题时的高声争论。保密规定很严格，不允许乱串办公室。因为她是行政秘书，要到各处送报纸、送文件，于是就跟朱建士认识。知道他的业务特别好，工作、学习都是标兵式的人物，经常给室里的同志作报告、讲课，赢得了大家的敬佩。但谈不上对朱建士有什么很深的了解。

张秀琴觉得很突然，尽管自己很愿意，还是难于决断，就和家里人商量。家里人了解了情况之后，只有一个疑问，那就是：朱建士这么大的年龄（28岁），为什么还没有成家？会不会是以前有过家？为了解释这个问题，实验部二室书记任益民还专程到张秀琴北京的家里进行说明，朱建士毕业后一直在九所工作，非常努力，成绩突出，也从未成过家。张秀琴的舅舅表态支持张秀琴与朱建士建立关系。

当时正处于大会战时期，朱建士除了吃饭、睡觉，就都是在办公室工作。两个人的关系确定之后，双方工作都很紧张充实，没有更多的花前月下，草原上也没有太多的文体活动，最多是看一场露天电影，难得参加

---

① 张秀琴访谈，2019年3月22日，北京。资料存于采集工程数据库。

图 5-17 朱建士与张秀琴结婚照（家属提供）

图 5-18 朱建士与张秀琴夫妻合影（家属提供）

一次在食堂举办的周末舞会。朱建士的排球打得好，司职二传手，遇有比赛时，张秀琴就去为他加油。

1965年7月23日，两个人在青海矿区登记结婚。商量后，确定旅行结婚。一来是张秀琴工作之后，基本没有离开过草原。二来朱建士已多年没有看到过父母，父亲随哥哥在湖南汨罗的劳改农场，不便探望，只有写一封信报喜，父亲听说小儿子成家，兴奋得手舞足蹈。旅行结婚还可以顺便去广州看望母亲，当时母亲随朱建士的二姐朱建中一起在广州生活。

两个人从西宁坐火车出发，经兰州、郑州、武汉到广州。朱建士带着妻子见到了很久未曾谋面的母亲。朱建士工作之后，母亲只知道他在北京工作，工作单位就是一个信箱号，这次久别重逢，又带来了儿媳妇，自然非常高兴。两个人从广州回到北京，朱建士也随张秀琴回了娘家。本来说好婚假期满一起回西宁，但在走之前的一天，朱建士去了一趟理论部，回来后忽然对新婚燕尔的妻子说："邓稼先要我留在北京工作，暂时不能回去。"张秀琴流着泪委屈地一个人回了草原。

1964年，张秀琴本已调到实

验部干部科工作。但到 1965 年底，又被调至二十一室从事科研辅助工作。她从爆轰实验前的实验设施安装和现场装配干起，到光、电测试的操作，以及底片冲洗、实验记录整理。那个时候大家都很单纯，也不知道这次调动是否受到了朱建士哥哥、姐姐被划为右派的影响。

  早在 1963 年，朱建士就提出了入党申请，但一直没有被组织发展。朱建士业务上虽然很好，但由于他在长沙的家庭社会关系比较复杂。中央北戴河会议以后，重抓阶级斗争。那个时候对社会关系、家庭成分要求很严格，一个人能否入党，政审很重要。但朱建士的个性是不会一天到晚跟其他人谈自己怎么怎么样，他并不在这方面下功夫。他是那种别人认为我可以（入党）就行了，若认为我不行我就等着。家庭成员的影响也许是他为什么入党入得晚的原因所在。①

1979 年 3 月，朱建士大姐朱文波、大姐夫梁范洪错划右派被平反，哥哥朱力士错划右派也被平反。家人第一时间将平反的材料寄到了北京。

1980 年 6 月 14 日，经秦承森、余金炉介绍。朱建士加入中国共产党，成为中共预备党员。

1981 年 6 月 19 日，九所②三室党支部大会通过朱建士转为正式党员的决议。

1981 年 7 月 1 日，朱建士在入党宣誓大会上，作为新党员代表讲话。他在发言中这样表述：

  在纪念党的六十周年诞辰的前夕，作为一个新党员参加了庄严的入党宣誓。在党旗面前，在组织和同志们面前我们庄严地宣誓，誓为共产主义事业贡献我们的毕生精力。这是我终身难忘的一天，我将终

---

  ① 陈俊祥访谈，2019 年 8 月 22 日，绵阳。存于北京应用物理与计算数学研究所档案馆。陈俊祥是朱建士提交入党申请书时的党支部书记。

  ② 1970 年九院体制调整后，下设多个研究所，原在北京花园路 1 号的研究机构（即曾经的二机部九所、九院理论部）被列为九院九所，又称北京第九研究所。

身铭记入党誓词，让它永远鼓舞和鞭策自己。

我们的党走过了六十年的战斗历程，从她诞生的第一天起就代表中国工人阶级和最广大人民群众的利益，为了中国人民的解放，把各民族、各阶层的人民团结在自己的周围，最大限度地发挥了他们的积极性、创造性和聪明才智，通过长期艰苦卓绝的斗争，在中国这块灾难深重的土地上，取得了新民主主义革命的伟大胜利，建立了人民的国家，她又继续领导全国人民在我们这个幅员辽阔、人口众多、国情复杂、一穷二白的国家，胜利地进行了社会主义革命和社会主义建设。初步建立了独立的工业体系和国民经济体系，为社会主义的现代化建设和全面发展打下了坚实的物质基础。今天，在党的十一届三中全会的路线、方针指引下，全党上下团结一致，正在医治林彪、"四人帮"造成的严重创伤，开始了新的长征，为把我国建设成为物质上现代化的，政治上高度民主的，精神上高度文明的社会主义国家而奋斗。

新长征的道路是不平坦的，任务是艰巨的，我们面前还有不少的困难，还可能遇到挫折，这就给每一个党员提出了更高的要求。作为一个新入党的同志，自己的水平很差，受到的锻炼也很不够，但我决心按共产党员的标准严格要求自己，做一个够标准的合格的共产党员，要牢记自己的入党誓言。努力学习马克思列宁主义，学习毛泽东思想，不断提高自己的马列主义理论水平，增强党性；努力学习深刻领会党的路线、方针、政策，做到在政治上与党中央保持一致，在行动上努力执行党的路线、方针、政策，执行党的决议；发扬我党的优势、好传统和党的三大作风：理论联系实际，密切联系群众，开展批评与自我批评；要根据新党章的要求，履行党员应尽的义务，遵守党纪国法，严格保守党和国家的机密，保守我们事业的机密；要服从组织分配，努力钻研技术；提高业务水平，团结群众，同心同德，完成好组织交给的工作任务；要加强世界观的改造，树立全心全意为人民服务的观点，牢记自己的入党誓言，随时准备为党和人民牺牲一切，为共产主义的伟大理想献身。①

---

① 朱建士在入党宣誓大会上的发言。资料存于采集工程数据库。

图 5-19　朱建士在入党宣誓大会上的发言手稿（九所提供）

图 5-20　1981 年 7 月 1 日朱建士代表新党员讲话（九所提供）

　　结婚之后，朱建士与张秀琴两个人开始了聚少离多的生活。朱建士草原、北京两地跑，1967 年，他随理论联系实际小组返回在北京的理论部，把张秀琴一个人留在了草原上。1969 年，九院整体从青海向四川 902 地区搬迁，一直到 1969 年，九所从北京搬迁"三线"到四川梓潼县曹家沟，张秀琴才从草原调到九所，两个人才算到了一个单位。但由于工作需要，九所部分科研人员赴京工作，朱建士又开始经常到北京、青海等地长期出差，有时一走就是几个月，家里人都不知道他去了哪里。

　　每当说起家庭，朱建士都深怀内疚。自从他上大学离家之后，家庭出

图 5-21 1981 年 7 月 1 日朱建士（后排右三）与其他新党员在入党宣誓大会上合影留念（九所提供）

现了一系列大的变故，哥哥、大姐、大姐夫被划为右派后，都被从长沙赶到乡下的农场，病重的父亲也随哥哥去了汨罗的乡下，母亲跟二姐先后去了江西、广州。朱建士除按月给父亲、母亲分别寄去 20 元钱之外，没有在父母亲身边尽过一天孝，父亲去世时，也由于工作任务紧迫，没能赶去守灵，成为他心中永远的痛。湖南的侄子、侄女、外甥、外甥女都只知道有一个叔叔（舅舅）在北京，却几十年没有见过，更不知道朱建士为什么不照顾（外）祖父母，不免有些怨言。就是他结婚的时候，由于时间仓促，也只是去广州看了一下母亲。1972 年，趁出差间隙，朱建士带着大儿子朱卫红到广州探望过其奶奶一次，小儿子朱彤却是从未见过爷爷和奶奶。[1]而母亲去世之时，朱建士也没能最后送她一程[2]。

对于自己的小家庭，朱建士也为没有能够当一个好丈夫和一个好父亲而自责。

---

[1] 朱卫红访谈，2019 年 5 月 29 日，北京。资料存于采集工程数据库。
[2] 朱建士亲属访谈，2018 年 3 月 23 日，长沙。资料存于采集工程数据库。

1966年和1970年两个孩子出生时,朱建士都没能在身边照顾,全靠张秀琴的母亲里里外外照料。张秀琴在长子朱卫红快要临产时才从青海回到北京,随后将朱卫红放在北京姥姥家寄养,她又返回青海工作。次子朱彤是在四川省梓潼县曹家沟出生的,直到会说话时,才第一次见到父亲。家里的事,朱建士从来是"甩手掌柜",一切都交给了夫人。全家返回北京后,他也依旧回到家里除了吃饭,就钻进自己的小房间,把门闩上,沉浸在他工作的世界中,家中琐事,基本无暇顾及[①]。

图 5-22 朱建士小儿子朱彤(左)与大儿子朱卫红合影(家属提供)

图 5-23 1972年春朱建士全家福(后排:张秀琴、朱建士;前排:朱彤、朱卫红。家属提供)

孩子的学习,仅限于有问题时给予讲解,而无法进行系统的辅导。到了晚年的时候,他竭尽全力地以各种方式对家人进行补偿。在中国工程院任职出差时,会按规定带上劳碌了大半生已退休的妻子去散散心。自己出

---

① 朱彤访谈,2019年3月22日,北京。资料存于采集工程数据库。

图 5-24　1972 年国庆朱建士和长子朱卫红在武汉长江大桥合影留念（家属提供）

图 5-25　1975 年 5 月 1 日朱建士全家在天安门广场合影（后排：张秀琴、朱建士；前排：朱彤、朱卫红。家属提供）

差去了什么名胜，也会用照片和摄像机记录下行程，回家后为家人播放。在分配住房时，他放弃了面积大的房子，要了两套小房子，以解决孩子的住房困难。

金银滩上，在已经拥有了核武器研究必备的理论体系知识和物理设计基础之上，朱建士以物理原理为依据，深入实验方案设计、实验设备功能了解、实验执行过程、实验结果分析等实验的各个环节；同时，准确把握加工设备功能、加工流程、加工能够达到的精度，产品部件使用材料的物理、化学性质；构成试验装置中各部件的位置分布、部件的装配要求、装配流程等，实验、部件加工、部件装配对于理论设计带来的影响，他也有了深刻的感性认识，使得他在之后的武器物理设计中，能够从现实出发，考虑问题更加全面，实现了从理论研究到应用科学研究的飞跃。

罗布泊里，他是中国第一次核试验的亲身经历者，也是从原子弹理论设计到把原子弹送上试验铁塔的唯一的理论设计人员。他知道了原子弹从理论研究、实验、设计、生产到核试验的几乎每一个环节，对于这一宏大的系统工程，有了最前沿的感性认识。对他学术特点的最终定型产生了深远的影响。

在此期间，他还遇到了他一生中的生活伴侣，组建了一个幸福的家庭，成为他事业的加油站。

第六章
情寄核威慑

原子弹武器化

1964年10月23日，我国第一颗原子弹爆炸成功一周之后，张爱萍在马兰基地召开专题会议，研究布置原子弹空投试验。

原子弹爆炸成功，只是这个核武器研制的最初阶段，还没有实现最终目标。以枪和弹做比喻，还只是有弹无枪。要真正使核武器具有攻击能力，一定要进行武器化。

第一颗原子弹试验成功后，九院全面规划了核武器的下一步发展，提出一方面加快原子弹的武器化，另一方面突破氢弹技术。中央专门委员会（简称中央专委）[①]原则上同意这个规划。由于我国第一颗原子弹研制工作

[①] 1962年11月17日，刘少奇在中央政治局会议上宣布：中央决定由15人组成中央专门委员会，领导原子弹研制工作。周恩来总理任主任，委员有贺龙、李富春、李先念、薄一波、陆定一、聂荣臻、罗瑞卿七位副总理和赵尔陆、张爱萍、王鹤寿、刘杰、孙志远、段君毅、高扬七位总参及委、部级领导干部。

从一开始就力求建立在较高的技术水平上并注意武器化的问题，因此武器化的进程比较快。

我国首次核试验仅仅证明我们已经掌握了原子弹的研制技术，但是要把其真正作为武器使用，还有一系列需要解决的问题，根据当时国内能够提供的条件，最直接的做法就是将其改造成机载核航弹，顾名思义，就是用航空器携带投放的、装有核战斗部的炸弹。以飞机运载的方式，实现投放到目标地的打击目的。

原子弹武器化要解决、改进的技术问题很多，对于朱建士而言，这种改进是需要把养在"深闺"的"娇小姐"——"596"试验装置，放到大自然的实战环境之中去经受考验，并且能够确保在极端的环境中原子弹仍然实现裂变。在这期间，他又为此与大家一起进行了多轮次的论证实验。

1963年，与空军配合，引爆控制系统的飞行试验顺利完成。同年12月，在酒泉基地，第一枚核航弹试验弹空投试验成功。

在中南海的西花厅，当周恩来听到原子弹空投试验的准备情况时，高兴地说："你们抓得还很紧啊，我也正要同你们谈这件事情。中央有个打算，1965年，就要试验核航弹。"并且当场宣布了第二次核试验的正副指挥，仍然由张爱萍、刘西尧[①]担任。经与二机部、二机部第九研究设计院、空军等单位研讨之后，由朱光亚起草了《关于空中核爆炸试验方案的报告》，报告中提及试验的明确任务是：验证原子弹在动态情况下的技术性能；测定原子弹的爆炸威力；为改进原子弹设计提供数据；同时，根据战术要求进行比较全面的效应试验。并给出了这次试验准备工作的最后期限——1965年5月1日。

由于气象原因，核航弹空投试验最后确定在1965年5月14日9时30分进行。标靶上空骤然腾起一颗巨大的火球，空中一片火海汹涌澎湃，浓烟在火海中急速向上升腾，一朵蘑菇云渐渐地在罗布泊上空形成。中国第一颗核航弹空投试验成功。

---

① 刘西尧（1916-2013），祖籍湖南长沙，出生于成都。1937年加入中国共产党。新中国成立后，历任中共湖北省委副书记，国防科委、国防工办副主任，第二机械工业部副部长、部长，中共四川省委书记、四川省副省长。少将军衔。

我国第一颗核航空炸弹空投爆炸，测得爆炸威力为3.5万吨TNT当量。这是我国进行的第二次核试验，试验获得圆满成功。这次成功，标志着从此中国有了真正可用于实战的原子弹。

当天晚上，毛泽东主席批准了新华社编发的《中国又一颗原子弹爆炸成功》新闻公报，在《人民日报》上刊出。

原子弹要作为攻击型战略武器，其前提是要有与之匹配的运载工具，导弹就是选择之一。

1963年9月3日，聂荣臻听取了刘杰、刘西尧、钱三强、朱光亚等人的原子弹研制工作情况汇报，他对于原子弹武器化提出了明确的要求：我们装备部队的核武器，应该以导弹为运载工具，这是主要的发展方向，要着重研究战略导弹用的核弹头。

根据中央专委关于"核武器的研究方向，应以导弹头为主，空投弹为辅"的决定，九所着手制订导弹原子弹头的研制计划，在原子弹技术攻关的同时，从第一颗原子弹研制的科技人员中抽调部分力量，开始了导弹原子弹头的研制工作。缩小型原子弹的研究、小型化的目的，是要针对我国已经具有的中近程导弹性能，研制出与之适配的小型原子弹。

然而，要将原子弹装在导弹上，却是谈何容易。

两弹结合试验，比起核航弹，核装置和引爆控制系统要承受加速度带来的力的作用，所处的环境条件更为复杂苛刻，产品的体积要小，重量要轻。其结构强度和元器件性能质量要能满足导弹飞行环境条件，这给结构设计、加工、装配、试验带来诸多的困难。九院在保证第一颗原子弹研究、设计、试制工作的前提下，组织力量积极开展小当量核弹头的研制工作。

这种小型化与核航弹改造的性质虽然相同，但需要把核装置结构缩得更小。从以往的经验看，把原子弹做得大要相对容易，而越小越难。这种"改小"绝不是简单的同比例缩小。任何结构上的微小变化，都会造成对爆轰波的扰动，一系列小的扰动的叠加，有可能影响爆轰波无法聚焦，导致核弹哑火。由此，核装置缩小之后，能不能确保组合爆轰波波形的对称要求，成为朱建士与同事们的主要研究任务。"螺蛳壳里做道场"，精细地实验，一步一步对起爆元件进行了大量的验证研究，又是一番数轮次的爆轰实验，爆轰波波形最终达到了设计要求。

朱建士与理论部的同事们一起根据小当量核弹头的主要技术性能指标要求，对不同尺寸结构模型进行计算分析，最后由邓稼先等领导选定了一个比较好的理论方案。

1963年12月5日，中央专委会议确定：地面核试验应放在第一位，按原计划抓紧进行，并继续完成空投试验的准备工作，把地下核试验作为科研设计项目，立即着手安排。

1964年2月，聂荣臻又指示：二机部九院要抓紧时间开展小当量核弹头研究、设计工作，要尽快与国防部五院协商拟定"两弹"（原子弹、导弹）结合协作。

同年3月，二机部九院组织拟定了核弹头试验、工艺定型、工程进度及对外协作的项目的研制计划。

科技人员在第一颗原子弹设计的基础之上，根据中近程地地导弹的战术技术要求，结合爆轰实验和材料及其加工工艺的现实可能性，进行小型化设计，并在结构设计中采取了相应的改进措施，使弹头尺寸减小、重量减轻、刚度提高，以适应导弹飞行中复杂环境条件要求。

在此基础之上，1965年底，为导弹原子弹头提供了合格的起爆元件，确保了组合波形的同步性。

1964年9月16、17日，中国自行研制的中近程导弹三次发射成功。周恩来主持召开中央专委会，研究"两弹"结合工作，他说："'两弹'结合，二机部负责原子弹头，七机部负责导弹，从今天起，'二七风暴'要刮起来了。"

1964年12月21日，"两弹"结合试验方案论证小组，正式向中央专委和国防科委提交了关于"两弹"结合的总体方案。

1966年6月30日，改进型中近程导弹在西北导弹发射试验场进行首次发射试验，周恩来亲临现场，发射试验取得圆满成功。

1966年9月末，模拟核弹头的"两弹"结合发射试验成功。随后，又进行了两次装有化学炸药的试验，一次检验核弹头自毁系统的试验，均取

第六章　情寄核威慑

得圆满成功。

1966年10月20日,周恩来在人民大会堂主持了"两弹"结合试验的最后一次中央专委会。

10月26日上午,周恩来批准了试验指挥部确定的导弹核武器发射"零"时——10月27日9时。

当时间的指针指向"零"时的那一刻,中国第一枚核导弹呼啸而起,在天空划出一道漂亮的弧线,直飞目标。9分钟后,新疆罗布泊的预定弹着点上空,又一次腾起一朵绚丽的蘑菇云。

氢弹"扳机"研究

氢弹原理突破

在我国第一颗原子弹爆炸成功后,周恩来主持召开了一次中央专委会议,提到了研制氢弹的问题。

氢弹是利用原子弹爆炸的能量点燃氘、氚等轻核的自持聚变反应,瞬时释放巨大能量的核武器,又称聚变弹或热核弹。

氢弹的杀伤破坏因素与原子弹相同,但威力比原子弹大得多。原子弹的威力通常为几百吨至几万吨TNT当量,氢弹的威力则可大至几千万吨TNT当量。

图6-1 氢弹攻关期间,九所科研楼灯火通明的场景(九所提供)

1965 年 1 月，毛泽东在听取国家计委关于远景设计规划时指出："敌人有的，我们要有，敌人没有的，我们也要有。原子弹要有，氢弹也要快。"

其实，1962 年底，九所在拿出了第一颗原子弹理论设计方案之后，随即抽出部分研究力量，从 1963 年 9 月起，开始氢弹原理探索，由彭桓武亲自指导，并成立轻核理论组。

经理论部科研人员研讨认为：原子弹与氢弹之间不是简单的联系，而是有质的差别；在氢弹研制中不能机械地搬用原子弹的设计理论和方法，必须针对氢弹特点开展新的探索研究。随后，理论部明确了下一步科研工作的中心是从原子弹向氢弹过渡，探索与氢弹原理相关的路径。

而早在九所集中精力进行原子弹攻关的同时，二机部部长刘杰就和副部长钱三强有过一次这样的谈话。

刘杰认为，氢弹比原子弹更复杂，研制氢弹必须在氢弹的理论上进行探索。而氢弹理论探索，不会在短期之内获得突破，这项工作不能等到第一颗原子弹研制成功以后再进行安排。

刘杰说："为了不分散九所的精力，原子能研究所能不能组织力量在氢弹理论研究方面进行探索，先行一步？"

钱三强思索了片刻回答说："氢弹的研制工作迟早是要进行的，早做布置好。氢弹有自己的原理，轻核反应有它自己的规律，与轻核反应有关的理论探索工作确实需要早做安排。"

刘杰听了很高兴，说："那很好，就这么定了。"

1961 年 1 月 12 日，钱三强约当时在原子能研究所工作的于敏[①]到他的办公室，严肃地对他说："经所里研究，报请二机部党组批准，决定请你参加氢弹理论的预先研究。"

于敏毅然决然服从了组织上的决定，他下定决心从一直从事的基础研究转向氢弹理论的预先研究工作。于敏调入九所理论部轻核理论组后任副

---

① 于敏（1926-2019），天津宁河人，中共党员，著名核物理学家，在氢弹研制中发挥了关键作用，"两弹一星功勋奖章""共和国勋章""全国最高科技奖""全国道德模范""感动中国"荣誉获得者，中国科学院院士。

组长，组长为黄祖洽①。

由于组长黄祖洽也是原子能研究所的科研人员，在九所兼职参与原子弹的攻关，每周只有一半的时间在原子能研究所，轻核理论组的工作担子主要落在了于敏的肩上。从 1960 年第四季度到 1965 年初，轻核理论组在第四研究室数学组和承担轻核反应数据测量任务的轻核实验组的大力帮助下，经过四年扎扎实实的探索和研究，他们对氢弹有关物理过程已做了相当的研究，对氢弹的原理做了一些初步探索，对氢弹可能的整体结构也有了一些初步的设想。

1965 年 1 月，原子能研究所黄祖洽、于敏、何祚庥②等 31 位科研人员携带着预先探索研究的所有成果和资料，奉命调入九院理论部，与邓稼先领导的理论队伍会合，一起从事氢弹理论探索与研究。黄祖洽、于敏被任命为理论部副主任。

1 月下旬，中央专委办公室通知二机部，总理拟于 2 月上旬召开中央专委会议。为了对周恩来年前 11 月就加速研制氢弹等问题所作的指示作出回答，二机部党委于 2 月 3 日重新向中央专委呈报了《关于加速发展核武器问题的报告》，提出初步的研究、实验的规划，力争在 1968 年开始进行氢弹装置试验。

1965 年 2 月，九院根据二机部党委的要求，在彭桓武、朱光亚的指导下，由理论部主任邓稼先、副主任周光召主持，组织理论部有关方面的专家和研究人员召开规划会议，讨论制定突破氢弹的具体规划，制定了关于突破氢弹原理的工作大纲：第一步，继续进行探索研究，突破氢弹原理；第二步，完成重量、威力与核武器使用要求相应的热核弹头理论设计。制定的大纲中要求：氢弹研制的近期目标主要是加强理论研究，突破并掌握重量轻、威力大的热核武器的基本原理；第一步是争取完成重量 1 吨左右、威力为 100 万吨级 TNT 当量的热核弹头的理论设计（简称为"1100"）。

---

① 黄祖洽（1924-2014），湖南长沙人，理论物理和核物理学家，"两弹一星"杰出贡献者，中国科学院院士。

② 何祚庥（1927- ），安徽望江人，粒子物理学家、理论物理学家，马列理论专家。1980 年当选中国科学院学部委员。

大纲还要求理论部在原理、材料、构形、计算方法等各个方面作出部署。

九院理论部分兵作战，多路探索。邓稼先、周光召、于敏、黄祖洽等部主任，带领有关研究室的人员分头攻关夺隘。

1965年7月10日，二机部党委向中央专委呈送了《关于核武器研究试验工作的报告》。报告说，核武器的研究试验工作当前的主要任务有二：一是按预定计划在1966年上半年解决原子弹与中近程地地导弹结合的问题；二是突破氢弹技术关键的问题。

1966年9月，理论部13研究室领导研究决定，由室主任孙和生和副主任蔡少辉、彭清泉带领50多人，于28日到达上海郊区嘉定县城外的华东计算技术研究所，于敏也一同到达。

10月13日，于敏开始了他持续大约两周的系列报告，提出设计氢弹的途径不外乎两条：一是高温度道路，一是高密度道路。

11月1日晚，先计算于敏经过深思熟虑后的第一个模型。在J501计算机机房里柔和的灯光下，于敏在一旁拿着计算尺和铅笔不时地计算……计算的结果如于敏事前所料，在场的人都很兴奋。接着，临时又加算了一个材料比例不同的模型，11月3日，计算了另一个模型，均取得了完美的结果。至此，两类共三个模型的计算结果表明：只要能驾驭原子弹能量，就可以设计出百万吨级的氢弹来。

在华东计算技术研究所主楼五层东侧的大教室里，13研究室的全体出差人员听于敏作"氢弹原理设想"学术报告。随着他那深入浅出的语言，严密的逻辑思维，无懈可击的推理和充分的论据，大家得到了一个令人兴奋的结论：今天终于牵住了氢弹原理突破的"牛鼻子"。

邓稼先得到"百日会战"牵到氢弹原理"牛鼻子"的消息以后，立即赶到上海。他与于敏等在上海的同志确认以后，立即返回北京，之后又赶赴青海。而此时青海正在忙于加强型核弹的制造工作。如何看待上海的结论？如何处理青海当时的工作？

1965年12月，在吴际霖主持，刘西尧、李觉、胡若嘏等参加的一次会议上，认为九院的专家多次进行研究、确认的于敏等提出的利用原子弹引爆氢弹的理论方案从基本规律上推断是合理的，可行的。据此分析，在

1967年底或1968年上半年有可能研制出体积更小、重量比较轻、聚变比比较高的100万吨级的氢弹。

此时领导的决断，决定着我国氢弹的成败。因为"文化大革命"的风暴已经来临，稍一拖延、稍一犹豫，很有可能就会铸成大错。刘西尧当时正在青海督促加强型原子弹的制造工作，听完邓稼先汇报以后，刘西尧与刘杰部长商量后断然决定：于敏他们在上海研制的氢弹模型立即上马！

给氢弹装上"扳机"

然而，因新方案还只是一种设想，尚有许多技术问题要由爆轰实验验证。按新方案研制氢弹，必须解决用原子弹爆炸点燃热核装置的技术难关。为了适应新的任务要求，实验部对原有机构进行了调整，重新成立几个室，把实验部二室分成五个室，"成立一个新的氢弹扳机研究室，专门研究氢弹的扳机，由经福谦当主任，把朱建士调去当副主任，因为他们两个配合默契，在第一次试验攻关作出很大的成绩"[①]。

就氢弹而言，在武器作用方面，主要是要以核聚变的威力为杀伤力，但又离不开原子弹，因为按照氢弹爆炸的原理，氢弹要靠原子弹爆炸的能量创造出核聚变的条件。

在原子弹物理设计中，是把内爆压缩当成理想的球面波向内汇聚，计算这种理想球面波传播，称为"零级量"计算。而实际上如何形成球面爆轰波，就是一个很复杂的科学问题。它有很多结构件，有拼缝、有几何构形、有支撑、有加工公差、有原料密度差异、有起爆点时间分散性影响等因素，一开始就不可能形成理想的光滑的球面波。由于上述各种因素的影响，所形成的爆轰波阵面上带着大大小小形状各异的起伏，这些起伏量对于球面波的零级量来说一般称为"一级量"，也就是对球面波产生的各种扰动量。

朱建士经历分析计算这种"一级量"在爆轰传播过程中的发展和影

---

① 陈俊祥访谈，2019年8月22日，绵阳。存于北京应用物理与计算数学研究所档案馆。

响，能否保证爆轰冲击波最后聚焦到中心，对温度、压强影响到什么程度，找出规律性，把"一级量"的影响控制到最低程度的过程，具备了对实验模型设计和加工提出控制指标，提供每次实验结果的预估设计，以确定测量仪器的量程，确保以最少的实验次数获得原子弹爆轰实验成功的经验。

如何调整爆轰波波形，成为朱建士这段时期的主要研究内容。但是，氢弹比原子弹难得多，原子弹对于氢弹来说只是个"扳机"，它的结构发生了极大的变化，给一级量的理论分析和计算工作带来了更大的难度；这种新构型意味着导致裂变形成的爆轰波会受到更多因素的影响，虽然有了第一颗原子弹成功的基础，在爆轰波理想波形方面，还是面临着诸多新的课题。更为重要的，是要对某一结构部件的保护，当时X光机能量太低，只能观察小样品实验，要推演全尺寸的物理效应，必须做很多深入的理论分析，进行必要的修正后才有可信度。

朱建士全身心地投入到这项新的挑战之中，经过上百次爆轰模拟实验，以及多次深入的学术讨论，在大家的共同努力之下，采取了巧妙的方法，解决了这个技术难题，为确定引爆的理论设计方案提供了实验数据。论证了引爆弹爆炸对氢弹主体的作用和影响，掌握了部件的配置与能量释放的关系，为氢弹试验模型设计提供了一级量计算的主要参数。为制定氢弹主体的理论设计方案打下了实验的基础。

决定以新理论方案为主后，为实现新的氢弹理论设计方案，结合之前的实验探索，决定进行三次核试验：第一次探索热核材料性能，验证热核材料性能的理论计算是否与试验结果相符；第二次验证是否真正掌握了氢弹原理；第三次进行全当量爆炸试验。

1966年5月9日，我国第一次含有热核材料的加强型原子弹试验成功，为氢弹理论设计获取了重要依据。九院理论部广大科研人员昼夜加班，基本完成了氢弹的理论设计。设计部的技术人员，采取边设计、边加工、边实验的办法开展工作，缩短了工期。当整个试验装置的理论设计方案提交给设计和制造部门的时候，已经是1966年10月中旬。为了确保研制质量和进度，理论、设计和工艺加工人员团结协作，及时交流情况，相互提出要求，共同商定问题，提前进行设计、制造的准备工作。在理论设计方案完成之后，核装置结构设计与制造紧密配合，边设计边制造，平行交叉作业，争取了时间，于1966年12月全部完成了试验装置的设计和加工任务。

1966年12月11日下午，周恩来总理在人民大会堂福建厅主持召开中央专委第十七次会议。贺龙、聂荣臻、赵尔陆、刘杰等出席了会议。叶剑英、刘西尧、李觉、钱学森、张震寰、胡若嘏、朱光亚等列席了会议。会议着重讨论了氢弹"扳机"核试验（即首次氢弹原理试验）。

在讨论氢弹"扳机"核试验这一议题时，刘杰作了汇报。周恩来说：二机部《关于氢弹"扳机"试验准备工作情况的报告》写得很好，是高举毛泽东思想伟大红旗的。这个报告要多印几份送中央军委各位副主席。

这次中央专委会议原则同意国防科委和二机部关于这次氢弹原理试验准备工作情况的报告，同意在12月底或1月初进行这次核试验。

正式试验用的氢弹装置，于1966年12月21日15时20分空运到新疆罗布泊

图6-2 1967年6月我国第一颗氢弹爆炸后的蘑菇云（九所提供）

核试验场区。12月28日12时，在聂帅亲自主持下，在第一次原子弹试验的备用铁塔上，随着一声巨响，氢弹装置按时爆炸。

氢弹装置爆炸瞬间较亮的闪光过后，半球形的火球在膨胀并上升。几秒钟后，火球变成棕褐色的烟云并连同地面的尘柱一起上升，开始形成蘑菇状烟云，并听到了春雷般的巨大爆炸响声。

测试队很快向指挥部报告了速报数据。聂帅、张震寰、张蕴钰、李觉及九院的领导与专家和核试验基地研究所的专家，一起听取了上述宏观观察和速报数据的汇报。

图6-3 1967年6月17日我国第一颗氢弹爆炸成功，《人民日报》发布喜报（九所提供）

试验证明，我们已经掌握的氢弹原理是正确的，设计方案可行，氢弹研制中的关键科学技术已获解决。

1967年6月17日，罗布泊地区天空晴朗，万里无云。

突然前面地平线上出现一个大火球，天空完全被这个大大的火球所占据了，比太阳不知要大了多少倍，50千米高空，这火球直径最少也有30千米——第一颗氢弹试验圆满成功！

中国已经掌握了氢弹技术，具备了制造氢弹的条件，实现了核武器研制第二个突破，为导弹核武器的系列化和装备部队奠定了基础。

第六章　情寄核威慑 *163*

图 6-4　1988 年 1—3 月朱建士（右一）、宋大本（右二）、刘建军（左二）等在昆明算题时留影（家属提供）

中子弹是一种特殊的氢弹，其引爆原理与氢弹相似。"中子弹是以高能中子为主要杀伤因素，把冲击波和光辐射的效应降得很低的一种特种效能武器，也称增强辐射弹。"①

1977 年 6 月 6 日，美国《华盛顿邮报》发表沃尔特·平卡斯《能源研究与发展署预算中隐藏着中子杀人弹头》的文章，首次披露了美国正在研制中子弹，而且接近成功。随之报道美国已研制成功中子弹，以及参议院授权卡特总统生产中子武器。同时，有关方面也提供了另一个信息：美国人要在西欧部署中子弹。

1977 年 8 月，九所正式开始了对中子弹的探索。朱建士仍然主攻他擅长的"初级"设计。对他的这项工作，胡思得作过如下评价：朱建士"主持设计为中子弹配套的'初级'，爆轰实验和核试验的结果都很理想，为我国突破中子弹技术作出了贡献"②。

1988 年 9 月 29 日，我国进行了第 34 次核试验，标志着我国已掌握了中子弹设计制造技术。

---

① 经福谦、陈俊祥、华欣生：《揭开核武器的神秘面纱》。北京：清华大学出版社，暨南大学出版社，2002 年，第 160 页。

② 胡思得：痛失挚友朱建士。见：胡思得著，《胡思得院士文集》。北京：中国原子能出版社，2018 年，第 275 页。

氢弹武器化

陆续研制成功了适配导弹的几个型号原子弹核弹头，装备了部队，对保障我们的国家安全和提高我国的国际地位起到了重大作用。但是这些核武器都属于我国的第一代，其综合性能比美国 70 年代的水平仍有较大的差距。

随着氢弹试验的圆满成功，核武器研究也进入了一个历史新纪元。此时，由于已经圆满完成了原子弹理论联系实际的任务，理论联系实际小组的历史使命业已结束，1967 年，朱建士也随全组成员从青海回到了北京九院理论部，但仍持续在青海、新疆、四川等地之间不断地出差。

1967 年 6 月 17 日第一颗氢弹爆炸成功，从此，核武器武器化主要是在氢弹武器化的领域中进行。从那时开始，到 2011 年辞世，氢弹武器化成为朱建士生涯中持续 40 余年的一项重要工作。

为了进一步提高我国的核威慑能力，必须不断提高核弹头的性能，使之能由导弹运载、机动发射。因此，在研制装备第一代核武器的过程中，九院就已经开始了第二代核武器的探索工作。

70 年代初期，国防科委提出了我国第二代核武器的发展方向是："小型、机动、突防、安全、可靠"。小型是指核弹头要重量轻、体积小；机动是要求能在公路上拉着跑的过程中和在大洋水下游弋的过程中进行发射，不易被敌方摧毁；突防是指能突破敌方高空对我核弹头的拦截；安全是要保证在生产、贮存、运输和发射过程中不发生爆炸事故；可靠是在指定目标能实现规定当量的核爆炸。

要实现这样的目标，核装置小型化、比威力[①]高是关键。只有核装置小型化，核弹头才能小型化，也才能实现核导弹小型机动。但核装置小了，若威力很小，仍谈不上有核威慑。因此，在核装置小型化的同时，必

---

① 即威力与质量之比值。

须大幅提高核装置的比威力。早期的氢弹设计技术已不适合第二代核武器，必须探索新的氢弹设计技术途径。

在那个特殊的年代，中国核武器发展的重要目标，就是要尽快使氢弹武器化。

为了实现弹头体积小、重量轻、安全可靠、使用方便的要求，1970年1月22日，周恩来主持中央专委会议，研究"两弹"（原子弹、导弹）结合相关工作。会上，钱学森与朱光亚分别汇报了"两弹"结合下一步的工作准备情况与存在的问题。周恩来听完汇报后说："搞尖端要精确、要快，要不断提高、不断前进。"

8月5日，周恩来在中央专委会议上，听取了朱光亚汇报的下一步将进行的三次不同类型核试验任务的准备工作情况。对此，周恩来特别指示：核试验的准备工作要平行进行，把力量组织好。

而就在这关键时刻，在青海221研制基地进行的三次与这次核试验有关的爆轰出中子实验，都没有测到中子。经过认真研究，国防科委向周恩来并中央专委呈送报告，提出推迟进行这项核试验。

12月23日，周恩来在该报告上批示：必须进行好爆轰出中子实验和飞机带弹着陆试验。周恩来的这个批示非常重要，而且很有远见。爆轰出中子实验是核爆的基本前提，而带弹着陆试验是预防意外情况出现的安全措施。

随后九院多次召开学术讨论会，分析爆轰实验没有测到中子的原因。原来理论部在设计这个小型化型号时，为了提高它的性能，引入了许多重大的改进。由于前几个型号成功的鼓舞，无论是理论和实验人员，都有点"轻敌"，对密布在前进道路上的各种"悬崖"缺乏警惕。从理论到实验改进的步子都过大，以致给内爆过程带来了严重问题，造成一个关键的动作出了毛病。

为了解决这一问题，已经返回北京理论部的朱建士等人，于1970年又重返221基地，参加武器化理论与实验的分析。

被"请"进学习班

当时整个实验基地笼罩在极不正常的政治气氛之中。1967年1月，全国夺权风暴刮到221厂，一派群众组织接管了总厂、分厂"文化大革命"领导权，财政、干部、科研生产、保卫保密的监督权，印鉴掌握权。2月23日，西宁市发生流血事件，设在西宁市的221厂技工学校少数学生卷入了这一事件，加剧了基地两派群众的对立。在九院221厂召开的氢弹空爆试验科研生产会议进行到第二天，就因为厂里动荡的局势而开不下去了，在不得已的情形之下，中央军委副主席聂荣臻派专机到西宁，把参加会议的人员接到北京京西宾馆，改由国防科委、国防工办主持会议。聂帅在会上宣布："221厂是我国极为重要的工厂，担负着国家十分重要的科研设计任务。最近的事态发展，使正常的科研、生产秩序受到影响，工厂的安全受到威胁。国务院、中央军委对此十分关切。经周总理批准，我宣布，国

图 6-5　1966 年 221 厂"文化大革命"运动中，组织职工群众排队看大字报（九所提供）

第六章　情寄核威慑　　*167*

图 6-6　1967 年 3 月 221 厂实行军事管制（九所提供）

务院、中央军委决定对 221 厂实行军事管制。8122 部队司令员贾乾瑞同志任 221 厂军事管理小组组长。"

1968 年 1 月 1 日，国防科委接管九院，2 月 28 日，总参谋部授予九院"中国人民解放军总字 819 部队"番号。理论部更名为中国人民解放军第九〇九研究所。1969 年 3 月，在黑龙江省珍宝岛爆发了中苏两国的武装冲突，苏方密谋对我国实施外科手术式核打击，全国进入"要准备打仗"的临战态势。国防科委指示：221 厂过去是根据苏联专家意见建于青海草原的，集中暴露，从战略观点考虑，在三线地区应有第二手准备。院、厂也发出通知，抢在敌人发动战争之前，以最快速度向三线（四川 902 地区）和河南驻马店"五七"农场转移。1969 年 11 月上旬开始，第一批 1100 多名职工、130 多台运输车辆，向四川 902 地区转移，并要求分三批完成迁移工作。①

1969 年 11 月 28 日，军委办事组进驻 221 基地，组长是赵启民，原海

---

① 王菁珩：军管与"二赵"运动。见：任益民、胡思得、王菁珩等口述，侯艺兵、曹治炜整理，《亲历者说金银滩传奇》。武汉：湖南教育出版社，2017 年。

军副司令员、国防科委副主任,副组长是赵登程,原空八军副军长。正副组长被人称为"二赵"。从此,整个基地笼罩在极不正常的政治气氛之中。军委办事组不听汇报、不做调查,肯定九院有"长期潜伏的反革命集团",并给"二赵"先斩后奏、边斩边奏的权利。他们将一大批科技人员关押、批斗、戴上"反革命分子""修正主义分子"的帽子。军管会领导蓄意要把一些技术问题变为政治问题,说成是阶级斗争的新动向,查找参与实验的人员中是否有"五一六"分子①,为此还搞了"学习班",要批判"修正主义的科研路线"。他们把有关的科技人员集中起来,人人检查。最气愤的是军管会领导逼着人们说假话,这些行为引起了正直的科学家们的极大反感。

当时,于敏和理论部在青海的出差人员也被请进了所谓"学习班"。理论部还在为1970年三次实验未出中子的原因开展详细分析。有一天晚上,邓稼先把于敏、胡思得、朱建士等所有理论部的"学员"召集起来,请老于(于敏)分析一下几个试验型号的差异和没有测到中子的原因,老于实事求是地得出结论说:"这几个模型的一维结果差别不是很大,应该是二维的问题。"

这句话很快传到了军管领导的耳里,引起他们的极大不满。他们认为不能说这是什么技术问题,而应该说是修正主义的科研路线问题。会议还没有结束,军管就找于敏谈话,给他施加压力,要他"注意影响",要他按军管领导意图说话,但却遭到老于的坚决拒绝。老于后来说:"如果我说假话,我可以轻松过关,但我经受不了历史和真理的考验。我宁愿挨整,决不说对不起历史的话,不说违背真理的话。"于敏这种大义凛然的态度,避免了科研工作走入歧途。②

这对朱建士起到了极大的教育和鼓舞作用,为他树立了今后工作中的榜样。

---

① "五一六"反革命分子,是指1967年北京一度存在一个名为"首都五一六红卫兵团"的极"左"组织,利用"五一六通知"散发反对周恩来的传单。

② 胡思得访谈,2017年3月9日,北京。资料存于采集工程数据库。

就这样,大家在困难的条件下,团结一致,实事求是,加强分析,尊重实践,终于澄清了技术问题,并且找到了改进设计方案。经过十余次爆轰出中子实验,找到了解决办法。接着,九院修改了理论设计方案,工程设计和加工制造按照理论设计提供了试验用的核装置。

1971年12月27日,周总理听取国防科委党委关于221厂清队问题的汇报,严肃批评赵启民、赵登程,指出"搞扩大化是完全与毛主席的指示背道而驰的"。

科研工作得以正常开展,朱建士等人又投入了核武器小型化的研究中。

为了实现导弹热核弹头体积小、重量轻、安全可靠、使用方便和核武器的战术技术要求,九院从事核装置引爆控制系统、无线电遥测系统等研制工作的科研人员在应用新结构、新技术、新材料、新设计方面;在引爆控制系统的可靠性、环境适应性和小型化设计方面;在解决爆轰波形的可靠性等技术关键方面;在试验技术和用非核爆方式鉴定核装置的飞行试验方法,以及在研制性能比较先进、功能比较复杂、种类比较齐全的大型设备和地面测试设备等方面积极展开研制工作,并取得了预期的成果。

氢弹武器化的工作程序是按照周恩来提出的"边试验、边定型,定型合格后再小批量生产"的要求进行的。然而,氢弹武器化却带来了一个从未遇到过的难题——要实现"小而轻"的双重要求,传统的设计办法几乎

图6-7 于敏(左)与朱建士讨论工作(九所提供)

走入了绝境。

1973年，朱光亚召集于敏率北京九所理论设计人员到221厂，讨论某型号初级设计问题。工作过程中，于敏认为初级小型化是武器小型化的关键。根据于敏的这一设想，初级武器化是氢弹武器化的最重要组成部分，在要完成的任务目标中，除了要达到引爆次级的威力有明确的当量要求，在体积、重量方面不设上限，越小越轻是不懈努力的方向，没有最好，只有更好。于敏还逐步分析了小型化所需的条件和各环节的可能性，最终提出把设计途径放在了"走助爆型"的设计路线上。

核武器设计及设计水平取决于原理、材料、构形这三个主要因素，氢弹的小型化亦是如此。但是，氢弹武器化包括小型化、安全性等林林总总许多方面的内容。

然而，任何巧妙、新奇的设计，无论是材料发生什么变化，还是构型有所突破，就朱建士而言，都必须回到产生理想爆轰波的初级设计与实现上来。

在完成爆轰波整形的过程中，其工作效率的高低，与模拟手段和模拟工具的完善及实验设备、实验设备的使用水平密切相关。

朱建士由已经掌握的物理规律编出计算程序入手，在计算机上计算出实验的理论值，再回到实验中去验证，将实验数据与计算机计算出的理论值进行比较，从二者的差别中寻找存在差别的原因。一方面完善计算机模拟的手段，一方面提升做实验的水平，在不断的工作中，使两个方面的工作相互促进，最终实现理论计算与实验数据完美地符合。

从原理出发，朱建士要在实验结果的量级范围上给出大致的判断（这一方法被称作"粗估"），根据这一判断，理论设计人员进行理论设计，再在计算机上算出这一范围内的结果，以验证原理的科学性和正确性。实验部门根据原理设计实验方案，在实验中得到结果，完成一次又一次理论计算与实验的迭代过程，使理论设计不断精细化。

1976年1月23日，我国进行了一次为了检验核弹研制的一项新技术的核试验。同日，新华社发布新闻公告：我国又成功地进行了一次新的核试验。

与农人耕耘土地，辛勤劳作种庄稼一样，每一种作物从播种到收获，都要经历春夏秋冬，每一项任务都要经历一个完整的任务周期。从1967年开始涉足氢弹武器化工作，朱建士一做就是几十年。伴随着核武器武器化的历史，和同事们经过艰苦的努力，树立起了几座核武器武器化的里程碑。

朱建士在核武器武器化的工作中，按照我国核武器研制"干着一代、看着一代、想着一代"的基本规律，所有的工作始终处在一种主动的状态之中。在完成当前任务的同时，就已经开始着手下一个水平更高任务的预研，待预研成熟之后，由上级决策，确定为下一项任务，就进入理论设计、实验验证的迭代过程；最终的理论设计方案确定之后，交由工程设计部门设计，生产部门生产，形成产品之后进行核试验，最终确定理论设计的成功与否。试验圆满成功之后，再经过数轮定型试验，一旦定型试验通过，就可以进行产品生产，将已经掌握的技术形成战斗力而装备部队。

朱建士就这样将自己的心血"滴"在了每一项任务中。按照于敏设计的技术路线，经过近五年的努力，1977年，朱建士（时任九所三室副主任）、丁武（型号组长）组精心设计出了一个助爆型小型初级模型。1978年，这个助爆模型试验成功，核试验结果与理论设计符合，成为我国第一个成功的助爆型小型初级设计。

曾任中国工程物理研究院院长的胡思得对于朱建士在核武器武器化中后来的一项工作作过这样的评价[1]：

20世纪70—80年代，建士主要负责设计一种具有特种性能的"初级"。20世纪80年代后期，建士担任研究所副总工程师期间，负责一种新构型"初级"的理论设计，此时我先在所里后在院里主管这项研究。那时国际上核禁试的风声愈来愈紧，我们决心要抢在核禁试到来之前拿到这一成果，全院上下都争分夺秒、日以继夜地工作，在这一阶段，我们俩人的合作更加紧密。我不仅要求他把好理论设计关，而且还经常请他一起设计和分析实验结果。我们常在一起商议，两个人在许多重大问题上的看法非常一致，一拍即合。这就大大有助

---

[1] 胡思得：痛失挚友朱建士。见：胡思得著，《胡思得院士文集》。北京：中国原子能出版社，2018年，第275页。

于各级领导及时果断地作出判断和决策。在大家的努力下，这个新构型"初级"经受了多次核试验的考验，结果都比较理想。这一阶段，建士几乎参加了每一次爆轰实验和核试验，为这一成果获得注入了极大的心血。新构型"初级"的研究成功，为我国自卫核威慑能力的有效性增添了新的活力。这项科研成果获得国家科技进步奖特等奖，建士作为主要完成人和他杰出的贡献，理所当然地名列前茅。

本章讲述了朱建士在核武器武器化和氢弹初级设计中的一些工作。

在这段工作的实践之中，原子弹武器化是要将用于核试验的装置进行结构等方面的改进，以适应飞机、导弹的投送，达到核武器具有攻击性的目的。不仅使朱建士在设计理论方面更加扎实，也使他在应用相关方面的知识和经验更加丰富、更加全面。

对于氢弹方面知识的补充，使朱建士的核武器知识结构更加完善，为他后来以初级设计工作为主打下了坚实的基础。也使他深刻认识到：尽管初级设计只是氢弹构成中具有决定性意义的组成部分，但是氢弹的武器化、小型化工作在一定意义上，是由初级小型化所决定的。促使他几十年如一日，全身心地为了氢弹小型化，从初级的构型、使用的材料到新原理的应用等方面进行了深入、有效的研究，为我国核威慑力量的形成付出了艰苦的努力。

第七章
跨越第二代

"物理 + 数学"的研究模式

由于氢弹已经成为核武器的主要发展方向，朱建士加速自己的知识更新速度，认真学习把握了氢弹理论及设计的相关规律。他从氢弹原理的科学性入手，认识氢弹初级、次级与裂变、聚变的关系，初级、次级是两个独立的系统，但系统间又存在着关联，这种关联有着特殊的要求和条件。结合他所从事的初级设计工作，朱建士更精准地体会到初级设计（氢弹"扳机"）在氢弹设计中的地位和作用，使他在日后的初级设计中确立了明确的努力方向和工作目标。

在计算机上进行武器物理过程模拟，研究核武器理论设计一般规律，是核武器发展的必由之路。

由于20世纪60年代，计算机水平有限，具有不同功能的计算机程序模块还未普及，加上有核国家对于与核武器相关技术的保密封锁，中国只有依靠自己的力量编制适用的应用程序。1958年以来的理论设计工作实践，

图 7-1 核武器研制中曾经使用过的 109 丙机（九所提供）

使理论部第一副主任周光召认识到了研究工作中数学专业的重要性。为了加强研究力量，他提出一次从北京大学招 30 名以上的数学专业毕业生，充实到一线，与物理、力学专业的研究人员一起，以数值模拟为手段，依托电子计算机平台，共同开展理论研究工作。周光召的设想，是要针对核武器研制过程中出现的主要问题，根据在实验中把握的规律，研发几类计算模拟程序，助力武器理论研究。而往往这类程序从编制到成熟、应用，都会经历相当长的周期。

怎么样才能够使数学专业人员尽快熟悉爆轰物理过程，尽快编制出能够反映武器物理过程的数值模拟程序，成为已被任命为一个大课题组组长的朱建士的首要任务。

这时，朱建士已经有了近十年的工作积累，其中的五年更是深入扎根在青海草原的实验部，对于爆轰物理，不仅有着深厚的理论基础知识，更可贵的是，还有对于爆轰物理实验全过程的深入了解，掌握着爆轰实验的每一个过程细节和第一手数据资料。他曾经对新同志说过："我可以闭着眼睛说出爆轰过程每一个时刻的每一个数据。"①

---

① 曹菊珍访谈，2019 年 8 月 22 日，北京。存于九所。

朱建士开始给数学专业的人员讲述爆轰物理的原理、实验过程的每一个阶段，各阶段之间的关系，每个阶段出现的一些特殊现象以及和这些现象发生、发展的相关影响因素。在努力为数学专业人员建立起具象的物理概念时，他在北京大学打下的深厚数学功底，使他在帮助数学专业的人员选择计算方法，分析每一种计算方法在模拟、逼近物理形态变化时的优劣发挥了作用。他还让所有的数学专业人员参加所内各种学术讨论会，全方位了解武器物理各个方面的知识。他对于程序编制目标、功能有着清晰的认识，这恰恰是数学专业的人员最关心的问题。

在物理、力学、数学不同专业人员的共同努力之下，程序很快编制出来。但在调试和计算的过程中，常常会出现一些让人不能理解的结果。这到底是对于物理原理、过程的了解不准确，还是计算方法的选择不得当，甚至于是否在汇编语言源程序代码书写错误，哪一项的查错，都是一项枯燥、繁复的工作。这类问题的出现，让程序编制人员的压力很大，有时又由于不得要领而深陷苦恼。这时，温文尔雅的朱建士老师表现出的深厚物理功底和耐心细致特点，发挥了极大的作用。他和编程人员一起，从物理现象说起，分析计算程序运行的走向，对照程序设计框图，一步一步查，一条一条语句看，直到问题彻底查清、查实。有时还会对于非线性变化的物理变化的不同阶段使用哪些不同的计算方法、需要进行哪些人为干预，才能使程序算下去，提出自己的参考意见，并对计算机程序计算出的结果的正确性和准确性进行物理判断。

在九所流行的一句话叫"物理的数学、数学的物理"。大意是在对于同一问题的认识上，数学专业的人员认识物理问题与物理专业的人员认识数学问题能够达到高度的一致。这为形成物理、数学双方的良性互动，为共同解决同一问题创造了良好的基础。

"物理＋数学"的研究模式，从建所起一直延续至今，仍然发挥着有效的作用。这种符合核武器理论研究特殊规律的工作模式的形成，与朱建士等老一辈科研人员在科研实践中致力于各学科之间的深入渗透、默契合作不无关系。

致力于不同专业之间的合作，一直贯穿在朱建士的每一项工作过程之中。

一位1987年参加工作的科研人员，至今对和朱建士一起的合作记忆犹新[①]：

> 朱老师比较低调，做事很认真，很务实，比较随和。在执行一个课题的任务时，因为我是学数学的，又是在外地做任务，他就把科研室当时唯一的一台笔记本电脑交给我来使用。朱老师觉得有电脑就可以做一个粗估，他就跟我商量，能不能编一个程序。我说当然没有问题，学数学编程序这个应该没什么问题，他就把他所需要物理方案提了出来，我就按这个要求编制模拟程序。
>
> 编的过程中，数学方法可以有各种各样的选择。我也了解到，朱老师是北大数学力学系毕业的，他在数学方面应该也是高手。按照我们年轻人的习惯，这些和数学相关的东西可能还要经常向他请教，后来，我把自己的方案弄好就去问朱老师。我给他介绍了这个方法，说您看行不行。比我早工作30年的朱老师当时的回答让我大吃一惊。朱老师说，关于数学方法和程序方面我听你们数学家的。那时候我才二十几岁，哪里敢当。我说，朱老师您太客气了，我怎么能是数学家。朱老师说："我不是客气，对我们而言，对我们搞物理设计、物理分析的人而言，你们做程序设计的就是数学家。在这一方面怎么做，我们就应该听你们的，你们有更多的专业知识和更实际的工作经验。"
>
> 当时因为在外地，时间比较紧，毕竟不像在单位，程序可以长时间调试。后来朱老师说，没关系，你编完以后我有办法。等我程序编完以后，朱老师实际上已经准备了很多考核的例子，就是他做了一些粗估，把一些数据给我以后一输进去，我把结果告诉他，他一看，结果基本上都是在他的粗估范围内，另外再给几组曲线一看，也基本跟他定性分析是符合的，他就认为你这个程序编得没问题。
>
> 从这件事情的过程来看，说的是物理专业与数学专业相互尊重的

[①] 申卫东访谈，2019年1月15日，北京。存于北京应用物理与计算数学研究所。

问题，这个是很明确的，就是工作分工不同，术业有专攻。尽管他应该也是数学方面的高手，但是他认为当时自己承担的是物理分析和物理设计方面的工作，计算这方面我交给你就要充分信任你，"用人不疑"，但同时，这种信任不是盲目的信任。他的能力和水平，就是他多年积累的经验和严谨的工作作风，养成的一个工作习惯。他有一套考核程序的方案，可以考核编制出的程序对错。这样，大家合作起来也就比较愉快，也很容易得到想要的成果。这个事情，可以看得出朱院士教育人的方法和与他人进行工作合作的方式。

他在工作中也很务实。一次，在核武器加快研究的过程中，当时朱老师因为直接负有对这项工作的领导和指导责任，所以他在听汇报的时候，发现数值模拟有一些结果不太理想，当时他就提出来，你们需要在某个方面进行改进。过了一段时间，他再听汇报的时候，这个数值模拟结果就非常好了。这时候，朱老师的严谨作风就体现出来了，就说，你的数字是怎么对上的，你模拟是通过什么样的手段实现的，一定要说明白。当时该同志没有说清楚这个道理。朱老师忽然变得很严厉，印象中，朱院士是很少说话很严厉的。我记得当时他就说，如果你讲不出你修改的理由，即使这个理由是一种人为的处理我们也都可以接受，但是你说不出来，我们是不能接受的。他说，有一就是一，有二就是二，没关系。但是汇报者始终没说出来原因。最后，朱老师说，这个结果不能用！从这个事例体现出他的严谨和实事求是。

在加快研制核武器进程的过程中，很多物理的东西都要通过数学的方式来实现。但由于受计算条件等各方面的限制，可能物理有一些希望达到的东西达不到，这时候，就需要数学工作者想各种方法进行运算处理，确保程序能够运算下去。你可以做一些人为处理，但一定要告诉合作者是如何处理的，这样，物理设计的同志在使用这些数据的时候就可以进行选择、取舍。在核武器研制过程中，不可能等计算能力完善到极致的时候才开展设计，有什么样的工具就只能使用什么样的工具。但是，这对于物理分析同志的初估能力、分析能力、设计能力等都是一个考验。朱老师工作中一直沿用这个方式在做核武器设计。

在做另一个重大项目的时候，朱老师这种实事求是的态度就更明确。在这个重大项目方案可靠性论证的时候，他觉得有一些漏洞，有一些问题，他当时提了出来。但是具体工作的一些领导并不同意他的观点，但是朱老师一直坚持，据理力争。这类大的项目关系到的因素和环节非常多，一旦要开展论证的话，很费时间。但是朱老师有几十年的工作经历，一旦他发现有问题，他就觉得不解决放在心里很过不去，因为他是要发挥专家的指导作用。他并没有因为这个项目的重要性或者完成时间紧迫之类的因素，就不实事求是去考虑这些问题。最后，在他的努力下，还是组织人把这个问题彻底解决了，才使这个项目也顺利完成了。从朱老师身上可以看出，核武器研制过程中所产生的文化，以及那些积累、经验性的东西在他的言行中体现得是比较突出的。

朱建士按照每项任务的不同要求，不断提出新的物理设想，与数学专业的同事密切合作，编制出适用程序，解决理论研究甚至工程生产中的物理问题。

九所在这种工作模式之下，一个个在研究工作中发挥出巨大作用的"王牌程序"渐次出笼并日臻完善，为使我国在有限次数核试验的情况下，取得与世界先进国家核武器理论设计水平比肩的成就，立下了汗马功劳。

图 7-2　某次核试验成功后返京，朱建士（左三）与同事在北京机场合照（家属提供）

图 7-3　某次核试验九所作业队于核试验基地合影（第一排左五为朱建士。家属提供）

为了邓稼先的生命绝唱

1982 年 5 月，五届人大常委会决定，将第二机械工业部改名为核工业部，第二机械工业部第九研究院也更名为核工业部第九研究院（简称九院）。1983 年，九所为方便对外学术交流，启用"北京应用物理与计算数学研究所"名称，同时保留"北京第九研究所"名称，依旧简称九所。1985 年，核工业部同意九院启用"中国工程物理研究院"名称，同时保留"核工业部第九研究院"名称。[①]

1986 年上旬，已经身染沉疴的邓稼先知道自己来日不多了，他对身边的亲友说：在我走之前有两件事一定要做。一件是那本没有脱稿的专著《群论》，一件是要向党中央写一份关于核武器发展的建议书。

当时，国际社会在核武器研究方面的竞争愈演愈烈，除了中、法两

---

① 1988 年，核工业部更名为核工业总公司，九院更名为核工业第九研究院（简称九院），对外为中国工程物理研究院（简称中物院）。1990 年，国务院、中央军委决定，调整中物院体制，计划单列，不再归属核工业总公司，仅使用"中国工程物理研究院"，大部分研究机构位于四川省绵阳市科学城。

国，另外的三个核大国（美国、苏联、英国）都已达到了在实验室内用计算机模拟核弹爆炸试验的水平。邓稼先敏锐地意识到，那些发达国家的核武器研究已达到了理论极限，他们有可能主张全面禁止核试验，以限制别人的发展，维持他们已有的优势。如果中国不能抢在

图 7-4　邓稼先（左一）与于敏（右一）一起讨论问题
（九所提供）

全面禁止核试验的国际环境形成之前完成既定的发展目标，就有可能在核武器研究方面功亏一篑，还有可能会在国际政治、外交活动当中丧失主动权。

他对前来探访的于敏说："在发展核武器这个尖端科学中，世界各大国都在全力以赴地迅跑，我们也必须眼睛盯着，心里想着，手上干着，用我们手中的核武器制止核战争……"他和于敏、胡仁宇、胡思得等科学家多次分析我国与国外的差距，提出了争取时机、加快步伐的战略建议。

1986年4月2日，邓稼先在他生命最后的期限里，强忍着病痛的折磨，终于完成了和老搭档于敏共同署名的《关于中国核武器发展的建议书》。

这份建议书中的远见卓识，推动了我国核武器小型化的进程，确保了我国自卫核能力的有效性，直到今天，仍然对我国核武器事业产生着深远的影响。①

建议书得到了中央有关方面的重视，九院据此制定出核武器研制发展十年（1986—1996年）规划。我国二代核武器研制进入了一个加快发展的历史时期。

此时，朱建士已经完成了一个核武器设计师的蜕变，先后担任过项目

---

① 中国工程物理研究院：《大国基石》。内部资料。

负责人，核武器初级理论设计研究室副主任、主任职务，成为一名核武器理论设计专家。1991年，更是被任命为九所的副总工程师，承担起核武器研制的技术负责人的重任。

就初级设计来说，要实现二代核武器的基本要求，只有在原有传统的设计基础上，或在原理、或在材料、或在构型方面实现新的突破。

为了保证二代武器初级工作顺利进行，九所党政领导同心协力，采取有效措施，全面调配组合力量，将武器任务中有经验的人员充实进来，把原来六七人小组扩展为三十多位研究人员的四个小组。并由朱建士、孙锦山、李智伟、刘恭梁组成技术领导小组，彭先觉[①]、贺麟瑞组成行政领导小组，全面加强二代武器初级设计工作。[②]

在方案的选择上，也不免经历了一番曲折。最终确定方案的设计思想可以追溯到1963年。和朱建士同为理论联系实际小组成员一起被派往青海草原的李智伟，有一次下到生产车间，发现满地摆放的都是部件外壳，他问工人，怎么有这么多的产品，工人告诉他，这些绝大多数都是残次品，加工要求的精度太高了，装配难度也很大。他想，如此高的加工要求，装配难度那么大、精度要求那么高，能够适合实战需求吗？如此高的残次产品率，该会带来多么大的浪费啊？是否能够改进现状呢？

经过与实验部的同志们进行个别交流，也和理论部的于敏等专家进行了探讨，并在原理等方面做了缜密的论证之后，使李智伟产生了改变传统设计的想法。从1963年这个研究设想出笼伊始，就一直争议不断，在"上"与"不上"之间摇摆，甚至于差一点夭折。

与在九所的许多探索性研究项目一样，这项研究不是所里安排的预研任务，上机时间、经费、人员均无正常保障，从事此项工作的人员还要承担职称、待遇等方面的风险。和有限的能够最终列入指令性任务的型号相

---

① 彭先觉，中共党员，中国工程院院士。
② 顾文涛：为核武器小型化拼搏的人们。见：北京应用物理与计算数学研究所主编，《峥嵘岁月》。2014年，第188页，内部资料。

比，已经进行预研而被舍弃的研究项目数不胜数，已经列入任务而研究未出成果或研究前景黯淡被弃用的项目亦不在少数。

然而，研究人员想方设法，在其他研究项目中"搭车"。以上机算题的机时为例，由于九所没有自己的计算机，上机算题都要租用外单位的计算机，机时资源有限，没有列入任务的该项研究，只能挖其他课题上机机时的"边角料"，竭力推进研究进程。坐得住"冷板凳"，耐得住寂寞，受得了"闲言碎语"。没有条件创造条件，利用一切可以利用的机会，该课题研究始终不渝地坚持着。

九院的主战场任务，一直是实行由上至下的计划性管理。任务牵引，任务聚人，机时、经费、报奖……一顺百顺。而与其他型号不一样，这项研究就连命名最初也完全是一种"民间"行为。由于在研究所里的科研任务中没有正式"户口"，该项研究是根据所里的其他型号的命名序列，自主设立命名的一个编外"型号"。

由下至上，把一个"奇思妙想"变成一个国家立项的型号，发展道路崎岖坎坷，在九所发展史上是比较少有的。科学的设想是前提，雄心壮志

图 7-5　朱建士参加核试验时在罗布泊留影（家属提供）

是依托，更重要的可能还是要坚持不懈，有所作为。须知：有"为"方能有"位"。同等条件下，机会总是垂青努力者。

这个方案开始搞的时候，曾经受到了很多人的质疑，包括有些名气比较大的力学的专家，他们好像觉得这个不可取，但是李智伟坚持下来了，朱建士又支持了这么一个方案。它是一种跟我们以前的那个老的型号起爆方式完全不一样的一种东西，将来更适合装在导弹里面用。院里最后也认定这个方案是可以的，这不是随便的拍板，是经过了理论的论证以后觉得它应该是可以的，最后就又上了这个东西。①

几经周折，该型号被确立为全院任务的重中之重，是实现我国二代核武器突破的标志。朱建士作为该任务的技术负责人，主持该任务的研制。

倾力完成

该项目在院所领导亲自过问下，多次组织专家对其技术关键与技术途径进行认真分析和讨论。由朱建士领衔技术领导小组，把任务分解为14个技术关键，然后又详细归结为34个技术难点，一一研究提出解决方案。经过两年多的团结奋斗，努力拼搏，刻苦攻关，终于取得了成功。②

朱建士的第一个学生张志刚在这方面体会很深地说③：

---

① 胡思得访谈，2017年3月9日，北京。资料存于采集工程数据库。
② 顾文涛：为核武器小型化拼搏的人们。见：北京应用物理与计算数学研究所主编，《峥嵘岁月》。2014年，第188页，内部资料。
③ 张志刚访谈，2019年3月22日，北京。存地同①。

科学研究还真不是千军万马的事，有的时候，一个大学者，一个学术带头人的预判，甚至出一个思想，出一个点子，就有可能会解决很大的方向性的问题。这是一个学术带头人、一个科学家在科研过程中发挥重要作用很重要的方面。

而在这项任务完成的过程中，朱建士就多次发挥了这样的作用。回忆起那段激情燃烧的岁月，张志刚感慨地说[①]：

当时我印象特别深的就是型号模型设计里边有一个能量输运问题，是一个能量的切向流，能量的切向输运。这个问题实际已经存在很长的时间了，在这个课题研究过程中，有很多不明确的结果，大家很习惯性地认为，这都是由切向流引起来的。

在这个问题研究清楚之前，大家觉得这个事情挺复杂，好像没有什么解决的思路，大的工作安排中，又没有涉及这个细节的具体研究。

虽然在模型设计里边它是一个制约因素，但不是模型设计的主要问题，但它特别制约模型运算的精确性。它的影响要说大，它可以影响到最后的波形，等到后期影响会越来越起作用。但是起作用，它也是在几个特殊的点上起的作用才特别大。所以当时每次在模型计算结果或者实验结果出来之后，有一些不确定的或者说与预计的结果有偏差时，大家就按照习惯性的思维认为：这是由于切向流引起的。但究竟切向流是个什么问题呢？好像大家也都没精力去研究这个事情。

这个问题积累时间长了以后，就成了一个比较大的问题。有一次，先生就和我说，你关注一下这个问题。实际当时我也不知道该怎么考虑，基本没思路，但是由于这是先生说过的事，脑子里边就总在想这个问题。有一次，到绵阳西南计算中心去出差算题，正遇上计算机坏了，搞数学的人就鼓捣那个计算机，研究计算方法去了，我们搞

---

① 张志刚访谈，2019年3月22日，北京。资料存于采集工程数据库。

物理的工作暂时就停下来了。那段时间我就在琢磨这件事，想到把一个以前电动力学里边的一个思考问题的模型引到这儿来了，借用这个思路，有了一个初步解决切向流问题的想法。实际这个初步想法当时也考虑得也不是很完整，就只是一个思路，我就和朱先生汇报了。我说，上次您给我布置这个切向流的事，我有一个初步的想法。我就简单地说了一下。实际我当时的发言不是很完整，因为没考虑周全嘛，但是先生听完以后觉得好像那个方向应该是对的。他说，那行啊，我给你再调两个搞数学的人过来。他马上就给北京打电话，让两个搞数学的同志带着那个小笔记本电脑到四川，帮我把那个思路算一下。大概搞了那么二十多天，不到一个月，初步结果就出来了，我们终于把这个问题搞清楚。等到这个结果出来之后，反过来看这个问题倒很直观，但是这个问题一解决，把以前由于切向流问题累积下来的一些问题就搞清楚，就是哪些因素、哪些问题是由切向流引起的，而且引起来的最后结果又是什么样的都搞清楚了。另外还搞清楚一些问题，就是哪一些问题不是切向流引起的。不是由切向流引起的这些问题，你就再去找别的方向研究，这样就把这个问题分解开了。而且，切向流整个能量分布随时间动态变化以及能量作用到其他方面，最后引起的力学作用和力学作用以后产生波形的变化，给出了一个很清楚的直观图像。

  这种规律彻底搞清楚了，理论深度它不算很高，但是实际作用、实用性很强，它把整个一系列问题就解决了。所以整个切向流问题后来在任务成功以后，在总共7个技术进步里排到第三，应该说这个事还是很有意义的。这个问题的解决，也能特别明显地体现到他（朱建士）解决具体问题、判断问题的思路和对这个问题后果预判断的精准性，这也是他一个很重要的科研的素质。说明他一直在想着这个事，以前他只是没有下功夫去研究。所以他能够很敏锐地认识到这个问题，而且安排人员、安排力量去研究这个问题，这也确实说明他作为一个学术带头人、技术负责人，在方向性的指导方面所具备的较强能力和素质。

在科学研究的时候他能发现问题,这是一个很重要的素质。就是在很纷繁复杂的问题体系之中,在很匆忙的时间里,抓住主要矛盾,能找到一个很关键问题来判断这个问题的重要性,去粗取精,去伪存真,这是一个很重要的能力。另外,敏锐地判断这个问题的重要程度以及它在整个科研进展过程中起到的关键作用,把它提出来,然后对这个问题后续的发展过程有个预判,这是一个很重要的科学素质。所以像朱先生这种长期从事型号研究的老科学家,这方面能力确实是很强的,这个你不得不佩服。

巧合的是,院里负责这项工作的是时任副院长胡思得。他与朱建士两个人,于1958年一起向邓稼先报到参加工作,一起理论联系实际去221基地,一起提的副研,一起提的正研,一起当的院士,之前的合作也非常愉快。

这项突破了传统设计的工作难度非常大,一是很多技术问题超出了所掌握的知识范围,必须分阶段一步一步达到目的;二是不同于以往的武器型号,增加了复杂性和难度系数。在完成过程中的酸甜苦辣难于用语言表述。

据胡思得事后回忆[①]:

朱建士同志后来有这么个机会,我觉得他又知晓理论,又知道实验,(所具备的)这个基础发挥了很大作用。他确实就是一个理论跟实验都能够了解比较深的这么一个科学家,这就很难得,我觉得这跟他前面做的工作可能是有一定的关系。

我当时是院里副院长,我们俩我觉得配合得是非常好。因为好多观点我们两个人一样,这个方面我们两个都有共同的经历,都曾经是从实验走过来的。我们在这个任务完成当中,两个人确实配合得非常好,我负责抓总,他负责理论这一块。

这个型号与过去的型号都不一样,难度确实比较大,这是一个情

---

① 胡思得访谈,2017年3月9日,北京。资料存于采集工程数据库。

况。另外一个情况是，从国际形势来讲已经很紧迫了。老邓（邓稼先）不是当年就写了一个加快的这个建议吗，在他去世之前，这是一个非常重要的建议。那么这个时候我们就搞这么个东西（第二代），一定要把它拿下来。朱建士是管理论的，管实验的也有几位同志，我们这几个人是经常碰头，商讨一些问题的。在这个过程当中，我觉得决断是非常重要的，如果有万一一点动摇，那这个事情可能就干不成。

20 世纪 80 年代中期，有一次，朱建士带队伍从北京要到院里（绵阳）去交试验方案，已经集合准备上火车了。这个时候，实验部门的实验数据出来了，但这个实验数据的结果与原来的理论计算结果完全不一致，整个曲线的走向就不一样：实验结果完全跳出了理论预判的范围。如此一来，朱建士他们准备提交的这个方案的工作基础就相当于不存在了，况且已经马上要上火车去汇报了，这时候回来再做这项工作显然是来不及了，只有先去院里。但去院里之后，原来的方案是交不出去的，因为做出来的实验不支持这次方案的工作模型。

从北京至四川要先坐三十几个小时的火车，再坐几个小时汽车，到了九院院部，时间已经很晚了，第二天还要提交方案。当天晚上整个课题组，包括朱建士和大家一起就在宾馆里讨论方案。在这种情况下，第一，原来的方案不能交，按照最新的实验数据，它的模型基础是不存在了，模型是不对的。第二，第二天开会的时间也已经定了。

年近六十的朱建士和大家一起，整个一个晚上就在讨论这个新的数据，然后和已有的以前计算的理论结果进行比对，分析产生这种差别的原因以及可能的误差，争执发生这种情况的原因。那天晚上的讨论结束时，天都快亮了。第二天紧急地提交了一个新的指导思想下的实验的模型，应该说这个模型是一个替补方案，但是对当时的工作应该还是起很重要的扭转方向的作用。

在提交方案的时候，由于出了这么大的问题，院部就决定增加一轮新的实验。因为当时那个型号核试验的时间已经确定了，要保证已确定的核试验时间"后墙不倒"，各单位所有工作的时间都是按"后墙"时间倒排的。由于增加这一轮实验，理论部门和实验部门的工作量无形中都增加了，所以负责实验的每个院属研究所都希望自己的工作时间能够留得长一点，负责理论的九所当然也不例外了，这样能够使理论研究有更充足的工作周期。所以，各个所都在叫苦，都希望自己的工作时间能够长一点，也在各自强调提各种理由。但是，在会议上，作为九所的项目负责人，朱建士主动提出来把九所理论计算时间压缩一些，九所时间压缩了之后，实验部门的时间就长了一点。尽管时间节点确定的结果不容改变，但实际上九所人心里边还是有点不高兴的。散会之后，朱建士到宾馆房间给大家做工作。

他说，如果实验结果出不来，那么你理论计算的下一步的工作周期就更短了，所以他是站在全院的各个所工作的周期总体平衡考虑提出的这个方案。从这点上就看，他具有大局思维，顾全大局，能够站在全院整体视野的高度，而不是站在某一个团队、某一个局部的工作模式上来考虑问题，充分体现出他有大局意识。[①]

任务完成过程中，需要多次去新疆基地做核试验。朱建士每一次都要亲自到装配车间，观看装配的全过程。一旦装配出现与预演不同的地方，他就必须承担从理论上进行"拍板"的重任，并决策下一步的工作方案，直至装配全部完成。

最后一发空投试验在基地装配完以后，朱建士和我们在马兰基地的装配大厅里面散步，看到机场的一个大飞机，是准备去投那个试验弹的那架飞机。我跟朱建士说咱们去看看吧，朱建士说可以，咱们都没见过，去看看。一群十来个人，从工号穿过去。装配车间到马兰基地停机坪也就是1000米左右，我们就朝飞机走过去了。还没到达，潘馨就发现了，潘馨是我们场外处处长，他管我们的场地安全，他在尽

---

① 张志刚访谈，2019年3月22日，北京。资料存于采集工程数据库。

头把我们追上了,说:你们来干啥?我们说想看看这个飞机。他说,不行不行,这是现场,要保证绝对安全的,不能进。我看见李觉在飞机旁边,就叫朱建士,我说你赶快和李觉挥手,叫他,因为他和李觉是老熟人。朱建士向远处的李觉使劲招手,李觉就走了过来问:你们干什么?我们说想看飞机。李觉马上说,叫他们进来进来。潘馨也是没办法了,就叫我们在飞机那个肚皮底下坐着,说你们都坐好,坐一排,然后看人家那个飞行员怎么装弹。

当大家都在惊叹飞机的大、飞机的漂亮,围着飞机左看右看,喷喷称奇时,朱建士却紧盯着指战员的每一个装弹操作细节,研究装弹装置的构造、原理,设想着投弹的过程。把这次偶然的参观,变成了一次难得的了解核武器使用的实习。①

他就是这样,利用所有机会,了解与核武器研制相关的一切,增加他的核武器研制知识积淀。

在此期间,留给同事们印象颇深的一个特点是,他强调每一个型号物理设计要适应使用中"皮实"的要求,他经常提到的一句话是"确保所做的东西一定要能'响',在材料的使用方面,不能过分追求'轻',在战斗部的体积方面,不能一味看重'小',理论设计要考虑先进性,但最终的产品能'响'才是硬道理"②。

1992年12月11日,朱建士作为国防科工委专业技术会议代表在人民大会堂被党和国家领导人江泽民、李鹏、乔石、李瑞环、朱镕基、刘华清、胡锦涛等接见。

1994年那一次去基地,给我的印象特别深。来了很多大科学家,朱先生和他们那些老一代科学家也和我们住的一样,都是四个人一个房间。二十多平米那么一个小房间里边,还要工作,包括做计算,讨论问题,就在那么一个环境里边。那次做实验,由于中间的工作遇到

---

① 叶本治访谈,2018年3月20日,绵阳。存于九所档案室。
② 李国强、朱丹凤、那弘闻访谈,2019年11月20日,北京。存于九所。

图 7-6　朱建士在戈壁滩核试验基地（家属提供）

点问题，所以时间拖得比较晚了点。大概到了 10 月份，新疆地方天气就变冷了，我们吃饭的时候食堂里边苍蝇特别多，由于天气一冷，那个苍蝇有点冻得木了似的，你打了饭以后碗上边冒的气，热腾腾的气，苍蝇就对着那个热气就往碗里边冲。所以说，我们吃饭的时候，一个手拿着筷子，另外一只手得护着碗，要不苍蝇就冲进来了。当时就感觉到：这么大的一个国家工程，这么多的高级科学家和我们普通科研人员都在一起，当时我们实际上工作条件和生活条件都挺差的。我说："这边条件怎么这么差呢？"结果朱建士老师说："哎呀，小张，现在条件已经好多了，我们当时在你这个年龄是在 221，那工作条件更差，现在的条件还好多了。"我就不敢想象他们在创业初期，那个艰苦的条件会艰苦到什么程度，我现在都想象不出来，他们老一代这些科学家创业初期的艰难程度和创业艰辛。而且他们在那么艰苦的条件下，还能够把我们国家的这项事业推到一个高度，为国家提供强大的支撑力量，所以由衷地对老一辈科学家的奋斗精神和家国情怀感到

第七章　跨越第二代　　191

图7-7 1996年8月5日"21-X8"核试验圆满成功九所作业队全体队员合影（后排左起：刘邦弟、顾文涛、刘建军、朱建士、彭先觉、胡思得、刘文成、熊学隆、戴源祺。九所提供）

钦佩。应该说这些言传身教对于我以后的工作，甚至对我以后的人生都起到一个示范和启发的教导作用，使我受益匪浅。[1]

谈起朱建士在这次任务中的作用，胡思得很有感慨[2]：

> 最后那一次，前方已经出场了，后方的实验做出来波形应该是比较对称的，实验结果却跳起了几个点，异常了。这个时候怎么办，是真的物理现象还是实验上面出问题？所以当时朱建士我们几个一块讨论。一方面安排再做实验，一方面进行技术彻查。因为那个时候时间紧得不得了，我们每天的工作进度都要跟当时国防科工委报，和前方的谈判（核禁试谈判）都是紧密相扣的。所以这种情况容不得你犹豫，最后我们判断觉得是实验问题，重做以后全都对了。所以如果没有对实验的深刻了解，这个决心很难下。

能够下如此的决心，一方面是对理论自信，另一方面是对实验本身的判断——是实验出了问题[3]：

---

[1] 张志刚访谈，2019年3月22日，北京。资料存于采集工程数据库。
[2] 胡思得访谈，2017年3月9日，北京。存地同[1]。
[3] 同[2]。

如果没有这个东西，没有这个本事的话，我觉得下不了这个决心。朱建士这么个功底对完成这项任务，我觉得起了很重要的作用。为什么我非常肯定朱建士，把建士的功劳放在这一成果排名第三，就是这个道理。如果没有朱建士的支持，我觉得这个工作根本不行。

朱建士还有两个特点，一是你只要把道理跟他讲透了，以后你可以放心叫他去办就行了，这是绝对没有问题的。比如说我们在第二代武器突破的合作过程当中，他觉得这个问题是相当的重要，也知道国际形势的压力，也知道这个任务创新的意义。所以他很自觉地去做，我觉得这种责任感是非常重要的。

另外他工作相当细致，这也是一个特点。所以我觉得最重要的一条还是工作责任感，让你觉得对他很放心，你把这个问题说清楚了，重要性告诉他了以后，那他就会很认真。包括后来他负责中物院研究生部工作时也是这样子，领导交给他研究生部了，他的脑子就扑在这个上头了，不是像有些人有了这个头衔以后，事情不怎么管，就指手划脚，他不是这样。

伴随着一声闷响，罗布泊试验场地的"伟人山"上缓缓腾起的烟尘，冉冉地升上碧空。中国核武器研制终于跨越了第二代，进入了一个核武器

图7-8 1996年7月29日最后一次核试验圆满成功九所作业队合影（后排左七为朱建士，右一为八一厂编导杨军岭。九所提供）

图 7-9 1996 年 7 月 17 日中国工程物理研究院参加过首次和末次核试验的部分人员一起合影（左起依次为：李火继、李鸿志、杨岳欣、薛本澄、胡仁宇、朱光亚、张寿齐、朱建士、耿春余、陈早林。九所提供）

图 7-10 1999 年 5 月朱建士荣获全国五一劳动奖章（九所提供）

图 7-11 朱建士荣获全国五一劳动奖章（家属提供）

研制历史的新纪元，中国拥有了更为强大的核威慑力量。1996年，朱建士参加我国最后一次核试验，取得圆满成功，他成为中国工程物理研究院同时参加我国第一次和最后一次核试验的人员之一。

曾经担任过九所所长、中物院副院长的张维岩[①]院士回忆说："朱建士担任九所副总工程师之后，工作没有出现过一次失误，深得我国核战略家朱光亚的赞赏。"

研制出我国的第二代核武器，不仅是邓稼先的夙愿，也是我国核武器事业发展的需要。在任务的目标和意义明确之后，如胡思得所说，就可以放心交给朱建士去做了。

朱建士也确实不负众望，在新型号任务的研制中，以他深厚的理论基础、实验功底及全面的研制经验，充分发挥技术负责人的作用，带领科研集体，在时间紧迫、任务难度空前的情况下，依据原理科学、产品实用、严格论证验证的原则，出色地完成了这项使命，为使我国初级设计达到世界先进水平作出了杰出贡献。

这一阶段，真正体现出了朱建士作为一个技术负责人的作用，也使他把控核武器研制全局的特长，协调理论设计、各类实验、产品生产等各方面形成和谐关系的优势，促使整个核武器研制流程高效、有序运转的能力得以充分展示，并得到了方方面面的认可。

---

① 张维岩（1956- ），北京人，1982年毕业于北京大学物理系。1988年获比利时布鲁塞尔自由大学理论物理学博士学位。2011年当选中国科学院院士。中国工程物理研究院高级科学顾问。

第八章
核禁试之后

中国宣布暂停核试验

1996年7月29日,中国成功地进行了最后一次核试验。中华人民共和国政府郑重宣布:从1996年7月30日开始,中国暂停核试验。中国作出这一重要决定,既是为了响应广大无核国家的要求,也是为了推动全球核裁军而采取的一项实际行动。

1996年9月24日,中国政府签署了《全面禁止核试验条约》(Comprehensive Nuclear Test Ban Treaty,CTBT)[①]。中国核武器研制步入了一个新的历史阶段。

---

① 《全面禁止核试验条约》是一项旨在促进全面防止核武器扩散、促进核裁军进程,从而增进国际和平与安全的条约。早在1954年,印度领导人贾瓦哈拉尔·尼赫鲁首次在联合国大会上提出缔结一项禁止核试验国际协议的要求。1994年3月,日内瓦裁军谈判会议正式启动全面核禁试条约的谈判。经过两年半的努力,1996年8月20日,会议拟订《全面禁止核试验条约》文本,但由于印度的反对未能获得通过。后来根据澳大利亚的提议,《全面禁止核试验条约》文本直接送交第50届联合国大会审议。1996年9月10日,联合国大会以158票赞成、3票反对、5票弃权的压倒多数票通过了《全面禁止核试验条约》。《全面禁止核试验条约》包括序言、17条、两个附件及议定书。条约规定,缔约国将作出有步骤、渐进的努力,在全球范围内裁减核武器,以求实现消除核武器,在严格和有效的国际监督下全面彻底核裁军的最终目标。所有缔约国承诺不进行任何核武器试验爆炸或任何其他核爆炸,并承诺不导致、鼓励或以任何方式参与任何核武器试验爆炸。

中国的核武器研制往何处去，成为朱建士面临的一个新的课题。

尽管中国的核武器技术已经达到了相当高的水平，但是没有了核试验，过去对于核武器内在规律性的把握仍然不够准确、不够精细，还存在诸多局限性，在武器动作的描述中，还需要以一些"经验因素"和"人为处理"进行物理机理的模拟。现在没有了核试验，失却了一个最重要、最直接、最高效的对核武器内在规律的探寻手段，过去传统的研究方式失去了依附的载体，必须寻求一种新的、也许是颠覆型的研究模式予以替代，这也就意味着很多工作必须要从头开始。

身为负责型号任务的副总工程师，一系列由于 CTBT 带来的问题让朱建士寝食难安：在没有核试验的前提下，如何确保核武器性能稳步提升？没有经过核试验，新的设想是否敢于在新的装置上使用？选取哪一种新的试验方式替代过去的核试验？如何检验新型试验的试验效果……挑战与风险的无形压力胜过以往。

九所为了应对禁试后的严峻局势，专门成立了一个专家组，重点讨论禁试后的工作对策，朱建士是专家组的组长之一。在每周一次的讨论会上，他把他所考虑的难题分门别类按照已有的基础和需要加速发展两大类，大类之下又拆解成一个个具体的研究领域，请大家充分发表看法，展望未来的工作方向。在此基础之上，他进行系统地归纳总结，提出自己的意见和建议，为中国工程物理研究院制定、形成禁试后的工作对策及实施打下了基础。

图 8-1 朱建士在投影仪前陈述自己的工作思路

（九所提供）

第八章 核禁试之后 *197*

在九所"九五规划"(1996—2000年)的制定中,朱建士是规划的技术负责人,这一规划不仅对于九所后五年的工作有明确的指导性意义,对中物院的主战场工作也有直接的影响。"规划"制定的过程中,展开了热烈的讨论,只要大家把道理讲明白,朱建士很少把谁的意见直接排除掉。经验告诉他,决策的过程,肯定是一个大家意见迭代收敛的过程,"条条溪流归大海",所有意见最终会趋于一致。他的决策原则是:应该完成的任务必须要首先保证完成,再谈其他研究方向的探索。

对于禁试后的一些具体工作,他也具有自己清晰的思路。

以试验为例,核禁试之前的试验,虽然也以周总理提出的"一次试验,多方收效"为指导方针,但是在时间紧、任务重的情势之下,一些试验往往重在考察有限几个决定成败的重点指标。

而对于核禁试以后的实验,朱建士提出了一个自己的想法,就是在实验之前要认真反思,要慎重地研讨做这个实验的目的是什么,因为有些大型实验费用颇高。和有一部分的专家、领导验证某些物理上参数和现象的看法不同,朱建士把这类实验重新在学术上进行了一个归纳,他认为这类实验应该是综合性实验。综合性实验是指,做这一个实验的目的已不再是单一的了,不再是所谓的"分解实验",即在国际流行的所谓"V&V"[①]里面所指的分解实验,而是综合性实验,实际上,一般研究院做的很多实验都是综合性的。

朱建士之所以强调"综合性实验",就是让实验参与者要明确自己关心的是哪些参数,这些参数这个实验能不能达到,尤其是参数多了,如果不能够隔离出来,那么可能实验目的就达不到,因为影响因素太多了。不同的人和不同的单位,看待同一个实验的时候,关心点是不同的。如果说对分解实验不彻底化地进行研究,各个因素之间的关系没有搞清楚,就不能够直接上综合性实验,这样就代价太大。就如同做一个汽车碰撞的实验,做一次大概经费是50万(元)左右,假设仅仅是演示碰撞过程,画面虽然非常好看,但性价比却不高。假设从这个里面可以衍生出比如说设

---

① V&V:validation and verification,验证与确认技术。

计者关心的、计算关心的、材料关心的一些问题,拿到这些关心的数据,那么,这 50 万(元)就值得。

为此,朱建士还专门做过一个报告,宣传对综合性实验的解读,讲与综合性实验相关包括实验设计等在内的一些观点。强调在综合性实验之前,一定要把实验欲达成的目的全部切分,如果说哪个目的做不到,就把它标定,该实验不能验证的,可能要想其他的办法去做,一次实验尽可能地达到更多目的[①]。

朱建士非常关心国际核禁试发展态势,并且是最早进入这一领域的核武器研制专家之一。能够及时把握国际核禁试工作的发展进程,既有利于当前工作的计划节奏安排,也可以根据核禁试发展动态的相关内容进行研究,探索我国核武器研究未来的方式与前景。

在新形势下,朱建士还从战略的高度,具体规划了自己在拓展研究领域、基础研究、人才培养等诸方面的任务。

武器安全性领域的拓展

朱建士不仅在未来核武器战略的研究规划中竭尽全力,还积极投身到新开拓的研究领域之中,尽到技术领军的职责。关于核武器安全性问题的研究就是其中之一。

针对一些有核国家在核武器使用方面多次发生事故的教训和曾经造成的严重后果,中国工程物理研究院未雨绸缪,专门成立了一个武器安全性委员会,每年都要召开一次关于核武器安全性研究进展情况的研讨会,朱建士任委员会中的一个专业组组长。就我国这方面的研究基础而言,当时对安全性的全面认识是一个非常困难的问题,但核武器的安全性又是核武器使用过程中非常重要的一个议题。

---

① 黄西成访谈,2017 年 11 月 15 日,绵阳。资料存于采集工程数据库。黄西成,朱建士的学生。

2009年召开了一次安全性会议，有很多的院领导参加。讨论核武器在实战情况下，究竟可能出现什么样的安全性问题，如果出现安全性问题该如何应对与解决。中物院对这个问题非常重视，安全委员会虽然已成立多年，但是工作长期主要着重于基础性的研究，基础性研究重点又集中在炸药方面。如炸药的反应，炸药的爆轰、爆炸、爆燃、燃烧等各种各样的反应，它对于安全性来讲，尽管也非常重要，但研究的内容偏重于机理性，仅仅限于安全性的某一局部。但是，这些长期机理研究的内容和结果，用来全面解读武器的安全性问题，还有一段很长的距离。中物院决策由一个研究所来牵头，组织几个研究所合作共同研究，回答与武器使用相关的安全性问题。

这个项目具有开拓性，前面没有研究基础和可借鉴的资料，牵头研究所的所长找到朱建士，跟他说，因为他是院里安全性专业组的组长，能不能请他出面，一起主持这个项目，由几个相关的研究所联合承担，按照中物院重大预研项目进行推广。朱建士表示非常支持。

这项任务从未在如此大范围内开展过，其具有的挑战性朱建士非常清楚，因为之前做的基础性研究都是用很小的炸药量，做实验，看波形。要完成一个大系统武器结构安全性分析工作，要研究的问题就必然会更加复杂。

朱建士有综合性的能力优势，核武器物理动作过程中的爆轰物理、力学问题他都非常清楚，多年坚持一线工作所积累的经验，使其对工程方面也有较全面的掌控。能够将武器研制中涉及的物理、工程、技术的各个方面很好地结合起来，就具有了能够研究、解决系统安全性问题的基础。他说：

从安全性的角度看，我们不能单纯去追求基础研究性的科学规律，应用科学研究要更多地考虑实用和工程实践上的具体问题，因为理论机理的规律探寻是无穷无尽的。科学研究中的预研，可以一直无极限地深入研究下去。但是，在武器应用方面，要求必须在现有的认识情况下回答或解决这一系列的问题，尽管我知道这个问题的理论基础和内在机理还没有非常准确地研究得很透彻、很清楚，但是经过研究，我们可以得到在使用过程中安全性会出现的后果的预测，这就是我们想要的成果。①

这个项目仅论证策划就进行了将近一年的时间，到 2010 年才正式立项，朱建士任这个项目的技术指导。

按理说，技术指导人对于一个课题，只需要对方案、技术路线进行把关，判断问题找得准不准、方案能不能成立就可以了。但朱建士"抓大却并不放小"，对这个项目的技术指导也做得非常具体。

在项目启动阶段，他就亲自授课，为大家讲解《非冲击起爆与炸药安全》。从理论基础讲起，列举出很多和安全性相关的现象，手把手指导课题应该从哪一个方面入手研究。

在一段时间里，他将全部精力投入到这个事关全院未来发展的重要项目之中。中物院对这个项目也非常重视，因为这是武器使用中一个非常关键、非常重要的课题，研究成果对于武器使用过程中的安全问题，将发挥极大的支撑的作用。

在朱建士的指导下，一到两个星期就开一次项目讨论会，一是讨论这个项目怎么往下进展，一是对于具体已经明确的工作、确定的研究内容怎么继续推进。朱建士坚持每次都从北京工作地九所赶到绵阳中物院参会。飞机一落地，项目负责人就会赶往宾馆，与其提前讨论项目进展问题。讨论围绕项目现有的研究基础不断地往前滚动、不断推进。这个项目也在不断商量、不断讨论的过程中，艰难地向前发展。

在两年的时间里，朱建士与项目组成员的电话联络更是数不胜数。以至于项目组工作人员中有谁和他联系过，连他的夫人都耳熟能详。就在朱建士去世前几天，项目负责人到医院去探望他时，两个人在病房里仍然讨论着课题的进展以及下一步工作。和其他任何一项工作一样，他在这个项目上，付出了很多的精力和心血。

后来，这个项目也正如朱建士所预料的那样，滚动得越来越大，内容

---

① 邓克文访谈，2018 年 3 月 19 日，绵阳。资料存于采集工程数据库。邓克文，朱建士的同事。

第八章　核禁试之后　*201*

越做越多。现在这方面的研究工作已全面铺开,这跟他当初指导规划的顶层设计不无关系,他既发挥了研究领域的开拓作用,又发挥了技术指导、组织协调的推动作用①。

培养事业接班人

从 1987 年开始,作为中物院研究生部的研究生导师,在工作异常繁忙之余,朱建士还陆续培养了几名硕士、博士研究生。在他悉心的指导之下,这些学生不断成长,逐渐在不同的工作岗位上发挥起骨干作用。

1996 年之后,随着核禁试形势发生的变化,中物院的工作岗位对于科研人员的要求也发生了变化。院内科研人员,不仅要能够解决工作中的实际问题,更要具备把从工作中遇到的难题抽象成基础问题进行研究的能

图 8-2 朱建士给研究生上课(九所提供)

---

① 邓克文访谈,2018 年 3 月 19 日,绵阳。资料存于采集工程数据库。

图 8-3　2011 年初朱建士为中物院青年科研人员作报告（中国工程物理研究院提供）

力，对于学术交流、撰写学术论文等方面的要求也更高。朱建士依据自己对禁试后战略思维中对研究领域、研究内容、研究方式新变化的理解，积极投入新型人才培养的实践之中。

他招收学生的范围，也从自己所在的九所扩大到了中物院各单位，在带学生时，他不仅注重学生的能力培养，更致力于学生在核武器研究领域应该具备的基本素养之传承。

做有用的事

路中华于 2005 年考取了朱建士的博士研究生，他回忆道[①]：

第一次与导师见面，是在导师的办公室。导师给学生的感觉，就如同跟自己家里面的人或者身边同事在一起，很随意地聊了聊。导师问了些你是学什么的、大概工作是干什么的、本科是学什么的、以前有什么基础、后面大概有什么想法之类的问题。我按照问题一一回答之后，还探讨了对论文的选题，和做论文的一些初步设想。朱老师觉得可以，叮嘱我深入地再去了解了解，去做一些调研，再考虑考虑，然后再进一步交流。这实在是一次很平常的见面。

但是，当与导师接触几次之后，我渐渐地感受出了他与其他老师

---

① 路中华访谈，2017 年 9 月 3 日，绵阳。资料存于采集工程数据库。

的区别。和之前遇到过的很多老师不同，理论上，老师的职能应该是"传道、授业、解惑"。有的老师会直接告诉学生，你该怎么做，第一步干什么，第二步干什么，第三步干什么，一步一步地往下走，而朱老师基本上不会直接告诉你答案。他更多的是传道，多使用启发、引导、探讨这样一种方式培养学生。他跟学生探讨一些问题，感觉只是不经意地聊一聊，哪些方面有什么样的进展、有什么样的思路。他经常会问一些问题，比如说：国外哪些工作是怎么做的？做了一些什么工作？为什么会这样做？我们自己应该怎么看？有没有更好的方式？常常针对某一个小的问题，他就能够引导学生思考，持续地思考某一问题。不断地思考之后，就会对这个问题有了一个逐步深入的认识，到最后就会形成可能有一些新东西出来。让人不知不觉地跟着他的引导去发现问题，去深入地思索。从来也不去用自己的某些学术观点或认识去影响甚至于强加于别人。这种启发式、引导式、探讨式的教诲，不露痕迹，既照顾了学生的自尊心，增强了学生的自信心，又培养了学生的悟性。

路中华的选题也经过了几次迭代，一度甚至想到换其他的研究方向，选别的题目，经过比较长的一段时间后，确定了一个比较新、探索性比较强的题目。是关于一种新材料带来的一些新的效应。这个选题，是朱建士以前的工作和研究没有直接涉及的，也就是说，这个选题对于导师和学生都是新的东西。

朱建士对路中华说过一句很有意思的话："新东西探索性比较强，要去做可以，但是要创新，而且一定要做有价值的创新。"对"有价值的创新"，当时路中华还没太理解，后来导师又多次讲，学生才逐渐明白，他所讲的意思是：我们不能为了创新而创新，别人没做过的我们做一下，这可能貌似是个新东西。而导师讲的那个"有价值的创新"应该是说，创新一定是要有背景，一定是做了这个工作之后，要么是能够提高我们的认识，要么是能够对将来在具体工作中的应用体现出这一创新本身价值，不能做了之后就摆在那儿。任何时候都要做有用的事，创新也不例外。

自此之后，路中华慢慢形成了一种思维习惯，会经常考虑：做事要务实，这项工作做了之后对研究整体是否有帮助，对事业发展的价值大不大。

要站在世界科技最前沿

对路中华影响至深的，还在于朱建士虽然一直在科研的一线从事相关的工作，但是对一些新的科研领域的发展也倾注了很高的激情，会去做一些新领域的研究工作。而没有满足于把原来已经非常熟悉领域的工作做好，能够带带学生就可以了，他绝对不会原地踏步。他对一些学术上新的发展方向、动态都非常关注，最新的文献他都在看，并且看了之后还通过电子邮件跟学生沟通交流，让学生去关注学术方面的新动态。

毕业于清华大学的王飞经所在研究所所长推荐，投到了朱建士门下读博士。得知导师到绵阳出差，王飞约导师见面，商讨培养计划的内容。在导师下榻的宾馆，朱建士对王飞的想法持开放的态度，对学生提出的诸如研究内容、研究思路、研究的技术路线等问题，从导师的角度进行了更深入的解释，特别是对于解决问题的一些办法给予了具体的指导，比如如何提出问题、建立模型和实验验证。他要求学生从提出问题到解决问题要走一个完整的闭环。

王飞明显地感觉到，导师的要求跟高校里的一些科研有些不一样，高校的科研一般是提出一个问题，设计一些方法和一些算法，然后把它建个模型，模拟一遍，把文章一发，可能就结束了。而朱建士老师还要求学生要去验证模型，再把实验做出来。这样的模式，完全是冲着解决工作中实际问题而去的，是将来实际工作必须把握的基本技能。①

另一次到导师那里去，是谈王飞的论文选题和论文内容，朱建士随手拿出一个当时苹果公司最新面世的 iPad，就着屏幕内容和学生一起讨论。这让王飞感到非常惊讶：导师已经 74 岁了，还如此新潮，当时的苹果 iPad 可是非常新潮的一个事物啊！并且他还跟学生探讨，怎么样用网络，怎么

---

① 王飞访谈，2017 年 11 月 15 日，绵阳。资料存于采集工程数据库。

样使用路由器之类的问题。紧紧跟踪世界最先进科研工具的使用之举,给学生留下了非常深刻的印象。

2010年9月的一天,到绵阳出差的朱建士老师打电话叫我到他的房间里去,对我说:"我最近有一些想法。"朱老师已经浏览了十四届国际爆轰会议上300多篇交流成果的全部内容,并把那些成果的标题都已经按照国内的习惯叫法全部进行了更改,把他认为有价值的论文全部都挑了出来,而且还写成了PPT。朱老师在基础研究方面有一个倡导,就是要始终站在国际学术最前沿,始终关注国际上学术最新动态,而不是蜻蜓点水式的关注,每篇很长的文章,他都要将内容摘录出来。朱老师虽然很忙,但还是花时间在晚上的时候把这些文献进行了归类:哪些是材料的,哪些是本构的,哪些是破坏的……朱老师一直认为,有些事必须要自己亲自去做,一些文章要亲自去读,只有读了文章之后才能有一些体会,才能跟别人讲得出来。①

朱建士身体力行,时时刻刻在用自己的言行去影响自己的学生。

求真务实

王飞对导师朱建士在学术上求真务实的最初感受,来自听导师的一个学术报告,报告大的题目是:核武器中的力学问题。导师是从事流体力学研究的,在讲核武器中的力学问题时,他先把核武器反应过程的整个脉络讲了一遍,再把自己研究领域内擅长的流体力学问题作了很仔细的阐述。但是,报告中核武器的工程力学问题,是由另一位老师准备的。这时,朱老师就很坦诚地说:"哎,这一部分是其他老师准备的,我就不讲了。"他认为,工程力学方面不是自己擅长的研究领域,这部分可能讲不透,就很坦率地告诉了听众。其实,作为一个大家、一个学者、一名院士,那些科

---

① 黄西成访谈,2017年11月15日,绵阳。资料存于采集工程数据库。

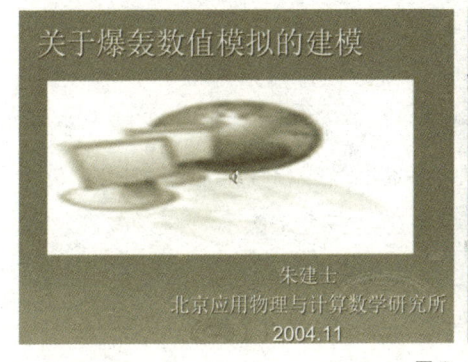

图 8-4　朱建士的学术报告首页（朱建士的学生提供）

普性质的工程力学问题，他肯定也是能讲出来的。但是在学术上，在他的研究领域之外，他非常谦逊，极其求真务实。这一点，让他的学生由衷地钦佩。

就是在同一次报告会上，朱建士提出了一个概念——核武器工程科学家。工程科学实际上是一个很宽泛的概念，涵盖了诸多专业领域，如果你要奔着核武器工程科学家的目标去努力的话，要求是非常高的。一个基本的前提就是，要多学科融合，就需要自己更多地去学习，跨专业地学习很多知识。他提出的这一概念，是对当时所有听众指出的一个努力目标，这个倡议对于其他人的影响无法逆料，但却深深地刻在了王飞的心头。

朱建士在与学生的交流中反复强调的一点，就是要对物理概念和物理图像予以充分的重视，这是路中华没有经历过的。在朱建士的叮嘱之下，学生们的体会也不断加深，就是不管研究什么问题，首先概念要清晰，对物理图像要有一个清晰的认识，在这个前提下，再来开展相关工作，是对科研人员非常重要的一点。第二点就是，工程和科研这两者之间的关系。这两方面的提升，在博士毕业到工作的这么多年中，一直在影响着路中华工作的思路和科研的方法。

在研究材料的一些动态行为，包括材料和材料相互作用的过程时，路中华看了一些文献和书籍，包括一些科研报告，其中经常提到一些概念，比如说本构模型、状态方程等，他感觉自己懂了，但实际上可能只是似懂非懂，对它本身的物理内涵知道得并不是那么深、那么彻底。在写报告的

第八章　核禁试之后　　*207*

时候，感觉这个概念能用得上，就写了进去，由于理解不深，往往就有可能用错了而不知，顺着这种思路往下走，可能就走入了误区。可能自己想表达的是另外一个问题，但是这个概念可能用错了。这时，朱建士就会说，你要说的是不是某某某？你说的意思是不是应该用其他那个概念更合适一些？然后，他才进一步说，这两个概念是怎么怎么不一样，应该怎么样怎么样。学生恍然大悟：这个概念也不是能拿来随便用的。

  我过去工作的研究对象，主要是工程问题，看问题也是从工程的角度去看的比较多，往往比较表象地认识一些问题。比如一个弹体穿一个靶，弹体可能强度不够，坏了，这是一个工程问题。然后就想，从工程方面坏了，我是不是把它加厚一点，强度不够，可能或者换个材料。加厚一点，换个材料，再一打，过了，这个问题好像就解决了。但实际上，这个涉及理论上为什么能过，并且怎么样才能够达到最优，理论上应该是一个什么样的机理，这方面以前是不怎么去考虑的。在朱建士老师的引导下，现在不管遇到什么样的问题，首先要想一想它这个背后根源在哪儿，是哪些认识不到位，或者哪些理论上我还没掌握而引起的这个问题。这样的一个表象，我们应该去如何系统地考虑这些问题，从理论上，以一些数字模拟方式，把这些问题分解，把一个大问题分解成一些小问题，再来分别研究；研究了之后，再返回来，放在工程的载体上再来验证，形成了这样一个系统研究问题、解决问题的思路。①

  学生黄西成与朱建士结缘，源自一次基金的申请。黄西成所在单位欲申请一项中物院重大基金，由黄西成着手起草"金属材料动态本构与断裂"项目的申请报告，起草完成之后，请朱建士院士进行指导。朱建士看了申请书之后，指出作为一个物理过程而言，研究的内容还应该可以更加丰富，能够从局部研究向全局研究延伸扩展，建议把研究内容放在一个完

---

① 路中华访谈，2017年9月3日，绵阳。资料存于采集工程数据库。

整的理论体系下进行。后来该项目由中物院三个研究所联合申请，并请朱建士出任该项目负责人。在项目申请过程中，和朱建士有过多次的讨论之后，黄西成深深地为朱建士渊博的学识和严谨的治学态度所折服，并终身受益。朱建士在主持该基金项目中，始终倡导和谐的学术氛围、严谨的治学态度，使项目组所有成员高山仰止。每次学术讨论会上，朱建士总是虚心听取别人的观点，常勉励大家：说错了没关系，不要怕犯错误，要多争论、多讨论，这样才能把问题弄清楚；即使对晚辈，他也总是如此谦虚："这个问题我不懂，请给我们详细解释一下。"大家一起出差，朱建士要求和大家吃、住、行都一样，总是婉言谢绝特殊安排。途中，朱建士时而询问年轻人的工作和生活情况，时而解答学生们的提问。正如大家所言，与朱老师相处，能领悟人生真谛；和朱老师一道出差，能在欢乐中感悟科学研究的魅力。他和蔼可亲，平易近人。正是这一次次与朱老师和谐的相处和宽松的交流，让黄西成真正领略到他的大家风范和气质。朱建士清晰的思路、丰厚的学术底蕴让黄西成叹服，由此产生了跟朱院士学习的念头，后经层层推荐和考试，黄西成成为朱建士的博士研究生。

正确处理基础研究与工作的关系

黄西成来自一个偏重于工程的研究单位，工作后的多年中，一直在从事具体的工程项目。针对这种现状，朱建士要求他在攻读博士期间，加强基础研究方面的内容，只有基础厚实了，将来的工作才有后劲。朱建士在对黄西成的培养中，一直贯穿着这样一种思想：要重视基础研究。但是，前提是只有源于工程、服务工程的基础研究，才是更有意义的。不能浮在水面上去做基础，或者是臆想地去做基础，而是要多做对于研究院的事业发展具有学术价值的基础研究。他不止一次地强调："我们不是不做基础研究，而是要做工程上关心的基础研究，并以取得的基础研究成果，再去服务于工程。"要更重视与工程相关的基础研究，一个国家也是一样，基础研究如果能够服务于国民经济与国防事业的话，国家是会很高兴的。就像投资的目的是要有收益的,是一样的道理,谁投资谁就应该得到收益。

在交往中,朱建士发现学生在研究问题时,受过去工作习惯的影响比较大,会更多地把精力放在具体细节上,而缺乏学术上的高站位。因此,在施教过程中,他不时提醒学生在看待问题时,要把握一种系统工程思维的方式,从整体的高度去研究一个对象[①]。

主战场之外

图 8-5　1989 年 8 月朱建士参观美国新墨西哥州原子核博物馆合影（左起：董庆东、经福谦、朱建士、黄士辉、欧阳登焕。家属提供）

科技交流是促进科技发展的重要手段之一,但在核武器研制行业却是有些例外。有核国家为了各自利益,对于与核武器相关的信息发布和交流限制是非常严格的。然而,科研人员加强交流,不断追逐最新科技发展和研究方向,是保持研究能力、促进工作的重要方式,这一点在核武器研制行业确是一致的。并且,在一些公开的学术交流之中,内行人也可以探究出他国发展水平的蛛丝马迹,使自身的工作得到一些启发。

1989 年,朱建士作为中物院的代表访问美国,第一次以

---

① 黄西成访谈,2017 年 11 月 15 日,绵阳。资料存于采集工程数据库。

图 8-6　1989 年 8 月朱建士等参观美国圣迪亚实验室原子博物馆广岛投原子弹 B-29 轰炸机弹仓（左起：朱建士、黄世辉、董庆东、经福谦、欧阳登煥。家属提供）

中国的核武器研究者身份和美国核武器研究者进行同行之间的交流。从此，开启了他与国外同行的交流之旅，他先后出访了德国、俄罗斯等多个国家。

1993 年 4 月，朱建士与王继海、李敬宏出访俄罗斯捷尔宾斯克研究所和列别捷夫研究所及俄联邦核中心技术物理研究院核武器博物馆。

他的一个在国内地方工作的外甥，知道他将要到德国出席学术活动时，和他有过这样一段对话。

"舅舅，您要出国？"

"是的。"

图 8-7　朱建士（右）出访俄罗斯在圣彼得堡冬宫前与马智博合影（家属提供）

第八章　核禁试之后

"一起出去有多少人？"

"就我自己。"

"那谁管你？"

按照一些地方的惯常做法，因公出国，出国人的所有手续都由组织办理，在国外期间，个人是见不到护照的，由专人负责管理，以防止发生意外。

"没有人管。"

"那就不怕你跑掉了？"外甥鼓足勇气问出了自己的担心。

"跑？我为什么要跑？"对国家事业无比忠诚的朱建士，从来就没有想过出国不归这类的问题。

"组织对你这么放心？"

"像我这样的人，组织有什么不放心的？"他淡淡地说。

朱建士对国家的忠诚不容置疑，在捍卫国家的荣誉和尊严时，他同样义不容辞。

1999年5月25日，美国参议员、共和党人考克斯牵头炮制出笼长达900页的《考克斯报告》[①]，其核心内容直指中国窃取了美国的核武器技术。

为了驳斥这一荒谬行径，全国政协副主席、总装备部科技委主任朱光亚决策，责成中

图8-8 1993年4月朱建士（左）、王继海（右）与俄罗斯专家交流（家属提供）

[①] 1999年5月25日，就在以美国为首的北约悍然袭击中国驻南联盟大使馆的硝烟还没有散尽，中国人民在等待美国就这一野蛮行径提交调查报告的时候，美国国会却抛出另一份所谓的调查报告——《考克斯报告》。这份由克里斯托弗·考克斯众议员牵头的众议院特别委员会发表的报告，诬称中国通过窃取美国军事技术而危害了美国的国家安全。

图 8-9 1993 年 4 月朱建士（前排左四）参观俄联邦核中心技术物理研究院核武器博物馆（家属提供）

图 8-10 1999 年 6 月《中国核武器发展之路》报告团成员在朱光亚家中合影留念（前排左起：朱建士、朱光亚、姜悦楷；后排左起：吕旗、李取希、陈俊祥、董海山、林银亮。九所提供）

第八章 核禁试之后

图8-11 1999年夏朱建士作《中国核武器发展之路》报告（九所提供）

国工程物理研究院组织一个报告团，以中国核武器发展为中心内容，到全国各地宣讲，以正视听。并借这次机会，向全世界公开中国已经突破了中子弹的消息。中国工程物理研究院迅速组织人员以"中国核武器发展之路"为题撰写报告，报告分为"独立自主　自力更生——中国核武器发展之路""中国氢弹突破和小型化研究""中国特色的核武器发展道路""驳斥考克斯报告在核武器问题上对中国的污蔑"四个部分。从6月到9月，朱光亚三次审阅讲稿，亲笔修改。

中物院组织的报告团在全国各地巡回进行了数十场报告，分别由朱建士、董海山[①]、陈俊祥、李取希担任演讲。朱建士以亲历者的身份主讲了报告的第一部分，引发热烈反响，报告原文如下[②]：

独立自主　自力更生——中国核武器发展之路

我们四个同志是中国工程物理研究院的科研人员，从事核武器研制工作达30年以上，组成一个报告团。为庆祝建国50周年，向同志们介绍中物院（原二机部九院）40年来在突破原子弹、氢弹以及核武器技术进一步精良、小型化过程中的工作情况和体会。江总书记最近多次指出，要发扬"两弹一星"精神。我们通过自己亲身的经历深深

---

① 董海山（1932-2011），中国含能材料领域著名专家。1951-1956年就读于北京工业学院，1957-1961年赴苏联列宁格勒苏维埃化工学院学习，1961年9月调二机部九所，从事核武器用高能炸药合成与应用研究。先后获全国科学大会奖4项，国家发明奖1项，国家科技进步奖1项，部委级科学技术进步奖10多项。2003年当选中国工程院院士。

② 朱建士报告视频文字整理，1999年6月，北京。资料存于采集工程数据库。

体会到,"两弹"研制过程中体现出的那种精神,是中国人民宝贵的精神财富,继续发扬光大这些精神,将使我们在21世纪复杂的国际风云变幻中立于不败之地。同时,我们用事实驳斥美国《考克斯报告》所谓中国"窃取"美国核机密的诬蔑。

我1958年从北京大学毕业以后,就加入当时负责核武器研制的二机部九局,从1964年第一颗原子弹的研制,到1996年进行的最后一次核试验,可以说全程参与了中国核武器发展的历程。作为中国核武器发展历史的见证人,我可以凭自己的亲身经历告诉大家,中国从来没有窃取别国技术来发展关系到国家安全和民族利益的重大国防尖端科技。中国国防科技的发展始终以自力更生为主,争取外援为辅,这是中国一贯坚持的基本方针。

从50年代至今,中国依靠自己的力量,依靠一大批有才华和创造精神的科学家,依靠全国人民的大力支持,在不太长的时间内,成功地突破了一系列技术难关,掌握了核武器科学技术,建立起了一支精干、有效的自卫核威慑力量。中国研制原子弹、氢弹的时期,恰恰是美国对华封锁遏制最厉害的时期。中国根据自己的国情,动员各方面的力量,战胜各种困难,科学地选择发展核武器的技术路线,取得了举世公认的巨大成就。

一、核威胁和核讹诈迫使新中国必须建立自己的核盾牌

1945年7月16日美国进行了人类第一次核试验,同年8月,美国在日本投下了两颗原子弹,广岛、长崎瞬间变成一片废墟,加速了日本的投降和二战的全面结束。核武器的巨大破坏力震惊全世界。战后,以美国、苏联为代表的核军备竞赛拉开了序幕。苏联于1949年8月29日进行首次核试验。

1950年6月,朝鲜战争爆发后,美国军方就一直在研究使用核武器的可能性。11月,杜鲁门总统在一次记者招待会上就扬言对朝战争要使用核武器,在全世界引起轩然大波。当时,原子弹运到了停泊在朝鲜半岛附近的美国航空母舰上,美国飞机还进行了核模拟袭击。

1953年新上台的艾森豪威尔总统几乎使动用核武器变为现实。白

宫助理舍曼·亚当斯回忆，早在当年春季美国已把装有原子弹的导弹运到了冲绳岛。

1955年3月，艾森豪威尔总统在一次新闻发布会上宣称，如果远东发生战争，美国当然会使用某些小型战术核武器。1958年9月，当中国人民解放军炮击金门时，美国向台湾海峡地区大量增兵，将能装上核弹头的8英寸榴弹炮运抵金门。随后，美国多次进行了针对中国的核战争演习。

严酷的国际局势使中国领导人下定决心。1955年初，毛泽东主席主持中共中央书记处扩大会议作出了中国要发展核工业的战略决策。1956年4月，毛泽东主席在中共中央政治局扩大会议作《论十大关系》的讲话，阐述了党和政府关于发展原子科学和导弹事业的决策。他指出："我们不但要有更多的飞机和大炮，而且还要有原子弹。在今天的世界上，我们要不受人家欺负，就不能没有这个东西。"

1958年，负责核武器研制的二机部九局在北京成立，后来成为负责核武器研制、生产整个过程的研究设计院，称二机部九院，即现在的中国工程物理研究院。

二、中国自力更生、独立自主研制第一颗原子弹

1957年10月，中苏签订了《国防新技术协定》。协定中有苏联承诺向中国提供原子弹教学模型和图纸资料的内容。据二机部首任部长宋任穷同志回忆："1958年六七月间，苏联派三个搞核武器的专家来华考察和工作。先到青海看了核武器研制基地厂址，7月15日回北京作了报告，从教学的角度讲了原子弹的一般原理和大体结构。这次报告对我们研制原子弹初期工作是有益的，起到了引路的作用，加快了研制进程，争取了一些时间。可是他们讲的，毕竟只是一种教学概念，不是工程设计，而且有的数据根本不对。……后来的研制工作完全靠我们自己的科技人员，刻苦钻研，艰苦探索，反复实验，逐步过关。"1959年6月，苏共中央突然给我党中央来信，苏联以正在同美、英等核国家进行停止核试验谈判为由，不能向中国提供原子弹教学模型和资料。赫鲁晓夫就这样单方面撕毁协议，使签订的协议变成一纸

空文。1960年，苏联撤走了核工业系统233名专家，给刚刚起步的中国核武器研制事业造成很大损失和困难。临走时有的专家说："离开苏联的帮助，中国核技术将处于真空状态，估计20年后你们也搞不出原子弹。"

当时我国政府发言人发表了铿锵有力的声明，指出："苏联领导人嘲笑中国落后，未免太早了。……不管怎么样，即使一百年也造不出什么原子弹，中国人民也不会向苏联领导人的指挥棒低头，也不会在美帝国主义的核讹诈面前下跪。"

现实使中国人明白，指望外援来铸造核盾牌已根本不可能。毛泽东主席1960年7月在北戴河会议上强调指出："要下决心搞尖端技术。赫鲁晓夫不给我们尖端技术，极好！如果给了，这个账是很难还的。"中国人被迫走上了自力更生、独立自主研制核武器的道路。用1959年6月苏联毁约的时间"596"，作为我国第一颗原子弹的代号，表明我们为中华民族争气的坚强决心。

二机部九局成立后，由李觉担任局长，吴际霖和郭英会任副局长。李觉当时任西藏军区副司令员，是有名的儒将，吴际霖在解放前就是优秀的军工管理专家，郭英会是周恩来总理的军事秘书。1959年6月苏联毁约后，中央抽调得力的领导骨干开始组建科技队伍，由王淦昌、彭桓武、郭永怀、朱光亚、程开甲等知名专家担任核武器研究机构的技术领导。中央组织部分别于1960年和1962年从中国科学院和全国各地高等院校、产业部门的科研单位选调了两批优秀的科技骨干参加原子弹的攻关，同时组建理论部、实验部、设计部和生产部，分别负责产品的理论设计、非核部件性能试验、工程结构设计及场外试验（核试验）、加工生产和装配。1962年为加强设计、试验工作的技术指导，又设置了产品设计、冷试验（指没有裂变、聚变材料的试验）、场外试验与中子点火共四个技术委员会。

当时原子弹的研究在中国的确是从"零"开始，1958年9月，第一批大学毕业生分到理论部，被大家称为"娃娃博士"的理论部主任邓稼先就带着这群年轻人，从最基础的三本书学起，艰难地摸索着现在看来已是常识的一些基础理论知识。邓稼先曾说过:"如果原子弹的研究是一条龙的话,那么理论设计则是龙头。"

1960年4月,第一颗原子弹的理论设计正式开始。当时进行总体力学计算的,只有三个学力学、三个学数学的大学生和一些科辅人员,他们在四台半自动的电动计算器上,开始了特征线法数值计算。经过20多天的奋战,取得了第一次计算结果,由于缺乏经验,差分网格取大了,没有体现出几何形状的特点,从中却发现了一些新的物理现象。大家分析后认为这些新问题出现是合理的,又提出了三种解决方法,为此又进行了三次计算,即第二、三、四次计算。三次计算所得结果十分接近,但其中一个很重要的数据却和1958年7月苏联专家说的不符合。经过反复验证和讨论,又提出了三个重要的物理因素,建立了三个数学模型,进行第五、六、七次计算,结果出来,和前三次的结果一样,促使我们对苏联专家的那个数据产生疑问,但大家又不能轻易否定它。

这时搞爆轰物理状态方程的同志提供了高低压两套重要的数据,大家选出一个最佳的数学模型又不厌其烦地进行了第八、九次计算,结果仍然一样。1961年中,年轻的物理学家周光召调来任理论部第一副主任,他仔细分析了九次计算的结果,运用炸药能量最大功原理,从理论上证明苏联数据不可能,证明我们用特征线法做的九次计算的结果是正确的。

"九次运算"历时半年,计算稿纸一麻袋一麻袋地堆满了房间,我们终于摸清了原子弹爆炸过程的物理规律和诸多交叉作用因素的交互影响,为理论设计奠定了基础,为武器设计培养和锻炼了人才。

彭桓武是卓越的理论物理学家,在英国拿了两个博士学位,他认为学成归国不需要理由,不回国才需要理由。他和王淦昌同一天跨进了核武器研究院的大门。

在彭桓武的建议下,研究人员每个星期召开一次专题研讨会,对难题"会诊"。彭桓武认为,研制原子弹离不开集体的智慧和力量。当时,核武器研制队伍中时时召开"鸣放会",大家集思广益,知无不言，充分发扬科学民主。彭桓武器重和喜爱那些年轻的科技人员，总是鼓励年轻人谈出自己的看法，从不同的意见中吸取每一点有价值的东西。彭桓武运用强有力的理论手段完成了原子弹反应过程的粗估计算，为掌握原子弹反应的基本规律与物理图像起了重要的作用。

他后来回忆说："我们穷人有穷人的办法，想了些窍门，可能计算上比人家省些时间。"从1958年到1960年间，邓稼先和理论设计人员进行了两年的理论工作准备，在获得了关于爆炸力学、中子传输、核反应和高温高压下的材料属性方面的大量数据后，准备进行原子弹的实际设计和造型。

1961年初，探索预研阶段已经完成，院领导要求在两年内掌握关键的技术原理，基本完成原子弹的理论设计。一切工作都在紧锣密鼓地进行。

实验核物理专家王淦昌和实验部主任陈能宽，负责非核部件的研制试验（爆轰试验）。王淦昌在德国柏林大学获得博士学位，是一位深具爱国情怀的科学家。在苏联杜布纳核子研究所任职时，他对基本粒子的研究已有相当的造诣，发现了反西格玛负超子。1961年，当时54岁的王淦昌，为了国家的需要，三天之内他的研究方向就转向了搞核工业技术。去年，王淦昌老先生离开人世。国家副主席胡锦涛参加了他的遗体告别仪式，对他的爱国情操和卓越贡献给予了高度的评价。陈能宽是著名的金属物理学家，在美国耶鲁大学获得博士学位，1955年回到了祖国，先在中科院工作，之后加入了原子弹的研制队伍，他的专业也从金属物理变成了爆轰物理。

在进行第一颗原子弹理论设计的同时，开始着手进行爆轰试验。长城脚下的十七号工地，原本是工程兵的靶场。这块荒凉的土地见证了中国原子弹最初级、最艰难的爆轰试验。

这个30多人的小组由陈能宽直接带领，摸索浇制由不同类型炸药组装的"透镜体"。首先遇到的障碍是各种不同类型的炸药的构成问题。火工品专家、实验部副主任钱晋组织了高能炸药会战，研制出了高能炸药和电火花雷管的新品种。钱晋副教授后来在文革中被无辜迫害致死，至今职工一直深深怀念这位专家。

为给爆轰试验提供炸药部件，技术人员利用一台普通锅炉，向部队借了几只熔药桶，自己动手熔化炸药。蒸汽熔化的炸药，气味难闻，毒性也大。雾腾腾的粉尘和蒸汽充满整个帐篷。但越是这个时候，越需要尽快搅拌，才能使炸药部件密度均匀。他们冒着危险浇铸出了第一批合格的炸药部件。

后来，俞大光副教授帮助设计了炸药的多路同步点火装置。陈能宽带着小组成员以不同配方的高能炸药，采用不同的浇铸模型，设计了一系列系统化的试验，从中挑选了一些特殊的化学炸药，拟定几个可供选择的模型来浇铸和装配炸药透镜体。周光召计算了这些炸药的最大爆炸力。另外几位科学家把这些数据用于亚临界和超临界的能量释放的计算。

对各项设计方案进行真实试验的选择工作花了好几个月时间，王淦昌亲自指导制造第一批实验用部件；陈能宽用手算一再核对了全部数据。到1960年4月，他们造出了第一批火工样品，共1000个供试验使用。同志们经常顾不上休息，一天之内做10多次实验。1962年9月初，终于完成了第一颗原子弹的炸药配件。

核武器研究所两位技术领导郭永怀和程开甲，负责场外试验技术委员会。

郭永怀是力学专家，在空气动力学方面有很高造诣。回国后在中国科学院力学研究所工作；经钱学森推荐到核武器研究所参加技术领导。当年他在美国求学时，为了能回到祖国，从不参加机密工作，回国前一把火烧掉他的一本未完成的书稿。这位空气动力学家与实验物理学家王淦昌、理论物理学家彭桓武被称为中国核武器研究最初的三根台柱。郭永怀1968年在一次飞机失事中遇难，当时找到他的遗体时，带有机密文件的公文包还被他紧紧地抱在怀里。周总理对郭永怀的遇难非常痛惜。

程开甲是在英国爱丁堡大学获得博士学位后回国的理论物理学家，回国后先后在浙江大学、南京大学任教，1960年调来核武器研究所。后为准备进行核试验,他又转到新疆马兰核试验基地和研究所工作,在基地呆了 20 多年,是一位治学严谨的科学家。

场外试验涉及结构设计、强度计算和环境试验等任务,郭永怀一方面为科研人员传授爆炸力学和弹头设计的基本理论,另一方面致力于结构强度、结构传力路线、气动特性、振动和冲击等方面的研究,加速建立自己的实验室,组织开展大量的试验。

核装置的结构设计如何确定?科研人员通过直接参加爆轰试验,深入了解实验要求,与试验人员共同分析试验数据,并结合日后武器化的需要开展设计,先后完成了两种可供实验的方案。为了抢时间,郭永怀提出了"两路并进,最后择优",为第一颗原子弹爆炸提供了方案。中子点火委员会由彭桓武和朱光亚担任技术领导,负责点火中子源的理论研究和设计。在 1958 年核武器研究所组建之初,当时苏联专家加夫里洛夫到中国科学院原子能研究所(401 所)等单位调查科研能力情况,对朱光亚的才华很赏识,特意向二机部副部长钱三强推荐,1959 年朱光亚从原子能研究所奉调到核武器研究所,担任副所长,主管科研和工程工作。作为一位科研的带头人和出色的组织者,朱光亚十分注意理论和应用研究相结合,无论从组建科技队伍到创造工作条件,从选定攻关方案到科研实验,无不倾注他非同常人的精力和心血。在中国核武器的研制发展进程中,朱光亚一直发挥着重要的作用。

点火中子源,是引发原子弹产生链式反应的重要部件。它的作用很关键。为了寻找合适的中子源,当时准备了三套方案,内爆中子源、钋铍源和中子管,以内爆中子源为主攻方向。制备内爆中子源的材料氘化铀,遇到很多困难,要解决纯度、含氘量、颗粒度等要求很高的氘化铀粉末研制、金属外壳的加工和封装以及中子源质量检验等技术难题。王方定工程师和一些年轻的科技人员经过几个月日夜奋战,进行了 200 多次的化学实验。他们的工作环境极其恶劣,房子里没有空调,在炎热的天气往往使装着危险性物质的容器变形,很不安全。在试验不顺利时,王淦昌、彭桓武和朱光亚几次来到实验室,帮助他们分析并提出建议。

在钱三强和何泽慧的指导下,其他两个方案的研究也同时进行。包括测量中子能量、安排关键性试验和制造点火装置组件,这些任务也逐一地完成了。

产品设计技术委员会由吴际霖副局长和设计部主任龙文光负责,主要任务是组织完成原子弹的工程设计任务。原子弹试验装置的零部件精度要求高,有的部件形状特殊,成型、加工都很困难。第一、第二生产部按照设计要求在极端困难和紧迫的条件下完成了大量的试验零部件加工生产,保证了各类分解实验和大型试验的进度要求,最后提供了合格的核试验产品。原子弹研制是个大系统工程。遵照毛泽东主席"要大力协同做好这件工作"的指示,全国有关部门、行业都在为核事业开"绿灯",整个核工业战线更是紧张进行艰苦卓绝的工作。兰州504厂加速建成了 ^{235}U 生产线,我院与酒泉404厂对浓缩铀技术关键组织联合攻关,他们经过反复试验,精心加工出合格的核部件。机械部、航空部、电子部、兵器部、冶金部、化工部等26个部(委)及下属900多家工厂,科学院所属20多个研究所,以及许多高等院校,都做了大量工作,为尖端技术研究、专用设备仪器和新型材料研制等方面,联合攻克了一系列技术难题。国防科委的试验基地为核试验抓紧进行各方面的准备,积极创造保障条件;解放军各总部、各兵种和军事院校等,都给予有力的支持和配合。我院于1962年10月向聂荣臻副总理和二机部领导提出的用21个月时间全部搞好准备工作的计划,得到一步步的顺利推进。

三、一声惊雷威震海天

1962年底,炸药加工和中子源材料的工作分别完成后,准备进行各个部件组装在一块的整体试验。实验分成两步走:第一步试验时采用尺寸缩小一半的模型,第二步试验采用全尺寸模型。当然,在进行这两步实验时,是用力学性能相同的材料来代替实际的裂变材料。

1963年初,原子弹的实验研制工作已从北京转到了新建的青海核武器研制基地(代号221厂)。

1963年底，第一次整体试验非常成功，李觉迅速将消息报告了北京，说："只要核材料如期送到，第一颗原子弹就可以总装了。"

1964年6月6日，进行了第二次整体试验（一比一尺寸模型弹的试验）。这次试验也完成得非常圆满。随后，原子弹试验装置的全部装配也已完成。

就在第一颗原子弹的研制紧张进行的时候，美国的触角也悄悄伸向我国。他们在我国周围建立了很多的监听站和测向站，不断利用间谍卫星、高空飞机窃取我们核武器试验情报。

当时美国《时代》周刊就曾以"罗布泊"为题报道说："几个月来在新疆深入沙漠的试验场有明显道路、运输车辆、住房和供应站，试验场地上试验前的频繁活动，U-2飞机和侦察卫星看得很清楚。"

1963年9月28日美国的《星期六晚邮报》刊载斯图尔特·艾尔索普的文章，披露说："总统和他的核心顾问们原则上都认为，必须不惜用一切办法来防止中国成为一个核国家。禁试是达到这个目的的非常重要的第一步。"肯尼迪在与美国情报部门负责人的谈话时说："原则上不管用什么手段，必须阻止中国成为一个有核国家。"一个远东问题的专家告诉他："在中国发展核武器的现阶段，摧毁他们的核工厂并且使人看来像是他们发生的一次原子事故一样，这在理论上是可能的。"

1963年7月，美、英、苏签署的《禁止大气层、外层空间和水下进行核试验条约》，就是阻止中国成为核国家的重要步骤。

核大国图谋阻止中国掌握原子弹、破坏中国核设施的动向，引起中央的高度关注，选择爆炸试验的时机提上了议事日程。党中央要求研究院的工作不能有丝毫松懈，要做好一切准备，在1964年内爆炸第一颗原子弹。

1964年10月16日15时，我国第一颗原子弹在新疆罗布泊爆炸成功了！试验现场总指挥张爱萍将军立即用电话向周总理报告了这一喜讯。

当天晚上22时，我国政府发表了新闻公报和政府声明。海内外炎黄子孙扬眉吐气。

而美国总统约翰逊急忙发表声明,他说什么:"中国原子弹只是一个粗糙拙劣的装置。"但不出几天,他们就不得不改变这种说法。美国的情报人员开始时认为中国核试验用的是钚-239制成的原子弹。因为其他四个核国家第一次内爆型核试验中使用的都是钚-239装置。但是在捕捉到云尘并经过测试和分析之后,他们发现中国人爆炸的第一颗原子弹使用的是 ^{235}U,并采用了内爆型设计,不得不承认中国的第一颗原子弹比美国投到日本广岛的原子弹设计得更加完善。

从1958年到1964年的6年时间里,中国科学家经过异常艰苦的努力,解决了原子弹的有无问题,为中国核武器技术的发展奠定了坚实的基础。对于我国核武器的发展历程,聂荣臻元帅曾经说过:"依靠中国自己努力的政策,不但是正确的,而且是至关重要的。"如果依靠外援和购买外国的技术,就可能推迟研制的进程,并会"使我们在外国的控制面前无能为力"。我国在国防尖端技术方面坚持独立自主、自力更生的道路,当初是被迫的,但后来的事实证明,我们走的是一条正确的道路。正是这样一条道路,我们中国人能够理直气壮,挺起腰杆,堂堂正正地屹立在世界的东方。

一九九九年六月

朱建士的基础研究工作一直伴随着他的工作进行着,因为他的业务本身就与基础研究有着割不断的千丝万缕联系。在早期工作期间,他就曾经与他人合写过《爆轰波讲义》,翻译过国外的多篇技术资料,并多次给同事们授课。而真正为外人所知的基础研究,应该还是从1979年开始的。

1979年,周光召所长在调离九所前夕,曾计划把九所"两弹"(原子弹、氢弹)突破期间的一些科研成果进行总结,并上升凝练为系统的理论,写成一套高水平的学术专著。当时他选定了陈式刚、朱建士、孙锦山、王继海和李维新五人组成一个小组来做这件事,由他直接领导,每周活动两次,他给大家讲课、讨论理论基础,活动了一段时间之后,也初步

图 8-12 朱建士著作《爆轰波讲义》和《理论爆轰物理》（九所提供）

图 8-13 2002 年 8 月中央领导朱光亚（左三）、宋健（左二）为朱建士（左四）颁发第四届光华工程科技奖（家属提供）

第八章 核禁试之后

商讨了该套书的内容将包括热力学、爆轰理论、流体力学和冲击波等。而就在这时，周光召突然出访美国讲学，随后又去欧洲讲学，一走就是两年。回国后，他就被调往中国科学院理论物理所而离开了九所，写书的事也就搁置下来了。

后来，小组的几人自主地按原先的分工分别独立地进行了撰写，先后写出包括朱建士和孙锦山合写的《理论爆轰物理》在内的几本专著，由国防工业出版社公开出版发行[①]。

20世纪80年代，九所号召科研人员积极参与服务国民经济活动，朱建士率先在所内作了题为《用核爆防止小行星撞击地球》的学术报告。

从1983年开始，他独立完成及与他人合作的学术论文开始在国内外学术刊物上公开发表，共计50余篇，学术成果被大量引用。

2002年，朱建士获光华工程科技奖，由全国政协副主席朱光亚为其颁奖。

朱建士还应邀成为一些国家重大课题的指导专家。但是他有一个原则，就是课题必须是与他的专业有关，他绝不以院士身份在课题组中去摆样子。

湖南大学的一个国家重大课题找到中物院相关人员，说需要找一个专家对课题进行指导，就问研究生部的党委书记刘彤，能不能请朱院士给课题当专家组组长。朱建士是爆轰的专家，他觉得这个课题挺有意思，也确实是他的专业范围，就接受了邀请。此后，课题每次开会他都必到，而且还很认真。

每次课题讨论完以后，朱建士都会做最后总结。他会把问题讲得很清楚，但他有一种和谐思维，他不会直接说谁不行，他会说还应该往哪边走，会指出哪些问题还应该怎么怎么样，他都会及时地点到。而且，他很多时候对某一个问题的认识有独特的高度，本来大家讨论的时候，都没有想到这个问题，他换一个角度从更高的高度看这个问题以后，大家就会发现确实这个视野又不一样了。充分展现出院士的大家风范，经他一点拨，

---

① 李维新提供材料的文字资料。

都能归纳得非常好。

他是从问题的物理本质去看问题,特别有些东西一般人就看到一个现象,容易就现象讲现象的事,他要透过现象看本质。他经常讲物理图像,这物理图像到底是个什么东西?就是这个机理是个什么东西?要知其然并知其所以然。其实这是他有的一种科学精神。他的科学思维是经过系统训练的,他看问题,有一套他的方法,能让人深切地感受到。课题组的其他专家、其他老师都很服气,说朱院士归纳完以后,确实把这个问题的本质抓到了。[1]

朱建士还先后成为中国流体力学学会等多个学术团体的专业学会的理事、特邀理事、委员会委员,并被聘为《爆炸与冲击》学术杂志主编及《中国工程科学》等多种学术刊物的编辑委员会委员。在国内外众多的专业性学术会议上,也时常出现他的身影。

图8-14 1999年总装备部核武器专业技术组成员合影(前排左二为朱建士。家属提供)

---

[1] 刘彤访谈,2019年1月30日,成都。资料存于采集工程数据库。

履职中国工程院

当选学部主任

1995年，朱建士当选中国工程院能源与矿业工程学部院士，是中国工程院首批通过院士增选当选的院士。中国工程院院士是国家设立在工程科学技术方面的最高学术称号。

朱建士当选中国工程院院士之后，从1998—2000年入选能源与矿业工程学部常务委员、2000—2002年担任学部副主任、2002—2004年担任学部主任、2010—2014年担任学部常委，到1998—2002年担任中国工程院学术与出版委员会委员、2002—2006年担任中国工程院科学道德委员会委员、2000—2006年任职增选中国工程院政策委员会委员，以及2002—2006年当选中国工程院第三届主席团成员、2006—2010年当选第四届中国工程院院士大会主席团成员。他在中国工程院工作期间，身边的工作人员一致认为他始终以认真负责的态度和严谨细致的风格对待每一件工作，把"中物院"人的工作作风带到了中国工程院。

中国工程院是我国工程科技界最高荣誉性、咨询性学术机构，由院士组成，致力于促进工程科学技术事业的发展。1994年6月成立。主要职能和任务是：

> 贯彻落实中国共产党的基本理论、基本路线、基本方略和国家的重大战略部署，组织研究、讨论工程科学技术领域的重大、关键性问题，结合国民经济和社会发展规划、计划，对工程科学技术的发展与应用，提出报告和建议；对国家重要工程科学技术问题组织开展战略性研究、提供决策咨询，接受政府和有关方面委托，对重大工程科学技术发展规划、计划、方案及其实施提供咨询；促进全国工程科学技术界的团结与合作，推动我国工程科学技术水平不断提高和工程科学技术队伍建设，激励优秀人才成长；组织开展工程科学技术领域的学

术交流与合作，代表中国工程科学技术界，参加相应的国际组织和有关国际学术活动；弘扬科学精神，传播科学思想，倡导先进科学文化，维护科学道德尊严，普及科学技术知识。①

建院之初，中国工程院的学部设置问题，经长时间酝酿和研究，广泛征求院士建议，本着从大局出发、求同存异、相互理解的精神，根据工程技术的习惯分类，紧密结合我国实际情况，按照"专业领域不宜划分过细，学部不宜设置过多"的原则设置了六个学部。能源与矿业工程学部是六个学部之一。能源与矿业工程学部的职责和工作内容，集中在能源与矿业工程领域的学术活动、战略咨询和研究、科技评议、科技服务以及本学部的院士增选工作等方面。能源与矿业工程学部有"能源和电气科学技术与工程""核科学技术与工程""地质资源科学技术与工程""矿业科学技术与工程"四个专业领域。

按照《中国工程院章程》规定：

> 学部全体院士会议选举 11 至 15 名常务委员，组成学部常务委员会，负责本学部工作和主持学部全体院士会议。学部常务委员任期四年，可连选连任一次。学部常务委员会每次换届至少应更换三分之一的成员。学部常务委员会从本学部常务委员中，推选学部主任 1 人、副主任 2 至 3 人，必要时可设常务副主任。学部常务委员和主任、副主任，由主席团批准任职。

学部主要组织院士开展咨询、评议工作，提出意见和建议；根据国内外发展趋势，组织对重要工程科学技术问题进行研讨，提出发展动态和研究报告；接受委托，组织对相关工程科学技术问题调研、评议和咨询；开展学术活动，举行学术会议；组织院士增选工作；在学部全体院士大会上，审议学部常委会的工作报告。

---

① 《中国工程院章程》，2018 年 5 月 30 日，第十四次院士大会修订。

图 8-15　1999 年 7 月能源与矿业工程学部院士增选第一轮评审会议合影留念（二排右七为朱建士。家属提供）

　　由学部院士选举产生的学部主任、副主任和常务委员，领导本学部工作。学部的主任、副主任及常务委员实行任期制，其人事、工资、医疗关系等均在原工作单位。学部主任、副主任和常务委员没有行政级别和任何待遇，有的只是为大家提供服务，为学部的工作建言献策。学部主任是本学部学术活动、战略咨询研究和院士增选工作的召集人，比一般院士承担了更多的责任和义务。

　　在中国工程院，从建立之初，就始终坚持营造一种浓厚的民主氛围。以举行会议为例，每位出席者的座签摆在一边，谁来了就自己挑出自己的座签，想坐在哪里就坐在哪里，自己把座签摆在自己的面前，任何人之间没有高低之分。发表意见时，也无尊卑之别，每个人都可以充分说明自己的见解。因此，任何决策都以充分表达民意为宗旨，是充分发扬民主的结果。

　　2002 年 3 月，学部办公室将符合条件的本学部所有常委候选人名单寄发全体院士征求意见，按照相关流程，最终确定了学部常委候选人。经学部全体院士讨论、选举产生第三届学部常委会和主任、副主任名单。朱建士当选能源与矿业工程学部主任，同时，朱建士也当选了工程院主席团成员。

能够当选学部主任，更多是看院士对学术工作的积极性，以及院士们是否对其能力、工作作风首肯。朱建士能够当选首先在征求全体院士意见的环节就得到了大家的高度认可，并最终按照流程，在选举中成功当选。

严谨的工作作风

朱建士工作之严谨，是中国工程院工作人员的共识。他担任能源与矿业工程学部主任期间，对学部的有关工作十分投入，经常与副主任、学部办公室主任一起研究学部工作，特别是对院士增选的操作办法、咨询研究的选题方向等仔细推敲，为团结能源与矿业领域的院士、专家，做好院士增选和战略咨询付出了大量的心血。学部的四个专业方向跨度很大，作为学部主任，朱建士能够"一碗水端平"，充分考虑到方方面面院士的意见。无论是做咨询还是探讨学部的发展，他都能综合考虑各方面的因素，站在工程院的高度和角度综合考量。

担任能源与矿业工程学部主任后，他保持了一贯勤勤恳恳、严谨细致、认真负责的工作作风，将在中物院开展科研工作的细致严谨带进了学部工作。朱建士担任学部主任的两年里，能源与矿业工程学部在院士增选、咨询和学术交流等方面开展了大量的工作。

> 朱院士能够保持客观的态度，从不同的角度来，思考考虑得也非常周全，这也反映了中物院的好多院士思维非常缜密的这种特点，与长期做核武器研制这种工作是有关的。[1]

---

[1] 王振海访谈，2018年6月26日，北京。资料存于采集工程数据库。王振海，中国工程院工作人员。

科学求实的工作态度

发挥院士群体多学科、跨部门、跨行业的综合优势，联合工程科技界和社会各界专家，对国家经济建设和工程科技中的方向性、战略性问题开展调研和决策咨询是工程院的重要任务之一。

2002—2004年，多项咨询项目取得卓有成效的工作。朱建士亲自主持由能源与矿业工程学部组织的"雅鲁藏布江水能开发"研讨会，探讨水能开发可行性；参加中国工程院与北京市科委等联合举办的氢能源战略及其应用前景研讨会；举行与国家经贸委资源司研讨会；参加了中国工程院能源与矿业工程学部组织的由11名院士组成的专家小组，对已基本建成并运行发电的秦山核电一期、二期和三期工程的考察工作；参加中国工程院高层次工程技术人才成长规律研究咨询课题总体组会议……

企业技术创新"院士行"活动也如火如荼地开展起来，朱建士带队组织了"塔里木地区油田企业技术创新院士行"。应天津市的邀请，参加天津地热资源可持续发展会议……

他（朱建士）对院士称号格外珍惜。一次，朱院士带队组织院士们去一个经济欠发达、生

图8-16　2004年2月27日朱建士参加"院士行"活动，参观秦山核电站（家属提供）

图8-17　2005年10月12日朱建士受邀在酒泉卫星发射中心观看神舟六号发射（家属提供）

态环境脆弱的地方调研，地方有关部门对调研活动非常支持和配合，接待安排也十分周到。活动期间，地方有关部门提出希望借助工程院和院士们的影响，为当地一个能源项目上马作出支持的表态，并且希望能以院士们的名义向上级反映地方的诉求。他（朱建士）综合分析地方诉求与国家能源政策，与院士们商议，认为地方诉求与国家政策有明显冲突，最终没有按照地方的想法提出建议。[①]

实用的课题研究

除为国家、企业等提供咨询以外，2007年，朱建士在中国工程院"创新型工程科技人才培养研究"课题之下，主持研究了核行业创新型工程科技人才的培养问题。以此为平台，朱建士组织了中物院、核工业总公司、清华大学等单位的相关人员，重点分析了全国有代表性的核行业人才队伍方面的相关情况，将行业的人才状况、人才培养模式数据进行详细分析。基于分析的结论，提出了加强我国核事业人才队伍建设的主要思路和措施想法，从如何增强人才竞争力，如何保障核建设能力的持续发展，建立核行业人才培养长效机制，搭建人才培养平台，营造良好人才成长环境等方面进行了详细分析，提出了有针对性的建议。

朱建士还承担了"中国工程院院士队伍建设"的课题，发挥多年科研训练出来的优势。该课题以中国工程院院士队伍结构为研究内容，朱建士主要负责"院士队伍发展趋势模型分析"，他带领工程院和中物院的专家一起分析了中国工程院院士队伍的现状以及发展趋势。朱建士发挥自己计算模拟的优势，组织编制了分析院士队伍年龄结构的程序，建立模型，依据世界上各个国家的寿命的曲线，以计算机计算的方式，分析我国院士的自然减员的情况。显然，这是一个非常复杂的课题，他与课题成员最后依据国际上一个寿命最长的国家的院士生命曲线，由这个曲线来反算我国院

[①] 左家和提供的文字资料，2018年5月21日，北京。资料存于采集工程数据库。左家和，中国工程院工作人员。

士队伍的自然减员的情况，研究成果为指导工程院之后几次院士增选名额的确定起到重要的理论支撑作用。

和朱建士一起做这个项目的王振海回忆[①]：

> 在朱院士的领导下，我们当时模拟，包括把增选的各种条件建模进行计算，主要是中国工程院提出来好多条件。比如我们增选的选举的条件，已经选举的平均年龄的分布等等，我们把增选的规模、增选的平均年龄各种条件的模型输进去，进行技术分析。之后就是推算未来院士队伍的年龄结构。我记得那时候的一个计算结果就是我们到什么时间，院士队伍有一半以上的减员是非常快的。这个结果后来给院士们进行报告，那年也做了一些增选，对后来增选政策的改进发挥了很好的作用。

胡思得说[②]：

> 他讨论我们院士队伍将来到底变得越来越大还是变得越来越小，会不会萎缩了这个问题，这个很重要。他做了一个计算，编个程序搞这个，他考虑很细，确实做得很细。他做事情要么不搞，要搞的话他做事情就会做得相当地完善，考虑得很仔细，这是他的工作特点。不是马马虎虎的。

全面禁核试之后，如何保持并发展国家的核威慑力量，对于每一个有核国家都是最核心的秘密。因此，我们也就只能撷取能够公开的几个片段描述朱建士的工作，重点介绍他的学术特点在禁试对策制定、新研究领域开拓、研究生培养等方面工作中的促进作用。在禁试后对策工作方针及方

---

① 王振海访谈，2018年6月26日，北京。资料存于采集工程数据库。
② 胡思得访谈，2017年3月7日，北京。存地同①。

案确立过程中,他借助已经具备的全面负责型号任务能力,长期担任核武器技术负责人的经验,在战略方针的制定中发挥出了应有的作用。

经年的工作及对工作规律的研究和总结,使朱建士在处理基础研究与应用科学之间关系、学术研究中局部与全局的关系等方面,形成了自己的观点,而无论这些观点是否能够得到所有人的赞同,我们都客观地将其展示出来,因为我们认为这也是他的学术特点的集中表现。并且,他的学术特点在他培养学生的过程中得以淋漓尽致地被表现和被传承。

其中,还挂一漏万地介绍了包括履职中国工程院在内的一些其他工作。应该说,在主战场之外各项工作中的成就,既是朱建士将在核武器研制工作中形成的学术能力和作风在其他领域中应用的延展,也是他将党培养教育多年取得的成果在核武器研制领域之外的反哺。

第九章
受命研究生教育

2004年12月中旬的一个下午，中物院负责研究生教育的院党委副书记谭志昕出席中物院研究生部京、川两地全体职工大会，还带来了一个川区职工不认识的老者。

会上，谭志昕宣布了院里的一项决定：任命朱建士为院研究生部主任，享受副局级待遇。并抱歉地说："院士应该享受副部级待遇，这个任命有些委屈朱院士了。"

朱建士在会上表态：坚决服从组织上的安排，一定不辜负组织上的信任。他又说，自己从前对研究生教育工作接触不多，希望得到大家的支持与帮助，一起把工作做好。以前不认识他的职工觉得：他谦逊的样子，不像一位院士，甚至于不像一个专家，就是一个邻家的大叔。

回到北京之后，朱建士找吕旗[①]交谈，说这次任命很突然，从工程院学部主任退下来，本想会轻松一点，没想到又让他负责研究生教育。吕旗祝贺他，说曾经向院里建议，说院里有二十多个院士，能否派一个院士来担当研究生部主任，也没想到会派他来。朱建士说，谭志昕找他谈话，他就一直在琢磨这个事情的"始作俑者"是谁，没想到这个人就在眼前。

---

① 吕旗，时任中物院研究生部副主任。

尽管谭志昕跟朱建士谈话的时候，说院里有个愿望，就是希望他来做这个研究生部的主任，不是要把日常的事务交给他，主要还是想他在全院的研究生教育的整体的发展方向、院的学科建设、导师队伍建设以及跟各个研究所的协调等方面，对学位与研究生教育发展能够起到一定的决策、把关作用。具体事务可以不管，甚至研究生部的法人也不用当，研究生部的法人由常务副主任来当就行了。朱建士当即表示这是院里的一个大事情，人才队伍建设本来也是他的职责之一，没有问题。而一旦上级将一项工作赋予他，他不知道"挂名"与"直接干"、"认真"与"不认真"如何区别，只会一心一意地投入——这是他的一贯风格。

朱建士让吕旗提供一些有关研究生教育理论的书籍，并要求定期将国家、北京市、院研究生教育的动态向他通报。从此，关于工作的经常性交谈，也成为两人之间的一种常态。

根据朱建士以往的工作经验，首先要摸清这项工作的一般规律，弄清其中的机理，然后规划全局，做出顶层设计，厘清重点难点，确定技术路线，按计划实施推进。

他要开始履职了。

认 真 调 查

和以前从事过的任何一项工作一样，朱建士首先开始了与研究生教育相关的详尽的调研。

国家对于研究生教育有"加强建设，稳步发展，深化改革，分类指导，注重创新，保证质量"的明确指导方针。我国的研究生教育，早期受到苏联的影响，不同于西方国家主要集中在高校，而是高等学校与科研院所两条线共同发展，各具特色。

中物院的研究生教育事业经历了初起、整合、集成几个发展阶段，发轫于1983年。

和"文化大革命"前就开展研究生教育的一些科研院所不同,中物院创办研究生教育,具有浓烈的不得不为之色彩。

不得不为之的原因,源于1969年林彪发布的所谓"一号命令"。一夜之间,九所奉命从北京搬迁"三线",户口全部迁往四川。因为四川没有工作条件,科研人员又陆续回到北京长期出差。计划经济的年月,生活供应实行配给制,粮油副食定量到户到人。没有正式户口,给生计上带来诸多不便。这种现象一直持续了近20年,是由于上级要求九所搬迁到四川去工作的意图一直没有改变[①]。

1982年,九院九所接收了"文化大革命"后招收毕业的第一届大学毕业生。时值改革开放初期,各行各业对于大学毕业生的需求强劲。由于没有北京市正式户口,享受不到北京市居民同等待遇,单身甚至于连对象都找不到。生活上存在的诸多困难,以及其他各种原因,新分配到九所的大学生不久之后就纷纷调离。加之老科研人员已逐步接近退休,九所科研队伍呈现出严重的青黄不接现象。为了从根本上解决这一问题,九所决定开展研究生的自主培养工作。

1983年3月,九所成立研究生办公室。

9月27日,教育部批准九所1984年招收等离子体物理、理论物理、流体力学、计算数学、基础数学、核物理及核技术6个专业共12名硕士生。

1984年7月,九所录取14名硕士研究生。按照相关规定,被录取的学生具有北京市集体户口。

9月1日,九所研究生部正式成立。[②]

九所在院内开了研究生培养的先河,全院与九所存在科技人才队伍建设同样困难的各研究所也闻风而动,纷纷开始筹办研究生教育。

[①] 李德元:我所知道的北京九所户口问题。见:北京应用物理与计算数学研究所编,《峥嵘岁月》。2014年,内部资料。

[②] 中国工程物理研究院研究生部编:《研究生教育30年大事记》。2014年,扉页,内部资料。

11月6日，核工业部批准九院一、二、五所从1985年起招收研究生；1986年10月，国家教委批准十所为硕士研究生招生单位。核工业部向中物院下达52名硕士研究生招生计划。①

1983—1986年为中物院各研究所群雄并起招收研究生、开展研究生培养的初起阶段。

1987年，国家教委批准中物院从1988年起改为在北京市面向全国招收研究生；8月1日，国务院学位委员会批准中物院为硕士学位授权单位；8月21日，胡仁宇院长宣布：中物院研究生部在北京成立，李德元（九所所长）兼任研究生部主任，赖祖武、陈公海任研究生部副主任。

自此，中物院研究生教育进入整合阶段。

1988年开始，全院集中在北京市招收研究生，4月22日，正式使用"中国工程物理研究院北京研究生部"名称，之所以在研究生部之前冠以"北京"二字，是因为如此可以在北京设立办公机构。

1988年6月3日，院第一届学位评定委员会成立，委员会由10人组成，主席为李德元，副主席为俞大光和赖祖武。②

1990年，国务院、中央军委决定，调整中国工程物理研究院管理体制，脱离核工业系统，由国防科工委归口管理，在国家计划中单列户头。

4月8日，国家教委报告厅通知：在有关方面（含研究生教育）将中国工程物理研究院按其他计划单列部门和市对待；1990年7月25日，国务院学位委员会批准中国工程物理研究院为博士学位授予单位。

1991年，全院以中国工程物理研究院名义集中对外招生；1992

---

① 中国工程物理研究院研究生部编：《研究生教育30年大事记》。2014年，扉页，内部资料。
② 同①。

年，中物院的四个学科参加了全国学位与研究生教育评估；5月29日，院第二届学位评定委员会成立，委员会由21人组成，主席为经福谦，副主席为符鸿源（常务）和尚林盛。

1993年，出台了《中国工程物理研究院学位授予条例》《中国工程物理研究院审核博士生指导教师工作细则》《中国工程物理研究院专业教研室工作条例》等一批规章制度。

1994年6月24日，院第三次党代会做出决定："在继续办好北京研究生部的同时，逐步将培养研究生的教学重心转移到科学城"。

1995年6月28日，院第三届学位评定委员会成立，委员会由27人组成，主席为经福谦，副主席为孙锦山（常务）和尚林盛。

1996年，国务院学位委员会批准研究院开展授予研究生毕业同等学力人员硕士学位工作。

1998年9月，国务院学位委员会批准研究院开展授予研究生毕业同等学力人员博士学位工作。

1999年1月，院批准研究生部机构编制方案。研究生部脱离九所代管，成为院属独立法人单位。单位机关设在绵阳，分为北京、绵阳两地办公，是全院唯一一个一部两地运行的单位。[①]

以此为时间节点，中物院研究生教育进入一个集成发展时期。

7月22日，院第四届学位评定委员会成立，委员会由27人组成，主席为胡思得，副主席为谭志昕和田常津（常务）。[②]

这一时期，院研究生教育工作，由九所代管，步入了专门机构管理的态势，为全院研究生教育的统一管理创造出一个适宜的平台。使院第三次党代会关于"逐步将培养研究生的教学重心转移到科学城"的决定内容，有了组织机构的依托。

[①] 中国工程物理研究院研究生部编：《研究生教育30年大事记》。2014年，扉页，内部资料。
[②] 同①。

当时，全院的人才队伍建设的情况，80%左右的都是一般院校的学生，只有20%左右的人，来自于当时的重点院校。而重点院校，也比较集中于，一个川大、一个重大、一个电子工程大学（即成都电子工程大学）三所大学。尤其是研究院改革开放之初的那几年，川大、重大来的学生特别多，可能是因为地域关系，四川人就近就业可能各方面比较方便，所以其他方面的人到研究院里来的很少。院里觉得这样下去的话可能不行，人才队伍的构成要进行调整，这个调整的任务一部分就落在了研究生部的身上。①

研究生部党委从实际出发，制定出"一个中心、两个并重"（即以研究生培养质量为中心，前期教育与后期教育并重）的工作指导方针。在消除院部分研究所研究生教育死角，全院最大限度地共享研究生教育资源，研究生教育管理制度化、规范化、程序化等方面开展了大量的工作。

然而，这一期间，也出现了一些困扰研究生教育发展的新问题。

在2003年8月召开的一次学位与研究生教育研讨会上，受邀参会的中物院常务副院长丁伯南提出了一个尖锐的问题：在入院工作的高校毕业生逐渐增多，院事业后继有人问题基本解决之后，还要不要继续办研究生教育？由此引发了一场研究院研究生教育事业的"红旗还能打多久"的危机。尽管事后院里有了明确的继续办学的态度，但是一旦涉及这一话题，全院从事研究生教育的工作人员仍然心有余悸。

研究生部"一部两地"工作模式运行之后，两地机构设置重复，信息沟通渠道不畅的矛盾逐渐暴露，两地职工思想还没有完全统一，地域意识痕迹明显，磨合不顺，工作配合、情感和谐都有待进一步提升。

在这样的局面下，朱建士走马上任，无异于受命于危难之时。

他面临着的几个关键问题亟待解决：

第一，院里人才队伍建设按照原来的规划比例为"高等院校招收三分之一、在职岗位培养三分之一、自主研究生培养三分之一"，经过20年的

---

① 谭志昕访谈，2017年12月19日，绵阳。资料存于采集工程数据库。

努力，已从根本上缓解了院科技队伍建设后继乏人的窘境，研究生教育已很好地完成了阶段性历史任务。在新的历史条件下，如何回答好"中物院还要不要办研究生教育"的疑问？

第二，围绕"培养质量"这条生命线，如何能够在学位与研究生教育实际工作中落实？

第三，中物院研究生教育特色何在？如何体现？

第四，作为中物院唯一"一部两地"运行的单位，如何发挥好两地职工的积极性，提高工作效率和水平？

2004年12月29日下午，吕旗轻轻叩响了朱建士办公室的房门。朱建士开门把吕旗让进办公室，拿出一盒蓝色"芙蓉王"，抽出一支烟，递给吕旗。

"朱主任，研究生部未来的工作您有什么想法？"吕旗直截了当地问。

朱建士没有急于回答，略作思索，问了一个似乎不相干的问题："你记不记得，毛主席写过一篇文章，题目是《目前的形势和我们的任务》？"

"记得，您的意思是说……"

"对于未来，我还没有想透彻。我们要把面临的形势弄清楚，再说下一步的事情。"他略微停顿了一下说，"你比我来研究生部早，说一说你的看法吧。"

吕旗将1999年以来研究生部的情况向他进行了汇报。

全院共有13个研究生培养单位（12个研究所加上环境保护中心），研究生部根据各培养单位的需求和实际情况向各单位分配招生名额，由研究生部负责统一在全国范围内招生。招收的硕士研究生生源分为推荐免试生和统考生两种。教育部特批研究院可以自带指标招收高校的推荐免试生。博士研究生为全国统考，自主划定分数线进行招收。

研究生部独立运行之后，继续维持前期、后期的"两段式"培养模式。"前期教育"的主要内容是：依据"让到研究院读书的研究生享受我国最好的研究生课程教育"的方针，按照不同的专业，让学生在北京的北京大学、清华大学、北京航空航天大学、北京理工大学、北京科技大学、北京邮电大学、北京师范大学七所大学，根据自己的专业需求选择相应的基础课和专业基础课。并以自己单位的老师和聘请高校老师相结合的方式，在研究生部开设公共课和部分专业课，帮助学生修满培养计划规定的学分。"后期教育"是学生完成前期教育之后，回到导师所在招生单位，跟导师进行专业课学习和毕业论文的研究和写作，完成培养流程，达到条件者毕业。

学生毕业之后，按照相关规定原则上要留院工作。但是，随着毕业生分配制度改革的逐步深入，北京市招生的科研院所研究生培养单位部分毕业生自主择业已成为未来毕业生分配的发展趋势。一旦分配改革制度出台，中物院的各培养单位可根据自身科技队伍建设情况，自主确定毕业生的去向，可全部留用，可部分留用，亦可全部不留。

按照"德育优先"的原则，学生的思想政治工作在1999年之后有了显著变化。制定出《研究生德育教育管理办法》，对与德育工作相关的诸方面进行了明确的规定，让研究生在学期间，接受完整的爱国主义、社会主义、集体主义等为内容的体系教育。在教育形式上，也尝试以集中的军训等多种方式进行。

在研究生教学方面，采取的是研究生部、培养单位、教研室的三级管理。在学科建设、导师队伍建设、教学管理方面，与高等院校存在着一些不同。

朱建士一直静静地听着，只是在有疑问的地方追问一两句。

"这样吧，我去绵阳和刘彤[①]谈一谈，先解决当下的问题，把明年的工作怎么干商量一下，大的事情咱们再找机会斟酌。"谈话结束时，朱建士这样说。

2005年初，朱建士第一次赴川出差，在办完其他事情之后，就来到研究生部办公室，与刘彤就研究生部发展的议题进行讨论。从为什么要搞研究生教育说起，认为学位与研究生教育事业在中物院存在的必要性至少包括两个方面：一是院自身的事业发展仍然需要学科的带动，研究生教育为此提供了一个适宜的平台；二是院兼职研究生教育的科研人员可以与所培

[①] 与朱建士同时任命的研究生部常务副主任、研究生部法人。

养的学生教学相长。让科研人员兼职去从事教学工作，去带学生，有利于克服人才不自觉的懒惰现象发生。

关于经过20余年的发展，如何在目前的状况下推进工作。朱建士认为要寻找到一个合适的着力点，而这个着力点或支撑点应该是研究生的培养质量。要围绕这一点，以改革为动力，对于未来全院的学位与研究生教育工作进行顶层设计。

经过和班子成员的多次研讨，大致形成了未来工作思路：第一，统一思想，对于新形势下研究院的学位与研究生教育进行再认识，完整地理解其存在的意义、作用，以及在全院事业未来发展中的定位；第二，建立与院事业发展需要的、较为完整的学科体系；第三，围绕培养质量为中心，在招生、学位、教学等培养相关环节进行深层次的改革；第四，针对研究生部"一部两地"运行的现状，改革管理模式，提升管理的效率。

2005年2月1日，在中物院研究生教育工作会上，朱建士作了《抓住机遇　锐意进取　突出特色　科学发展》的工作报告。

这是朱建士为首的这一届班子的第一个工作报告，其最大的特点就是务实。报告分为"2004年工作回顾"和"2005年工作要点"两个部分，依据当前的情况对工作进行了布置。只看报告的标题，就表明了班子的态度：全院的研究生教育工作要抓住机遇，以锐意进取精神，突出中物院的办学特色，遵循科学发展的规律，走出一条具有中物院特色的学位与研究生教育发展之路。

图9-1　2005年朱建士（右一）在中物院研究生部开学典礼暨学位授予仪式上讲话（中物院研究生院提供）

2005年9月15日，在北京举行了2005届研究生开学典礼暨研究生学位授予仪式。

被邀请来出席活动的人员济济一堂,有多位中物院的中国科学院、中国工程院两院院士,新入学的研究生新生以及即将毕业的研究生、研究生部教职员工。

朱建士首次以主任的身份向全体与会者发表了热情洋溢的致辞[①]:

> 首先感谢各位院士、各位专家、院工作部和九所的各位领导、各位来宾在百忙中抽出时间出席我们的典礼。我也想借这个机会对各位长期以来给予研究生部工作的大力支持表示感谢。
>
> 刚才给毕业生授予了硕士和博士学位,我向获得硕士和博士学位的同学祝贺,祝贺你们达到了一个攀登科学高峰的新的起点,希望继续前进,迈向更高的目标。
>
> 很多同学在学习和学生工作中取得了优异的成绩,获得三好学生和优秀学生干部称号,我向获得称号的宋伶俐、李翰宇等同学表示祝贺,希望你们再接再厉,争取更大成绩,也希望同学们都向他们学习。
>
> 新的学年开始了,我向新同学们表示热烈的欢迎。你们选择中物院作为知识、能力和人生的加油站,你们作出了正确的选择。我院的事业正进入一个新的发展阶段,面临的任务极其复杂、艰巨。这是巨大的挑战,也是发挥我们聪明才智极好机遇。这需要一大批有奉献精神、有团队精神、有智慧、有能力、有深厚科研功底的人才。同学们一定要认清形势,珍惜时光,努力学习,在今后的学习、深造过程中取得长足的进步,以我院老一辈优秀科学家为榜样,继承和发扬我院的优良传统,为我院的事业作出应有的贡献。
>
> 最后祝院士、专家身体健康!
>
> 祝新同学学业进步!

---

① 2005年9月1日朱建士在研究生开学典礼上的致辞。

深入研究

在基本摸清了中物院学位与研究生教育的历史和现状，以各种形式进行深入调研之后，朱建士重点研究了以下三个问题。

首先，是中物院未来的学位与研究生教育的路究竟该怎么走？

针对这一问题，朱建士明确提出要想清楚和这项工作相关的几个方面"对于学位与研究生教育工作是怎么想的"：院里是怎么想的？培养单位是怎么想的？导师是怎么想的？学生是怎么想的？研究生工作管理人员是怎么想的？

第一，院里是怎么想的？

院里的研究生教育是典型的需求牵引。研究生部是否能够继续生存，取决于这个单位对于院里主战场是否还有不可或缺的作用。那么，院里主战场还能够从研究生教育当中获得什么需求呢？当这种需求不明确的时候，我们该怎么办？

院里创办研究生教育之初，这种需求是明确的——解决院里科技队伍青黄不接、后继无人的问题。但是，在当时的这种紧迫需求缓解之后，研究生教育存在的必要性研讨尚没有深入进行的情形之下，研究生部应该发挥主观能动性，义不容辞地承担起这一使命，对于当今的研究生教育存在的必要性进行有说服力的论证。在"院里怎么想"没有明确的结论之前，替院里进行规划，提出设想，供院决策时参考。

朱建士与班子成员一起，对于目前及今后一段时期研究院研究生教育定位进行了认真的分析，认为应该调整研究院学位与研究生教育工作以往的指导思想，从单一的解决科技队伍建设走向全面服务于院中心任务完成；工作的着力点从单一的解决后继有人问题向多个工作领域拓展。

在学科发展方面，要根据研究院目前研究领域发展的形势，逐步完善、健全研究生教育学科体系，同时，注重院未来的学科发展需求，建立研究生教育的新学科，尤其是要在新学科知识储备和人才储备方面未雨绸缪、先行一步；在教学相长方面，将一线科技骨干作为导师队伍建设的主体，使他们在研究生教学岗位进行教学、学生培养的过程中，完成知识体系构建和知识内容的更新，增强科研能力；在学术交流方面，以研究生教育为平台，开阔师生学术视野，拓展师生交流空间，提升研究院在学术界的学术影响力。

第二，培养单位是怎么想的？

对于培养单位来说，是否支持研究生教育工作而投入必要的人力物力，关键取决于这项工作是否能够为单位的未来发展有所促进，促进的力度有多大。

各培养单位虽然工作性质不同，有的偏重于理论研究，有的偏重于科学实验，有的偏重于工程设计，有的偏重于产品加工。但无论如何，都面临着在科技飞速发展的格局下，适应形势发展变化，提升研究、生产加工水平的任务。而能够承担并完成这一任务的前提条件之一，是必须具备具有创新能力的人才。如果研究生部能够满足为培养单位源源不断输送适用人才的需求，培养单位没有理由不支持这项工作。

第三，导师是怎么想的？

导师是研究生教育的主体，是研究生教育工作的依托，他们的想法将最终决定研究生培养的结果。

院里研究生导师的主体是各培养单位的科技骨干，他们本身就承担着繁重的国家任务。工作的压力已不堪重负，何况还有些人对导师有偏见，认为当导师必然要投入精力，影响本职工作完成，直接后果是导致对其工作评价扣分，也使一些本有心指导学生的人裹足不前。

研究生部要做的工作是以研究生教育为平台，释放兼职导师从事基础研究的能量，促进导师队伍完成知识更新、知识结构完善，承认、鼓励导师的付出，提升导师参与研究生教育工作的积极性。

第四，学生是怎么想的？

学生是研究生教育的对象，他们的想法一定程度是决定着培养的效果。

大多数学生的想法很现实，到研究院读学位，有两个目的：一是拿到学位，作为毕业之后求职就业的敲门砖；二是走就业的捷径，直接留院工作。

针对学生的想法，积极引导学生把握工作岗位需求的个性工作技能和本领，为研究院培养出适用的科技人才。

第五，研究生工作管理人员是怎么想的？

作为单位研究生教育工作的承担者，绝大多数愿意为此辛勤工作。

研究生部要努力为他们创造工作条件和环境，提高他们的工作积极性，使他们发挥培养流程的执行、培养质量的监控的作用。要构建学位与研究生教育工作激励机制、加强管理人员业务素质培训，不断提升学位与研究生教育工作管理水平。

朱建士提出研究生部要深刻把握院党委、培养单位、导师、学生、工作人员在研究生教育中的不同诉求，有针对性地开展工作。

其次，是研究院学位与研究生教育的路能够走多远的决定性因素是什么？

朱建士认为，和任何事物一样，研究生教育工作也有生命周期。这一周期的长短，也要视是否把握住了这项工作的规律。如果这项工作确实是有利于中物院未来发展，我们就有责任把这项工作可持续地开展下去。

在与高校和其他科研院所研究生教育做了一番比较之后，他得出要想把中物院研究生教育做好，必须在质量与特色上下功夫的结论。

质量是研究生培养的生命线，是保持可持续发展的原动力。建立院内与院外两条并行不悖的质量管理体系，使纵向与横向两条质量体系交织发挥作用。加大把中物院研究生培养质量纳入社会考评体系、"走出去"经受考验的力度。使培养质量在自我提升的基础之上，也能够被社会认同。

要使中物院培养的研究生具有中物院的特色。这种特色的形成，源于中物院在几十年研制过程中形成的独特优势：一是形成的核武器理论体系；二是形成的工程物理的理论研究、工程设计及制造能力；三是形成的独特的组织文化。而这种特色在学生的身上能够产生，要依托于院外没有的特殊的课程设计、以科学精神为核心的特殊能力（包括思维方式、解决科技难题的方式方法）的传承、以"两弹精神"为依托的科研文化熏陶。

第三，打开工作新局面的切入点在哪里？

面对一个不熟悉的工作领域，面对千头万绪的各项工作，究竟应该从何着眼和着手呢？朱建士思考了很久。

在全院研究生教育工作的各个环节之中，工作类型、工作内容、所扮演的角色各不相同，但每个环节都缺不了具体的人的参与。首先应该做好人的工作，只有让这些人的想法一致，有了共同的工作目标，才有可能凝聚出合力。有了这样的分析，他确定了工作的着眼点：统一与研究生教育相关的人的思想是各项工作的重中之重。

有了人的思想统一这个基础，还要把这一思想贯彻在具体工作之中，贯彻的具体措施，就是加大深化管理改革力度，把各项管理工作向制度化、规范化、程序化有序、持续推进，改革研究生部管理模式。

除了事关发展方向等重大方面的问题，对于一些细节，朱建士也很关注。

2005年4月下旬的一个下午，朱建士又一次把吕旗叫到办公室。

"吕旗，你说一说，为什么要把研究生部机关设在绵阳？"

"怎么，有什么问题吗？"

"照理说，两地比较起来，北京开展研究生教育的条件更好，全国知名的高校也多，过去院里的研究生教育及管理也是以北京为主，为什么现在要改变？重点怎么要向绵阳转移呢？"

"这个问题有一个历史背景，这是1994年院第三次党代会的决定。"

"这个决定有问题，不符合客观规律啊。"

"可能是认识这个问题的角度不一样吧。"

"不行，我要找胡思得[①]问清楚这个事。"朱建士的认真劲又上来了。

再次见到朱建士时，吕旗问他是否与胡思得院长交流过对上次那个问题的看法。

"说了，他不和我讨论研究生工作重点转移的对与错，只是说这是院党委确定的事，建士你就不要捣乱了。"朱建士有些无奈，"咱们还是按照

[①] 时任中国工程物理研究院院长。

院党委的决定办吧。"他又补上了一句。

除科学研究和决定国家任务中技术路线的问题之外，一些事即或与自己的见解不同，甚至于有明显的偏差，也会坚决按照组织的决定去执行，是朱建士处理此类事宜的一贯做法。

在研究生部的德育工作之中，朱建士不仅在部内的各种会议上强调德育于学生培养的重要性，还亲力亲为，亲自给学生作专题报告，并且受邀多次在院内，在成都、武汉等地高校报告，进行科研道德、继承"两弹一星"精神教育。

方略初成

2006年，在年度学位与研究生教育工作会议上，朱建士作了题为《贯彻落实科学发展观　努力开创我院特色研究生教育新局面》的工作报告。

报告分析了近五年我国学位与研究生教育的形势，认为"十五"期间，我们党坚持以邓小平理论和"三个代表"重要思想为指导，贯彻落实十六大和十六届三中、四中、五中全会精神，树立和落实科学发展观，各项事业取得巨大成就，经济社会保持良好发展态势。

我们党历来重视人才问题，2003年召开的全国人才工作会议，下发了《中共中央　国务院关于进一步加强人才工作的决定》，明确提出了要把实施人才强国战略放在关系党和国家事业发展全局的重要地位。全国科技大会进一步为学位与研究生教育的改革和发展指明了方向，就是要大力培养拔尖创新人才，增强自主创新能力。陈至立同志指出：研究生教育是教育的最高层次，也是教育与科学研究的重要结合部，研究生教育承担着培养数以千万计的专门人才的重要使命，从某种意义上讲，高层次人才队伍很大部分要经过研究生教育阶段的培养和训练，对学位与研究生教育提出了更加迫切的要求。

"十五"期间，我国学位和研究生教育进入快速发展时期，建立了学科较为齐全、结构基本合理、质量有保障的中国特色学位与研究生教育制度，为各条战线输送了大批合

图9-2 朱建士在中物院2006年学位与研究生教育研讨会作报告（中物院研究生部提供）

格的高素质专门人才，招生单位数量、招生和报名人数屡创历史新高，而录取率也呈总体上升之势。截止到2005年底，全国可以授予博士学位有单位343个，其中科研院所有105个；可以授予硕士学位单位有777个，其中科研院所有316个。目前已有100多万博士、硕士生毕业，在校博士、硕士生人数超过100万。学位与研究生教育发展的现状表明，我国高素质人才培养已经进入一个相对稳定的发展时期。[1]

报告在回顾中物院学位与研究生教育"十五"期间工作时指出：

"十五"期间，在院党委的正确领导下，在院机关各部门和各培养单位的大力支持和配合下，研究院的学位和研究生教育得到了较大发展。学科建设取得新进展，在国家进行的一级学科评估中，有两个一级学科取得了较好的排名，新增博士学位授权一级学科4个，二级学科2个，硕士学位授权学科2个。目前，我院共有博士学位授权一级学科4个，二级学科15个，硕士学位授权学科24个。新聘博

---

[1] 中物院研究生部文件，研发【2006】1号。

士生导师43名。目前，在岗博士生导师119名，硕士生导师224名。"十五"期间，共招收博士研究生159名，硕士研究生359名，授予博士学位120名（含同等学力博士8名），硕士学位266名（含同等学力硕士90名）。与"九五"末相比，2005年的在校生人数增加了1倍多。不断改进和完善培养方案，基本保证了培养高素质人才的需要；各专业教研室的作用日益增强，目前全院共有40个专业教研室；教材建设取得新的成绩，有两部教材被教育部指定为全国研究生用推荐教材；学位论文质量不断提高，有一篇博士论文获全国优秀博士论文入围奖；坚持推进教学教法改革，教学质量稳步提高，有两项教学成果获得四川省教学成果三等奖；加强了教学过程的监督，教学督导组的作用日益明显；与多所高校建立了良好的合作关系，联合培养研究生的工作正有序开展。①

报告同时强调：

五年来，我院的学位与研究生教育工作取得了很大的成绩。但我们也必须清醒地认识到，我院研究生教育发展中充满了机遇与挑战，工作中还存在不少困难和问题。②

在认识到过去不足的基础之上，报告提出了"十一五"要完成的艰巨任务：

院第五次党员代表大会和"十一五"规划明确提出继续推进人才强院战略，加强高层次人才的引进和培养，对研究生教育提出了更高的要求。我院的学位与研究生教育"十一五"工作的重点目标是：

以科学发展观为指导，促进研究生培养规模、培养质量、培养结构、培养机制和模式协调发展。

不断开拓进取，为我院事业的发展做出更大的贡献。

---

① 中物院研究生部文件，研发【2006】1号。
② 同①。

加强重点学科建设，对研究生教育进行更合理布局。

　　创新机制，促进研究生教育的健康发展。

　　切实提高教育质量，努力培养高素质创新人才。①

　　这一工作报告，是朱建士调任研究生部主任以来，对于中物院学位与研究生教育工作调查研究成果的集大成，综合了从工作指导思想到具体施政内容的各主要方面，成为一个引领"十一五"期间研究院学位与研究生教育工作的纲领性文件。

　　院人才强院战略和国家领导人关于研究生教育的相关指示精神，为在中物院"学位与研究生教育是研究院未来发展工作中不可或缺的重要组成部分"理念的形成提供了依据，统一了全院坚定不移地继续开展学位与研究生教育工作的思想，使中物院的学位与研究生教育工作有了一个坚实的立足点。

　　遵照工作报告的内容，全院的学位与研究生教育工作在新的指导思想之下，一步一步扎实地向前推进了。

　　围绕研究生培养质量，朱建士指出：要想在研究生培养的质上取得突破，必须要在研究生培养的量上达到一定的规模。只有做大，才有可能做强。由此，"做大做强"成为研究生教育质量提升的途径和目标之一的努力方向渐渐明确。

　　2005年7月，在举行的研究院学位与研究生教育年会上的座谈中，朱建士强调说，"做大做强"不仅仅是简单的招生规模的扩大，要改变过去硕士招生数量远远多于博士招生，调整两者之间的比例，博士研究生与硕士研究生的招收比例应该争取达到1∶1，甚至于博士研究生的数量可以多于硕士研究生。年会上，他在探讨研究生培养规律方面率先垂范，与他人合作发表了题为《理工科研究生教育中隐形知识传递》的交流论文。

　　2006年初，在听取招收工作情况汇报时，他再一次提出，院里每年只招收30名博士研究生太少，要争取招收更多的博士研究生。

---

① 中物院研究生部文件，研发【2006】1号。

我国研究生的招收数量是经教育部统一规划，由教育部为每一个研究生培养单位下达招生指标。在历史上，在2002年前后有过一个鼓励发展时期，中物院曾经到过招收100名硕士研究生、38名博士研究生的规模。但迫于当时规定科研院所研究生毕业就业必须由培养单位解决，院里怕招收规模过大，毕业之后就业无法解决，又缩小了招生规模。后来，国家调整了政策，严格控制研究生招生规模，特别是博士研究生的招收数量。导致中物院的招生规模多年在80名硕士、30名博士的体量上徘徊。毕业生分配的瓶颈不突破，院里不同意多招；如果国家对招生规模控制的政策不改变，想多招学生也存在重重阻力。

听完情况介绍，朱建士说：

看来改变招生规模的问题，院内院外的时机还不成熟，一时半会还不容易解决。但是，我们也不能消极地等待。其实，和招生规模相关的很多问题，我们是不是已经做好了准备呢？以导师为例，导师队伍的数量是不是能够与将来预计的招生规模相匹配？导师队伍的能力是否达到了相应的水平？导师的年龄结构、知识结构是否合理？这些都应该未雨绸缪，在规模扩大之前统筹解决。

除此之外，争取到了名额之后，出现僧多粥少的局面该怎么办？是否要根据院里学科发展的状况进行合理的分配？分配是否应该向新兴学科倾斜？是否现在就要加强把实际工作中遇到的难题抽象到理论层面的工作，为学生提供足够的研究课题？既满足学生对于毕业论文研究方向的选择，又能够解决我院事业基础研究的需要。

就算扩大招生规模问题在短期内无法解决，我们也不应该在争取指标这一棵树上吊死。我们是不是可以让院内的导师到高校去兼职？无论是授课还是带学生。是否可以接收高校的研究生来做院里的课题，由我们的导师和高校的导师联合指导、培养？这样，既可以加速我院导师的知识更新，了解高校研究生培养的现状，也可以促进我院导师队伍的能力提升。在这方面，即使付出一定的代价也是值得的。

对于研究生招生工作，朱建士既有站位全国高度的发展规划，又有解决眼前困难的具体措施，更有在一线的亲力而为。他两次亲自去教育部，找相关部门反映情况，希望解决招生规模问题。

2006年，北京市颁布了科研院所研究生培养单位的毕业生可部分非定向分配的管理规定，部分解决了毕业生分配的出口问题，为科研院所扩大研究生招生规模创造了机遇。

在中国工程院、教育部、科研院所研究生培养单位的共同努力之下，2010年4月，启动了以培养工程人才为目标的"高校与科研院所联合培养博士研究生"的工作机制，中国工程物理研究院成为首批试点单位，当年就与中国科技大学、南京理工大学达成了联合培养20名博士研究生的意向。

4月21日，高等学校与工程科研院所联合培养博士研究生试点工作座谈会在中国工程院召开。

作为科研院所研究生培养单位的代表，朱建士在会上作了讲话[①]：

各位领导、各位同仁：

下午好！

在接到"教育部关于印发《高等学校和科研机构开展联合培养博士研究生工作暂行办法》（下简称《办法》）的通知"，特别是周济同志一行于去年12月到我院进行调研之后，我院立即着手开展了联合培养相关工作的布置，按照本次会议内容的要求，我们发言分为三个部分。

一、如何建立高校与科研机构联合培养博士研究生的长效机制

作为加强高层次拔尖人才选拔培养途径的探索，《办法》对于高校与科研机构联合培养博士研究生这次工作的目的、意义的定位是准确的，对于该项工作的原则规定是明确和切合实际的，对于联合培养的实施过程线条是清晰的。根据我院多年的研究生教育工作基础，以及与高校联合培养的实践，我们认为，要建立高校与科研机构博士研究生培养的长效机制，至少还应做好三个方面的工作。

---

① 朱建士在中国工程院"高等学校与工程科研院所联合培养博士研究生试点工作座谈会"上的讲话，2010年4月21日。

1. 联合培养双方互利互赢是基础

《办法》中提出的工作原则是：突出创新、强强联合、互利互赢、以人为本。我们认为，其中的"互利互赢"是整项工作是否长期健康开展下去的关键。只有使合作双方在这项工作的开展过程中，在不同的方面同时有所收益，才能为继续合作提供持久的动力。

我院某所在一次国家的重大科研项目中，已与川大联合培养了百余人。我院导师拿着项目、资金，花费了大量的精力，而科研所在单位的学科建设、人才培养成果方面则收效甚微，由于以前的合作仅限于个人层面，影响也许还不突出，而目前，与高校的合作已上升到了组织层面，如果还是沿袭过去的模式，势必会对科研院所产生影响，甚至该联合培养的生命力也将受到质疑。

因此，在此项工作中，如何能坚定地执行《办法》中提出的工作原则，特别是在合作双方能够充分地体现"互利互赢"，将注定成为建立这项工作长效机制的基础。

2. 出台配套的引导政策是前提

正如《办法》中指出的那样，这项工作"是博士研究生培养机制创新和培养模式改革的重要尝试"，是一个新事物，而这项工作又不是一项孤立的工作，势必对与之相关的一些工作产生不同程度的影响，若要使这些影响变成促进这项工作的积极因素，达成调动参与合作双方的积极性的效果，就必须有一些引导政策与之配套。我们认为，至少有两个方面需要考虑。

一是博士授权点的评估。

国家要定期对博士授权点进行评估，有一定的标准和要求。联合培养工作开展之后，在对于合作双方中一方博士授权点进行评估时，联合培养工作将作如何评价，是否会对于博士学位授予权的续存产生不利影响？这是科研机构的一个后顾之忧。

二是对于与之相关的其他评估。

我院有多个国家重点实验室，国家对于重点实验室的评估指标中，人才培养是重要指标之一。如果在这方面没有相关的政策，也成为培养单位不愿将学生送出作为联合培养的主要原因。

3. 实现合作双方共同发展是动力

毋庸讳言，联合培养对于合作双方，需求牵引才是真正的动力。高校有需求，科研机构亦有需求，这是不争的事实。在双方需求的牵引之下，合作双方才能走到一起。但是在需求的内容上都是有所区别的，只有同时满足两家的需求，才能为继续合作提供保障。

就高校而言，科研机构具有的行业内最高水平的导师队伍，与国民经济和国防建设密切相关的科研项目，开展高层次科研的优越条件、资金保障等，能在一定程度上弥补高校在这些方面的短缺，解决其需求问题。对于科研机构来说，第一需求是为科研机构的发展培养适用对路的领军人才，必须借助高校专业的教职工队伍、专业的教育资源。第二需求是借鉴高校先进的教育理念，高校成熟的研究生教育经验、规范的研究生教育质量，成为我国研究生教育体系中具有中国特色的一个重要组成部分。

因此，只有充分认识到合作双方的需求，以及需求的不同内容，以统筹兼顾的方法，考虑到合作双方共同发展共同进步的愿望，为合作的双方创造出良好的政策环境，同时满足双方的合作目标要求，才有可能充分地发挥双方的积极性，为联合培养长效机制的建立提供不竭动力。

二、开展联合培养工作中遇到的问题

对于该项工作的目的、意义、工作原则，大家都有共识，认为这是一个解决目前高校培养的人才到科研机构适应期过长，而科研机构又急于大量用人却找不到适用人才的一个好办法。但在对于《办法》中一些问题的理解，以及实际操作之中可能碰到的困难提出了一些意见和建议，在这里提出来供大家讨论。

（一）学习《办法》中的一些问题

1. 第三部分第六款

"双方遴选出若干名学术造诣深厚，创新能力突出，学术道德高尚的学术骨干组成的培养导师组，作为招生、培养的责任主体。导师组的成员必须具有双方单位聘请的兼职博士生导师资格。"

在实际操作中，一是导师组的所有成员都要是博导，这一条标准实现，是否除第一导师之外，其余成员可不作规定，或规定职称要求。二是聘请兼职博士生导师资格的手续可以尽量简化，简化到双方学位办人员操作，而不必过多地去惊扰导师本人。

2. 第三部分第七款、第八款、第九款、第十款

由于科研机构导师不是专职教学人员，大部分是科研骨干，日常工作较为繁忙，抽不出更多的时间进行招生工作安排，是否可以利用双方现有的招生系统完成这项工作。但可以在进行复试的时候，合作的双方有专家参加对于联合培养学生的复试，共同把关。

3. 第五部分第十六款

"被录取的博士研究生在双方办理入学注册手续。"由于地域限制，同时在两地办理有困难，是否可在一处办理，通报另一方即可。

4. 第五部分第二十款

"联合培养的博士研究生的学位授予工作由高等学校负责。"

首先，我们不明白规定的这一条的依据是什么？

联合培养的双方都具有博士学位授予权，而这个权力又都是教育部和国务院学位办授予的。如果该权力没有高低贵贱的等级之分，为什么规定在联合培养中只允许高校行使呢？

其次，联合培养的原意就是要大力推进科教结合，解决国家战略目标和社会发展中的重大科技问题。而这些所谓重大科教问题有很大一部分是在科研机构之中，学生做这些课题。科研机构的导师应该更加熟悉，对于学生的研究水平有更加客观的评价能力。由科研机构来进行学位授予相关工作是否更加合适呢？而规定却要求要向高校提出申请，由高校来做，不知是什么原因？应如何理解其积极的意义。

建议学位授予按照课题归属，在哪里做课题就在哪里授学位，或是由第一导师建议选择学位授予单位。

也可以从体现联合培养的角度出发，比照毕业的管理规定，由双方共同授予学位，互为审批。尽管这也许是前所未有的一种形式，但

也不违背指导这项工作的"突出创新"的原则,"着眼着力于理念、体制机制、培养模式、教育内容和方法手段等方面创新"的规定,而恰恰可以作为执行工作原则的一个有益尝试。

(二)落实工作中存在的问题

在落实工作中,目前存在着两个主要问题。

一是对于文件中的一些内容存在着一些疑问,对于联合培养工作存有后顾之忧。

二是一些配套政策不明确,不愿意积极参与这项工作的执行。

三、落实今年联合培养计划我院所做的工作

为贯彻落实教育部关于联合培养的〔2009〕5号文件和〔2010〕4号文件精神,我们开展了如下工作:

1. 向全院各培养单位研究生教育管理人员传达了两个文件精神;

2. 与合作的两所高校进行了接洽

(1)与中科大就联合培养工作进行了座谈,并就一些相关问题进行了讨论磋商;

(2)与南京理工大学进行了通讯磋商,并草拟出合作协议。

3. 讨论出台了《中国工程物理研究院与高校联合培养博士生工作管理办法》;

4. 向高校提出了我院兼职博导的名单;

5. 对于我院联合培养的专业和学生进行了初议,待复试工作结束后落实上报。

总之,这项工作反映了我国研究生培养的一个重要方面,是一件于国、于高校、于科研机构、于学生个人都有利的好事,如果我们能够坚定不移的按照《办法》规定的工作原则办事,不断总结探索这项工作的规律,一定能够创出一条高校和科研机构合作培养高端人才的新路子,并在此平台之上,谋得高校和科研机构在人才培养、研究生教育方面的科学发展。

在他发言的过程中,代表教育部参会的教育部副部长陈希不时地向中物院党委副书记谭志昕挑大拇指，赞赏朱建士表述的观点。

会议结束后，参会的钢铁研究总院、有色金属研究院等单位的代表对吕旗说："你们的主任真敢说呀。"吕旗说："这就是他的个性。今天的会议是来反映问题的，不是来展示成绩的。这是参会之前，我们主任为这次发言作的定位。"

成效显著

2006年度学位与研究生教育工作会议召开之后，全院研究生教育工作按照既定的目标稳步推进，工作成效逐步显现。

一、学科建设得到加强　培养质量稳步提高

1. 以中物院目前及未来发展为牵引，结合国家高等教育学科设置体系现状，建立健全研究院研究生教育学科设置

从中物院实际出发，认真开展学科建设规划工作。在对中物院研究生教育的历史和现状进行客观分析评估的基础上，依据《国家中长期教育改革和发展规划纲要（2010—2020年）》和《国家中长期人才发展规划纲要》，紧紧围绕院事业发展对科研条件、科研队伍的需求，加强了一级学科建设，不断提高学科质量和水平。加强学位点建设。在巩固现有学科点发展的基础上，推进新增学位授权点的建设。开展了"力学"和"兵器科学与技术"两个一级学科博士点、"系统工程"和"测试计量技术及仪器"两个二级学科硕士点的规划建设工作。指导院相关研究所"材料科学与工程""电子科学与技术""机械工程"一级学科的建设工作。促进研究院中物技术与西南科技科大学环境学院在核辐射防护与环境保护硕士点的联合招收培养硕士研究生的工作。

至2011年3月，中物院已具有"物理学""核科学与技术""光学工程""数学""力学"五个博士学位授权一级学科，基本覆盖了中物院科研工作的主要学科领域。

积极参加国家学科评估工作，以评促建，提升学科建设水平。2008年，在教育部学位与研究生教育发展中心第二轮第二批学科评估中，研究院相关学科参与了评估。其中，一级学科——"核科学与技术"在学术队伍、科学研究、人才培养、学术声誉四个分项指标的相对排名均有较大提升，整体水平排名第二，较2004年第一轮学科评估的第四名有较大提升。由此，推动和加强了学科点后续建设，并研究建立了与国家评估接轨的学位与研究生教育自我评估体系，促进了研究生教育的自我约束、自我完善和自我发展。

为了推进学科建设工作，将研究所的发展和核心竞争力的形成与学科建设和研究生教育相结合，研究生部与院人事教育部联合发文，成立了中物院"物理学""核科学与技术""光学工程""数学""力学"五个一级学科专家组，成为学科建设持续推进的稳固载体。

2. 导师队伍建设进一步加强

稳固了导师队伍建设这一学科建设的重要基础。为了加强导师队伍建设，开展了《研究院研究生导师队伍建设中存在的主要问题及对策研究》课题研究，对研究院研究生指导教师的年龄结构、学科分布、指导能力、培养情况等进行全面分析和研究，探讨导师队伍建设工作未来努力方向。统筹学科的发展规划，开展了院属各研究生培养单位博士生培养情况统计工作。充分发挥各专业教研室的作用，以全院41个专业教研室为依托，清晰掌握各博士培养单位导师的学科分布和指导博士生情况，为有计划新任博导遴选打下基础。修订中物院博士、硕士研究生导师遴选条例，组织博士研究生、硕士研究生导师遴选工作，使院博士研究生、硕士研究生导师遴选逐步走向计划化、程序化、规范化。

组织召开中物院研究生导师培训暨经验交流会，聘请院内外资深导师讲解"怎样做研究生导师"的经验和做法，为研究院导师提供良好学习和交流的开放式平台。

探索中物院与高校联合培养博士研究生的导师互认工作。中物院现有博士生导师全部通过了中国科技大学、北京理工大学的认证，部分学科的博士生导师已被中国科技大学、南京理工大学聘为博士生导师。中国科技大学、南京理工大学部分博士生导师通过了中物院的认证。认证工作的开展，加强了研究院与高校导师之间的交流，开拓出一条研究院导师向专门从事高等教育专业人士学习的有效渠道。

3. 建立健全中物院研究生培养质量管理体系

以提高培养质量为宗旨，完成并实施了中物院研究生培养方案总则修订（草案）。新培养方案打破了过去全院以各培养单位学位点为线条各自设置培养方案的框架，保证了全院博士、硕士研究生培养的目标、方式、年限及其他环节上的规范统一，对不同培养单位的同一学科专业研究方向进行了整合，基本达到了同专业课程在基础课和专业课设置上的相对统一。根据国家及各高校研究生教育发展趋势，以建立核心课程体系为基本指导思想，强化一级学科培养口径，在培养方案总则修订中主要体现三个方面：一是减少英语、政治公共课的学分，减少必修课的学分要求；二是增加选修课的学分；三是在必修环节中增加研究生的学术道德教育，把学术道德规范和科研学风建设贯穿研究生教育的全过程。

新方案既体现了各培养单位人才培养的基本需求，又保证了同一学科专业在整体培养水平上基本保持一致。

4. 学生论文质量水平提升

坚持开展优秀论文评选工作，开展院内优秀博士论文评选和科技创新奖（针对硕士研究生的）评选，并且走出研究院，将学生论文置于院外评价体系进行估价，先后参加了全国百篇优秀博士学位论文评选和四川省优秀硕士学位论文、优秀博士学位论文评选。形成了内外结合、相互衔接的优秀学位论文评选体系。部分博士学位论文被四川省推荐参加全国优秀博士论文遴选，有数篇入围全国百篇优秀博士学位论文提名论文。数篇博士学位论文获四川省优秀博士学位论文；数篇硕士论文获四川省首届优秀硕士学位论文。

积极参加国务院学位办、教育部、人事部三部门联合开展的全国博士质量调查工作，较好地完成了调查材料的编写和上报任务。

加强了研究生学术活动管理，修订并经院学位委员会讨论通过了对在读研究生发表学术论文的规定。建立了研究生学术活动长效机制，并且为学生学术能力的提升创造各类平台，如每年举办全院研究生学术报告（含英语学术报告）会等。

加强学位论文管理，不断提高论文质量。持续实施《中物院研究生学位论文抽查评阅工作细则》，抽取的部分学位论文在申请学位论文答辩前以"双盲"方式进行了评阅，以保证论文评阅的公正、客观。学位论文抽查盲评工作的开展，有效地促进了学位论文质量的提高。

积极开展学位与研究生教育学术道德建设工作。根据《国务院学位委员会关于学位授予工作中加强学术道德和学术规范建设的意见》（学位〔2010〕9号）精神，结合中物院实际情况，制定了《中物院研究生学术道德规范管理条例》。参加四川省科学道德和学风建设宣讲教育活动，召开了中物院研究生科学道德与学风建设宣讲教育报告会，向全体研究生发出了《科学道德和学风建设倡议书》。开设学术道德学习课程。组织学生签订"学术诚信协议"，试行AMLC学术不端文献检测系统，推进研究生科研作风建设。

认真组织完成学位审批与学位授予工作。2007年至2011年，共授予博士学位131人、硕士学位301人。

更为可喜的是，研究生中获国家级、省部级各类奖项和获得国家的专利数量，也呈逐年上升的趋势。

二、不断改进招生工作，生源质量持续提高

1. 在原有工作的基础之上，招生工作持续改进

按照规范后的研究院研究生教育学科设置，在招生简章中严格按二级学科对学位点进行分类和重新设置，促进招生工作中学科对应学位点设置逐步实现规范化。

2. 适应新形势，改进招生宣传方式方法

加大了点对点的重点宣传力度。根据研究院所需的专业，选择全国重点院校中的优势专业，组织院里相关培养单位人员，组成招生宣传团队，深入学校的相关学院、系，进行点对点的宣传。认真组织宣传材料，从研究院历史、现状、所具有的优势等方面，全方位地介绍情况，并与学校院系建立长期联系，委托院系进行经常性的宣传，形成长线的宣传效果。

分期分批覆盖全国地进行招生宣传。组织院相关培养单位，分片区地赴高等院校进行招生宣传。先后赴华东、华南、华中、华北、西北、东北相关高校进行宣传，扩大影响，吸引生源。

适应宣传媒体迅速发展的现状，运用新媒体，以设立招生宣传网站、建立咨询机制等多种方式开展宣传活动。

组织高校学生来院社会实践，让学生切身感受研究院的事业与国家、民族之间的关系，增加对研究院工作、生活的感性认识，增加宣传效果。

重点大学毕业生报考研究院研究生的数量有较大增长，生源质量持续提高。

3. 深化招生复试工作改革力度

试行新复试模式，启动复试人机对话模式试点工作，促进了复试过程的规范化。

改革复试分数划定原则，改变了过去统一划定复试线的做法，实行划定基础复试线，由各培养单位根据单位的报考和生源情况自主确定不低于基础复试线的本单位复试线。既从根本上解决了专业考题难易程度不一、批改试卷标准不一、生源数量质量不一带来的矛盾，也在管理上给了培养单位更多的自主权。

大幅度精简了博士研究生入学考试科目，考试科目由88门压缩到33门，有利于宽口径、重基础地选拔学生。

改革博士研究生招收模式，规范已有的硕博连读、提前攻博管理机制；探索博士招收的申请审核制度。

4. 与高校联合培养博士研究生的试点工作取得重大进展

继与中国科技大学和南京理工大学两所高校开展联合培养博士研究生的基础上，又增加了清华大学、北京大学两所高校。扩大了联合培养博士研究生招生规模，招生额度也由20名增加到44名。制定出《中国工程物理研究院与高等学校联合培养博士生工作管理办法》。出台了中物院与中国科技大学联合培养博士研究生培养方案总则。并分别完成了与复旦大学、北京理工大学、上海交通大学联合培养博士研究生的接洽工作。

5. 毕业生就业呈现良好态势

2009年始，研究院开始实行研究生就业双向选择，改变了建部以来25年之久的毕业生就业模式。

组织开展毕业生就业指导工作。邀请清华大学就业指导中心主任助理蔡甄开办专题讲座，为学生普及就业相关基础知识。

做好学生就业服务工作，选派研究生部教师参加北京市就业指导中心举办的业务培训。联系组织学生参加相关就业招聘会，开展毕业生就业指导，对学生就业协议、应聘等进行指导、审核，保障毕业生的合法权益，指导学生在相关高校选学职业生涯规划及与就业有关的课程，尽力拓宽了学生就业渠道。

多年来，圆满完成了每个年度的招生和毕业生派遣工作。招收了几百名硕士、博士研究生，没有发生过一例问题，毕业生的就业率一直保持在100%。

三、加强研究生思想政治工作，德育工作取得新成绩

以培养学生创新精神和实践能力为重点，继续加强研究生的思想道德建设和学风建设，增强研究生爱国、爱院、勤奋、好学、敬业、诚信、守法的自觉性，对研究生进行院史院情、人文、科研素质、科研道德、爱国主义、现代礼仪教育，组织开展多种形式的活动，通过教学、实践和校园生活的有机结合来实施德育教育，促进了学生综合素质的提高。

重视学生的思想心理健康，充分发挥了班主任的作用，利用找学生谈心，深入学生宿舍等各种形式了解学生的学习、生活和思想动态，关心学生的身心健康。与中科院研究生院合作，对在校生进行了心理健康测试。

在突如其来的"5·12"地震灾难面前，研究生表现出了高度的责任感和良好的素质，很多同学参加了北川救援、转移照顾伤员、社区卫生防疫、心理辅导等志愿者行动，积极为灾区捐款捐物，党员纷纷缴纳"特殊党费"，有9名研究生受到了院党委的表彰。

德育工作努力做到"四个相结合"：德育工作坚持与传统教育相结合；德育工作坚持与时事政治相结合；德育工作坚持与校园文化建设相结合；德育工作坚持与专业知识学习相结合。"四个相结合"活动的开展，培养

学生责任意识和奉献精神。

开展德育工作规律性研究，收获了《研究生校园文化建设指导性意见》为代表的一批软课题研究成果。

一批优秀集体和个人获得不同级别的表彰，计有1个"优秀团总支"、3个"优秀团支部"、9名"优秀团干部"、11名"优秀团员"和12名"三好研究生"。2006届二年级团支部获"院五四红旗团支部"称号，2005届三年级团支部获"四川省五四红旗团支部"称号。

四、教学管理研究不断加强，教学改革有新进展

根据国家教育管理部门相关规定和高校研究生教育通行做法，制定了研究院《研究生部专业课程教学质量评估实施方案》，提升了研究院自开课程的规范管理水平。实施了新的课程管理规定。对研究生在课程重修、课程补考、课程免修、课程选择等方面的管理规定进行修改完善，促进了培养质量的提高。

教材建设和课程建设方面有新成果，新编研究生教材3本，多部教材被教育部指定为全国研究生教育用书。多项研究生教育教学改革研究成果申报四川省高等教育教学成果奖。3项教学成果获得四川省教学成果三等奖。目前，研究院教材建设已跨越了一个转折点：已基本形成了中物院研究生教育教材体系。

积极开展研究院学位与研究生教育工作规律的探索工作，制定《中物院学位与研究生教育教学改革研究课题管理办法（试行）》，鼓励研究生教师及管理人员投身教育教学改革，开展了研究生教育教学改革软课题研究。多年的研究和实践，50余项课题通过结题评审，绝大部分课题得到评审组专家一致好评。这些课题的研究和成果的运用，从不同角度有效促进了研究生教育教学工作质量和水平的提高。同时，在院科技管理与政策研究学会软课题研究中，研究生部提供的《我院研究生导师队伍建设中存在的主要问题及对策研究》等课题，获院科技管理与政策研究学会课题研究二、三等奖。

加强研究生课程建设，对于课程设置进行了一系列改革。同时，也加强了对课程的督导工作。修订《研究生教育教学工作督导组工作条例》，

强化其职责和任务，加大了对研究生教育相关活动的督导力度，开展教材检查和教学效果评估，促进教学质量逐步提升。

五、研究生管理工作得到加强，研究生学习和生活环境有所改善

加强入学注册管理，改变了长期以来传统管理的模式，实现学生户口由研究生部管理，方便了学生户口的管理及使用。

完成研究生助学金、奖学金的申请、评比及发放。组织开展了多种类

图9-3 2008年9月12日开学典礼及授学位仪式，于敏（前排左一）、朱建士（前排右一）与学生合影（中物院研究生部提供）

图9-4 2011年9月朱建士（左六）在中物院研究生开学典礼暨学位授予仪式上与学生合影（中物院研究生部提供）

第九章 受命研究生教育

型的研究生勤工助学、助研、助管活动。

改善学生学习条件，京区语音教学系统建成并开始使用，基本满足了研究生现阶段日常英语教学的需要。

完善了《研究生宿舍管理暂行规定》，加强研究生宿舍环境建设，加强对学生的生活管理，改革医疗费用使用办法，减轻了学生医疗负担。

曾经一度迷惘、徘徊的研究院学位与研究生教育工作，呈现出一派红红火火、欣欣向荣的可持续发展景象。

年届七十开始负责一个以前不熟悉的领域，对于任何人无疑都是一个严峻的考验。尽管组织上并没有明确的任务要求，但朱建士还是一心一意，以他一贯的工作态度认真对待。

朱建士把学位与研究生教育放在全院事业发展的高度，作为研究院未来发展不可或缺的一个组成部分，从全局的站位进行规划。重点结合院的科研体系来构建研究生教育的学科体系，从未来的核武器研制对人才需求出发，确定研究生教育"做大做强"战略，以此引领院学位与研究生教育工作的发展方向。抓住培养质量这个对研究生教育发展起决定性作用的主要矛盾，对于院人才需求规模、类型、专业作出预判，使工作从德育、学位、教学、学生管理、教学保障等方面的水平全面提升。在具体工作中，他秉承在过往科研工作中屡试不爽的科研作风和工作方式，深入一线，身先士卒，以此带动研究生部的全体工作人员和全院学位与研究生教育系统的从业者，形成了一种一切从实际出发的务实作风，使这项工作稳步向前推进，形成了一个蒸蒸日上的良好工作局面。

这段时间的工作，也是朱建士将在核武器研制事业中培养锻炼几十年成功的经验应用于其他工作领域，并取得出色成就的一个有力验证。

尾声
谢幕时刻

2011年底,朱建士又一次踏上出差的旅程,已经记不清是第几次飞赴四川了。他的一位现居美国的中学同学说,六次从美国打电话联系他,五次他正在机场候机,一次是飞机飞行在空中,次次都是去四川。

这次去的主要任务是去重庆参加一个学术会议,按照以往的惯例,先到绵阳落脚,办一些相关事宜,然后和院里参会的大部队一起赴渝。

朱建士是院里一些专业委员会和专业领导小组成员,很多项目面临结题,一些在研项目也必须按时间节点关注进展,这是一年中他最繁忙的季节。他马不停蹄地穿梭于绵阳的各研究所和研究生部之间,然后才启程赶往重庆。

"全国危险物质与安全应急技术研讨会"的会期安排在12月10—11日,会议由重庆市人民政府和研究院共同主办。由朱建士所在研究院某所、重庆市安全生产监督管理局、重庆市巴南区人民政府共同承办。出席会议的有国家科技部、工业与信息化部、国防科工局、环境保护部、安全监督管理总局、重庆市人民政府、中国科学技术协会等相关单位领导,两院院士等专家学者,朱建士被安排在主席台就座。全国高校、科研机构、企业界代表等近400人出席了本次大会。

会议期间,他感觉身体略有不适,经第三军医大检查,疑似肺炎,经过治疗好转，医院建议他住院静养。他记挂着工作，提出要回绵阳一边工作一边治疗。

12月12日，朱建士回绵阳入住院属职工医院，经治疗，病情好转。

在病房里，国家核武器安全性重大课题的负责人前来看他，没谈几句病情，话题就转到了工作上，根据工作的进展情况，他将对这项工作的深入思考如数家珍地和盘托出，提出进一步的指导意见。

12月15日中午，他的学生黄西成和王飞一起去看望他。

朱建士在病中仍然还在关心学生参与的重大预研基础项目和国家一重点项目申请的进展，黄西成向他作了简要汇报。朱建士躺在病床上对学生说：这个重大项目要好好搞下去，从中可以衍生许多基础科学问题，特别是非冲击起爆机理、大型程序校核等。他还说，"我们要多搞几次专题学术讨论会，就几个问题专门讨论，人数也不能太多，要小型的，一二十人就可以了"。他一直关注冲击起爆问题的数值模拟，他问黄西成有些工作情况能不能整理出来，包括关于冲击起爆的计算方法、已整理出来有些报告和国际上与此有关的有些算法全部打印出来。他对黄西成说："你什么时候打好了，拿来给我，我要看一看那些最新的进展。"

朱建士又与两个人探讨一个商用软件ASIC。朱建士是为了让学生把它作为一种思路的启发，打开其他工程问题的一些思路、一些理论对所要求解问题的一种借鉴。这一软件是一种工具，是有限元方法的一个最新进展。这种工具的应用范围很广泛，把工程力学和流体力学都涵盖了。在ASIC帮助文件里，朱建士已经把很多的算法，就是解决这个问题用的什么算法，都写进去了。虽然说这是一种商用软件，却是居于应用领域最前沿，要让它产生效益，就必须把最新的技术集成到它的软件里。朱建士选择的一些方法和一些理论，应该就是最前沿的、最有学术价值的、最有实用价值的前沿技术。朱建士对此非常感兴趣，还跟黄西成、王飞约好，出院之后，一起来探讨这个问题。

看看时间不早了，朱建士体贴地说："到吃饭点了，你们快点回去吃饭吧，我这有人照顾。"他一贯考虑问题非常周到，他关心学生，不要回去晚了，耽误了吃饭。

12月18日，研究生部的职工来探视，还为他送来了自己熬的鱼汤。朱建士谈笑风生，让大家放心，和大家谈小时候的经历，谈未来的工作设想和实施方案……下午，院里负责研究生教育工作的谭志昕也来看望了他，两个人交换了一些对工作的看法。

听说朱建士住院，和他同所、在绵阳出差的一位同事来看他。一起回忆朱建士善于讲小故事说明大道理。谈他在一线做具体工作的经历。同事们经常和他开玩笑：请您去开会，参加项目讨论，是作为评委，相当于是球赛场上的观察员或者裁判委员会成员，而您经常由裁判员变为教练员，教练员又变为运动员。还说起一些他不怕别人说自己不懂，虚心向所有人学习的往事。

朱建士也谈起当年曾经做过一个研究工作的十年规划，他对于这个工作计划进行了梳理，历数这些年，哪些内容做了，哪些没有做或没有做好，今后该怎么做，并明确了今后的技术路线和下一步工作安排。

朱建士还与同事说起没来得及完成的化爆安全性研究，希望能够通过研究化爆安全的任务，带动研究院炸药动力学性能的研究。两个人交流最多的是关于材料本构课题的研究情况，从课题的宏观规划中，他针对性地做了很多大型软件的开发安排，从新实验的设计、实验论证的进展，到做课题的思路。讲关于如何将IHE应用于设计，要合理地建模，考虑需要周全。他还反复强调要重视基本概念，对于有必要的概念，要从最原始的定义认识，从复杂的问题中将不同层面的问题层层剥离。在实际工作中，都要面对超出自身知识结构的理论和经验，从基本概念出发，会让思路更加清晰，而不是为了综合而综合。

下午六点的时候，朱建士坚持要同事回宾馆吃饭。

12月18日晚，朱建士餐后进食了一个芒果，不久忽然病情意外恶化，经抢救不治，带着对未竟事业的遗憾，他永远地离开了所热爱的世界。

得知朱建士院士逝世的消息，12月19日，中办值班室来电传达胡锦涛同志对朱建士院士去世的两点指示：（1）对朱院士去世表示哀悼；（2）对其家属表示慰问。

中央组织部办公厅传真：（1）传达习近平、李源潮同志和中央组织部领导对中国工程院院士朱建士同志逝世的悼念和对其家属的慰问;(2)以习近平、李源潮同志和中央组织部的名义各送一个花圈。

12月20日，中国工程院传达:(1)张德江、刘延东同志对朱建士院士的去世表示哀悼;(2)对朱建士院士的家属表示慰问;(3)代张德江、刘延东同志各送花圈一个。

中办来电传达吴官正同志的三点指示:(1)对朱建士院士去世表示哀悼;(2)对朱建士院士家属表示慰问;(3)代送花圈。

12月21日，国办秘书局转中国工程院转中物院温家宝同志的三点指示:(1)对朱建士院士去世表示哀悼;(2)对朱建士院士家属表示慰问;(3)代送花圈。

12月21日，中办转中国工程院转中物院李长春同志三点指示:(1)对朱建士院士去世表示哀悼;(2)对其家属表示慰问;(3)代送花圈。

12月22日上午，朱建士同志遗体告别仪式在绵阳市殡仪馆举行。告别厅内，朱建士同志遗容安详，棺椁四周摆放着鲜花。中共中央组织部、中国工程院，四川省委、省政府，国家有关部委，相关大专院校、科研协作单位，院属49个单位和部门，以及党政科总领导，生前好友、同事、学生敬献了花圈。

9时30分，遗体告别仪式正式开始。哀乐低回，人们胸戴白花，神情肃穆。前来吊唁的人们，分批进入告别厅，瞻仰朱建士同志遗容，慰问朱建士同志的家属。中国工程物理研究院党政领导张克俭、赵宪庚、谭志昕、张维岩、龙新平、王洋，院老领导和高级专家，院外来宾，院机关部门和院属单位领导，生前好友、同事近500人参加告别仪式。

2012年2月16日，这是入冬以来最冷的一天。朱建士院士追思会在北京八宝山革命公墓告别厅举行。

八宝山的告别厅内，从绵阳迎回的骨灰盒摆在告别厅的正中，朱建士的照片在投影屏幕上微笑地望着每一个送别他的人。

仪式开始之前，从各处各地赶来的人已陆续聚集在了告别厅前的广场。老搭档于敏坐着轮椅来了，和他一起参加工作的"理论部二十八星宿"老战友胡思得等代表来了，北京大学的同学来了，长沙专程赶到的亲

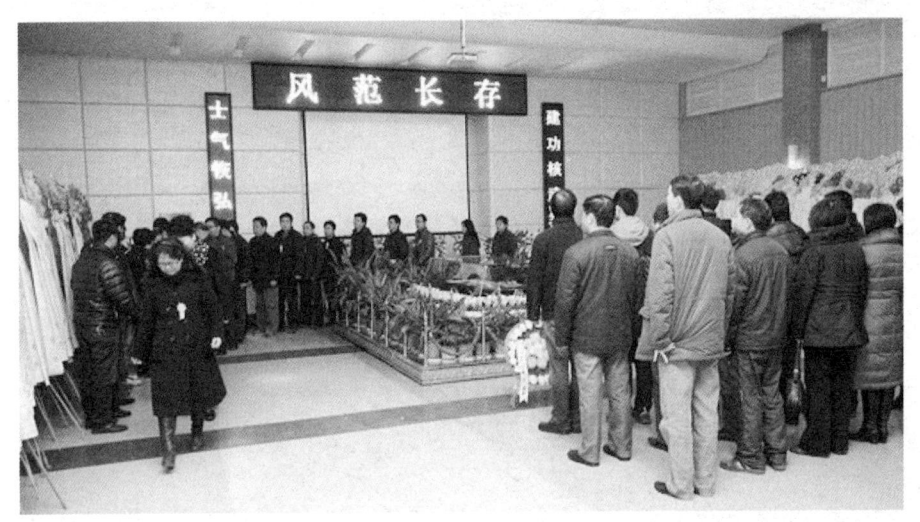

朱建士追思会（中物院提供）

属来了……八级的西北风一阵一阵地袭来，人的体感温度达零下10度之下。告别厅里容纳不下众多前来的告别者，为了送这个老同事、老朋友、老师最后一程，大家排着长长的队列，在寒风中静静伫立。

朱建士的骨灰盒在鲜花丛中，上面覆盖着鲜艳的党旗，瞻仰者们依次进入告别厅，在朱建士微笑遗照的注视下，缓缓地与他作别。

一副嵌着朱建士名讳的挽联和他生前的点点滴滴，永远留在了人们的记忆之中：建核事业登录先贤榜，士途典型留给后人模。

结 语

和众多从小立志要在科技事业中作出重大贡献的科学家不一样，朱建士的一生几乎全部是在听从命运的安排，如果要用简单的几个字来概括的话，那就是——随遇而安。而他的学术成长也是在这样的前提和境遇中完成的。

童年、少年时期，一度几乎天天面临生与死的考验，为了生存，不可能按照自己的意愿作出什么选择；为了能够上中学，他也只能拼命地读书，考取资助的资格；中学时期，他想参军参干，要么是年龄不够，要么是体检不合格，未能如愿；在高中毕业报考大学时，他本来想学习海军相关的专业，又由于色盲，不仅向往辽阔海疆的愿望不能实现，就连所有的工科都不能报考。只能被迫读理科的数学力学系并选择流体力学专业；大学毕业，由国家包办分配，他进入核武器研制行业并终其一生。由此，我们不难看出，他生命的所有重要关口似乎都与"听天由命"形影相随，都不是能够由自己决定的。

那么，他又为什么在生命中的不同阶段都能够那么出色呢？随遇而安，面对现实，踏踏实实地把所有该做的事情做到最好，就是他对于不能自主选择生命走向不屈的生活的策略。

当然，在面临的所有事情之中，有该做和不该做的两类。该做的又分为两种：组织上安排的和良知判断应该做的。组织安排好理解，上级的指示，除科学认知和技术问题之外，朱建士从来都是不折不扣地去竭力完成。而"害人之心不可有"则是他一生处世的良知标准，也是他赢得"是一个好人"评价的根本原因。

什么样的人才能够被称为核武器专家？以我国核武器发展历史（1958—2011年）为参照系，从工作属性看，核武器研制属于典型的应用领域，是一个庞大的系统工程；从工作对象看，包括核武器理论设计、相关实验、生产制造等各相关环节；从能力要求看，理论基础、专业理论基础、理论应用于实际、复合的知识结构、统筹组织协调等能力。只有其中一个或几个方面才能突出者，或许才能够称得上是核武器专家。而朱建士是否符合他那个时代核武器专家的标准呢？

朱建士从进入工作单位的第一天起，就从未离开过核武器研究这一领域。北京大学的学习经历及其后几十年核武器研制的实践，与同行的交流切磋，自身勤奋的学习、实践，无论是对于工作对象逐步深入的认识、了解、把握，还是在综合能力方面的提升，都已经具备了相当高的水平。在完成国家任务、在对于我国核武器事业的贡献方面，不管是数量还是质量上，也无疑是一位佼佼者。因此，他是一个核武器专家没有了疑义。但是，与其他的核武器专家比较，他在学术成长、学术思想的内容方面，又具有什么样的特点呢？这些思想和特点形成产生的原因是什么呢？这些原因之中，性格、工作要求、师承关系、社会文化环境的影响，又会起到什么样的作用呢？这可能就是我们要研究的重点内容。

作为始终驰骋在核武器研制领域的工程院院士，朱建士的学术特点的形成与他所做的事情密切相关。循着他工作经历的轨迹，朱建士院士似乎一直是围绕着"创造条件"这四个字在转：创造条件实现核裂变；用原子弹点燃氢弹，为核聚变创造条件；用原子弹作为初级，为实现中子弹的突破创造条件；减少装药量，求得构型的变化，为武器化、小型化创造条件；探索用不同的初级原理，实现为点燃不同的次级创造条件；不懈探求爆轰物理规律，为解决理论设计中的技术难题创造条件；培养研究生，为研究院研制队伍后继有人创造条件；组织分析我国工程人员现状，为国家工程师队伍建设创造条件……归纳他的一生，我们不难发现，他主要在做两件事：一件是明确工作中的工作目标，一件是这个工作目标如何实现。

第一件事情随着时间的推移，对于工作目标的认识有一个从局部到全局的渐变过程。我们知道，工作目标是分为不同层次的。从全局到具体，全局的目标经过逐次分解，化作一个个具体的目标，构成一个完整的目标体系。他的经历中，第一阶段，是从最初完成一个具体工作目标做起，沿着目标体系回溯，渐次把握整个目标体系。第二阶段，是参与决策研究室、研究所以至于全院的任务发展方向、目标的制定，从明确自身任务上升到设计总体目标的高度。实现了工作目标从被动到主动的飞跃。

第二件事情的内涵则更加丰富。从研究一个在中国没有人做过的研究对象开始，探索在高温、高压、高密度、瞬间的特殊环境之下，由某一物质的物理变化规律，到所有构成一个工程装置所含每一种物质物理变化规律的把握。逐渐具备了对于装置发生变化物理原理的认识，在已有的物质条件下实现原理的理论设计、工程设计、产品加工、产品装配等一系列应用环节的条件之下，最终实现产品的完成。

这两件事情，也形成和成就了他特有的学术特点，使其在科技方案的决策、技术路线的选择、科技活动的组织等方面发挥出自己卓越的才能。

说起朱建士的学术工作，大家都会从不同的角度提到他的三大特点，这些特点可以以六个字来概括，那就是"原理、可靠、有用"。"原理"是指工作要严格遵循科学依据，所有物理设计都必须围绕物理原理展开；"可靠"是指设计出的产品必须是可靠性优先，要保证生产出来的产品安全可靠、不发生意外和风险；"有用"是指研究的东西必须有用，能够解决实际工作中的问题和困难。

这三个特点的形成与他从事的职业有着密切的关系，核武器研制的战略目的虽说是以威慑为主，可能永远不会使用，但是这一威慑的基础首先是要保证所设计的装置、生产出的产品能够"响"。而能否"响"，最根本就取决于装置设计的物理原理是否科学，与产品设计相关的所有因素都必须确保物理原理科学这一现实。因此，核武器物理设计的第一要务就是要确保物理原理的正确及顺利实现。其次，在核武器物理设计的诸项评价指标之中，存在着先进性和可靠性两者之间的取舍，当然，如果能够兼而有之，那是每一个设计者梦寐以求的完美结果。但在实际工作中，却往往是难遂人愿。每当这样的时刻，他都会坚持必须可靠性优先，哪怕是以牺牲先进性为代价。因为，能够使用的核武器，才是我国核威慑能力的有效支撑。最后，科学研究于科技工作者来说，首先都会选择国际学术界最前沿的内容，这本是无可非议的。但是，在研究内容的选择上，无论是他个人，还是要求自己的同事和学生，第一位的永远是要"有用"。科技工作者固然应该时刻关注国际上与自己所从事工作内容相关的最新科技动态，有选择地吸收对实际工作有益的成分。对于一个具有清晰应用背景的单位而言，一定要更加关注解决应用需求这一特点。一些最先进的研究或研究成果，到应用往往还要经历相当长的时间周期，在短时期内还不能够应用到自己的工作领域之中，不能够解决工作中的实际困难和问题。对于完成国家重大国防任务的单位，任务完成的时间节点非常明确，因此，在研究对象和内容的选择上，应该以任务要求为出发点，让研究更贴近任务的完成，更加实用。

几十年的工作实践，朱建士也慢慢地形成了自己的工作模式或套路：以物理原理为纲，探索物理变化规律，把握现有的物理原理实现条件，设计出符合实际的物理方案，组织协调物理方案的完善，分析、研讨解决存在问题的方法，最终完成产品的生产。

这些学术特点，又通过一系列有效的工作方法得以贯彻。从国际层面分析核武器发展趋势，作出型号任务的下一步判断；从任务大局出发，合理制订协作计划；抓住影响波形变化的主要矛盾；以排除法逐一厘清问题体系，各个击破……

那么，他何以能够形成这样的学术特点呢？他的这些学术特点对于他从事的工作是否有什么促进作用？他的这些特点其他人能否接受呢？他的工作方式是否有效？为什么有效……这一系列疑问也正是我们的研究报告希望揭示的谜底。

在探讨一个人的学术活动及其特点时，往往非常注重与强调这个人的智商，当然，智商在某种程度上决定一个人在学术道路上能够走多远，这是获得科研成果的重要基础。然而，随着科学发展进入到近、现代，越来越需要人与人之间协作获得成果，此时，一个科学家的情商在取得成果中的作用就日益显现出来，而且变得越来越重要。朱建士的同学王选曾经这样评价他："在北京大学54级的同学中，朱建士的智商不是最高的，但他的情商是最高的。"而朱建士所从事的职业，恰恰需要有很高的情商。因为一个大的系统工程，要做出成就，需要全系统中人员的合力，需要处理好系统中组织与组织、人与人之间的关系。

在我们进行的访谈之中，受访者的共同感受就是："他是一个好人""他能够听得进别人的意见""他能够把各种人团结在一起工作，无论是水平比他高的，还是水平比他低的"。综合这些评价，不难得出这样一个结论：朱建士是一个公认的容易相交的"界面友好"人士。这种友好，突出体现在两个方面：一是倡导"学术民主"，他会广泛征求大家的意见，认真听取所有人的主张和建议，从中选择合理的要素，充实到最终的方案之中。工作研讨中，就算存在观点分歧时，也从来不会出现让有不同观点者尴尬的局面，如果他认为自己的看法正确，他会注重启发他人的悟性，讲解他的看法和认识的道理，以理服人，直到对方理解、接受自己的想法。如果自己的想法不够全面和完善，他会愉快地接受他人合理的意见和建议。二是力行"团结协作"，他在科研活动的组织中，发挥着不可多得"黏合剂"的技术领导人作用，能够把不同个性特点的人团结在一起，为了一项工作共同努力。他始终遵从着"尊重人"的原则，尊重每一个合作者，尊重每一个人的工作，尊重每一个人的智慧和设想，为每一个人发挥主观能动性创造充分的空间，最大限度地调动协作集体中每一个成员的积极性。而这两大特点，无一不是情商在起着重要的支撑作用。尊重人的这一特点，也影影绰绰能够看出北京大学提倡的精神的实质。

那么，他的学术成长与什么因素相关，或者说受到过什么影响呢？

有一句话说得好：做事要学会先做人。我们不妨看看他的人生经历。

童年、少年时期，在撒娇的年龄，生活的境遇让他学会了在逆境中如何生存，培养出严守纪律、坚韧不拔的个性，使他在未来的工作中遭遇困难之时能够百折不回，再大的挫折也不能把他打倒。中学时期，长郡中学的校训、校歌，向上的校园文化，国家的舆论环境，转变了他利己的学习目的，为他提供了不竭的学习动力，使他积极投身建设祖国的热潮。大学时期，他不仅系统地学习到了科学知识，还从一大批优秀的教师身上，体验到了北京大学的精神和科学研究的思维方式。在投身核武器研制事业之后，更是从身边的一大批我国最优秀科学家的言传身教中，领会到了爱国主义情怀和科学求实精神，在科学家的垂范和核武器研制大应用科学系统工程客观要求的双重作用之下，在逐渐培养具备了普通科学家的共有气质之外，也形成了自己在核武器科学领域之中学术活动别具一格的特点和风格。

我们撰写这份研究报告的目的，无非是想陈述这样一个事实：朱建士是一个与你我一样的、具有七情六欲的普通人，同时，他又是奋战在核武器研制领域中作出贡献千千万万个无名英雄中的一个。说他是一个英雄，是因为在同样的条件之下，他做成了许多人没有做成的一些事。

我们希望经过我们粗陋的归纳与总结，能够对核武器事业继承者的成长有所启示。

附录一　朱建士年表

1936 年

3月28日，出生于湖南省长沙市。父亲朱干（字春城），母亲章荃（字亮瑜）。长兄朱白安（后改名朱力士），大姐朱文波，二姐朱年三（后改名朱建中）。

1937 年

父母携兄姐赴河南商丘谋生，将朱建士寄养在乡下奶妈家。

七七事变后，父母兄姐仓促回长沙，父旧病复发，父母双双失业。因躲避敌机对长沙市轰炸，一家人迁居于长沙东乡杨梅河外婆家中。

1938 年

3月10日，湖南省战时儿童保育会在汉口界限路圣路易女子中学召开成立大会，下设5个儿童保育院。

6月，战事导致朱干一家生活困难，寄居到章荃娘家，章荃哥哥不满意朱干一家住在他家里，因此全家搬到杨梅河对岸小镇上居住，母亲在毛氏祠堂乡村小学教书。

11月，湖南省当局按照蒋介石"焦土抗战"方针和密令，纵火焚烧长沙城，史称"文夕大火"。保育院先后收容难童 300 名。

1939 年

随母居住在长沙东乡杨梅河镇，母亲教书时，跟母亲在杨梅河毛氏祠堂小学上课。

7 月，中国战时儿童保育会湖南分会第二保育院在长沙重建，院长为齐新。

10 月，湖南第二保育院迁往茶陵下东村，至 1945 年底迁回长沙。战时实施的教育方法，重点抓爱国主义教育、集体主义教育、战备教育、生活与劳动教育、爱的教育。

1940 年

随母、兄、两个姐姐共同居住在长沙东乡杨梅河镇，母亲继续任小学老师，因家里经济困难，父亲被小姑母朱玉华接走同住，大姐朱文波被送给大姑母朱福清当干女儿。

1941 年

日军渡过新墙河南下，入侵长沙前，随母、兄逃难到湖南茶陵。

7 月，二姐朱建中（原名朱年三）随母亲姓，改名章年三，被交给母亲娘家一个叔叔的女婿陈先生，带至桂林永福儿童教养所上小学半年。

年底，大伯逃难至桂林，将二姐朱建中领回。

1941 年 12 月 30 日，随母、兄逃难至衡阳。

1942 年

1 月，二姐朱建中被接到湖南祁阳大姑母朱福清家居住。

8 月，受齐新院长信邀，母亲至茶陵湖南第二保育院执教，教职工可随带子女，作保育生看待，免收学杂、伙食费。遂改名朱建士进入茶陵湖南第二保育院读书。兄朱白安改名朱力士，经李融中院长同意进湖南攸县第四保育院读初中。

1943 年

7月，母亲将二姐朱建中接来茶陵，入湖南第二保育院读书，改回原名朱年三一直就读至 1945 年 8 月。

1943 年下半年，大姐朱文波被从姑母处要回，送入湖南第二保育院念初小四年级，一直就读至 1945 年 12 月高小毕业。兄弟姐妹团聚，父亲仍寄居在姑母家。

1944 年

6月，日军继续进犯，茶陵已不安全。湖南第二保育院结束了在茶陵五年的安定生活，院长齐新联合湖南第四保育院院长李融，一起带领近千名孩子，开始第二次迁徙，经酃县（炎陵县）、资兴，8月逃难到汝城。直至抗战胜利后，才再次回到长沙。

逃难途中，保育院坚持授课，随母、兄、姐一家五口一起跟随湖南第二保育院迁徙、学习。

1945 年

随母及家人继续在湖南第二保育院读书。

8月15日，日本投降。

12月，湖南第二保育院师生水陆兼程从汝城返回长沙，先住在岳麓山下陈家品墙大屋，后迁至长沙南门外长岭上。

1946 年

3月底，湖南省保育会及其所属的多个保育院，在抗战胜利后，奉命结束战时收容任务，保育院解散，母亲失业。

保育院由救济署接管改称长沙育幼院，后救济署撤销，育幼院由社会处接管，改为湖南省第一育幼院，收容长沙、衡阳等地数百名流浪孤儿。齐新继续任湖南省第一育幼院院长。

同 600 多名同学、老师一起转入湖南省第一育幼院读书。母亲也转入湖南省第一育幼院任教。

8月，姐姐朱建中从湖南省第一育幼院高小毕业。

1947年

继续在第一育幼院读书。

冬季，参加第一育幼院召集的高班同学会议，为齐新院长的哥哥齐学启将军送葬。

1948年

1—7月，在第一育幼院读书。

8月，通过初试、复试、口试加笔试三轮考试后，以全校第三名的成绩从湖南省第一育幼院毕业，考进湖南长郡联立中学，获得了社会处所属的救济协会的奖学金。时任校长是鲁立刚，教导主任时杨少岩，校训为"朴实沉毅"。

8月起在湖南长郡联立中学初99班念书，读通学。

下半年，母亲在长沙城外善救新村佃了几间房子，把生病的父亲从寄居处接回来同住，家中一切由二姐朱建中照顾。母亲、长兄工作，大姐在外读书。

1949年

原社会处所属的救济协会改归省民政厅管理，继续接受学费资助，并按规定读通学，住在救济协会，每日往返十几里上下学。

8月5日，留校学生参加中国人民解放军138师入城仪式，并负责维护学院街口一线秩序。

8月7日，参加庆祝长沙和平解放火炬游行。

8月，留校同学参加长沙市支前大会，同学生一起纷纷参军、参干，但未被录取。

10月1日，庆祝中华人民共和国成立，师生参加盛大庆祝游行活动。

10月，参加校庆45周年联欢晚会。

1950 年

上半年，社会处所属的救济协会被取消，开始自费寄宿读书。

上半年，杨少岩老师代讲数学课。

10月，党中央向全国人民发出了"抗美援朝、保家卫国"的伟大号召。并要求广大青年参军参干。隐瞒年龄去报名参军参干，未被批准，继续完成学业。

1951 年

原湖南长郡联立中学先后更名为长沙市第一中学、长沙市第二中学。

9月，初中毕业，升入长沙市第二中学高35班。班主任是程哲仙老师。成绩依旧名列前茅。

开始喜爱数学和物理，利用废旧材料，自己动手动脑制作成小矿石收音机，收听湖南广播电台的广播。在班上掀起了一个制作矿石收音机的小"高潮"。

12月，参加了长沙市学生寒假学习会，参加了"五反"运动，做宣传工作。

1952 年

1月，学校组织教师赴湘南参加土改，深入农民生活，开展大规模劝学运动。

暑期，第一次参加社会工作，受共青团组织委派，到湖南土改展览会担任讲解员。了解"土地还家""翻身做主"的真切含义。

7月29日，在长沙市第二中学被批准为候补团员，介绍人邱绍增，候补期3个月。

下半年，开始担任班长，一直到高中毕业。

10月29日，由中国新民主主义青年团湖南省长沙市第二中学总支委员会批准转为正式团员。

1953 年

在长沙市第二中学继续读高中。

上半年,与全班同学一起观看电影《南征北战》《反对细菌战》《一贯害人道》《乡村医生》《黎明前的战斗》《青年运动节》《一九五二五一劳动节》《不屈的城》《新儿女英雄传》《米丘林》《莫斯科在建设中》《重返前线》。

1月11日,市文教团委书记肖可移作报告,参加350名新团员宣誓,报告内容为青年学生为什么而学、怎样学、学习同祖国的关系。

3月,与全体同学一起参加长沙市的"斯大林同志逝世追悼大会"。

5月,参加全校运动会。

7月1日,参加与34班一起召开的"七一庆祝会",班主任程哲仙讲述关于贺龙和徐特立的革命故事。

暑假期间,在体干班学习。

高三上学期,因为学习成绩好、体育成绩及工作好,被评为"优秀学生"。带头学成俄文歌曲《我的祖国》《伏尔加船夫曲》《马车夫之歌》《莫斯科郊外的晚上》,并带领同学一起唱。

1954 年

母亲章荃因病丧失工作能力,开始在家休养。

在长沙市第二中学继续读高三。

上半年参加长沙市学生团干班学习。

8月,中学毕业。考入北京大学数学力学系。

9月,前往北京大学报到途中,遇长江涨水,京广铁路被切断,绕道南昌,途经金华、杭州、上海、南京,过浦口而至凤阳、徐州,入济南、天津,最后到达北京。

9月,54级数学力学系共240名学生,分为九个班,其中三班、六班和九班是尖子班,先后有七人成为院士。

9月,被分到数学力学系54级六班,北京大学学号:5401205,居于11斋,每间房间八人。与王选、曾锦光同一房间。同在六班,六班只有三名女生，班主任是丁石孙。

9月，学校为新生发放白色、平底、搪瓷的捷克碗和一双筷子。

9—12月，开始和数学系学习同样的数学课，读《数学学报》。修三门基础课：解析几何、数学分析和高等代数。第一次习题课就被"挂在黑板上"。

1955年

1月，大学一年级上学期成绩：数学分析（及格）、解析几何（良好）、高等代数（及格）、中国现代革命史（及格）、俄文（及格）。

7月，大学一年级下学期成绩：数学分析（良好）、解析几何（良好）、高等代数（良好）、中国现代革命史（优等）、俄文（良好）。

1956年

国家制定科学规划，提出"向科学进军"的号召。

1月，二年级上学期成绩：马列主义基础（优等）、数学分析（良好）、高等代数（良好）、理论力学（及格）、俄文（及格）、微分方程（及格）。

7月，二年级下学期成绩：马列主义基础（优等）、数学分析（良好）、理论力学（及格）、俄文（优等）、微分方程（及格）、普通物理（及格）。

9月，大学三年级开始分专业，重新编班。选择力学专业。

9月，学校食堂改为饭票制。

下半年，思想上开始收紧，组织学习很多。

1957年

担任团支部组织委员。

1月，三年级上学期成绩：普通物理（优等）、复变函数（良好）、理论力学（良好）、微分方程（及格）、材料力学（及格）。

6月，听冯定代表校党委所作的对全校团员报告，号召团员站在反右派斗争前列。

7月，三年级下学期成绩：弹性力学（优等）、流体力学（及格）。

10月底，北京大学贴出很多反右派的大字报，反右派斗争进入一个新高潮。正常教学被打乱，上午上课，下午进行重体力劳动。

1958年

上半年：数学物理方程（及格）、弹性力学（及格）、流体力学（及格）。师从江泽涵、程民德、段学复等名师。

7月，北京大学数学力学系毕业。

7月13日，第二机械工业部党组批准九局建立科研机构（花园路工程），作为接受消化苏联拟提交原子弹教学模型与技术资料的场所。

9月24日，到北京三里河二机部报到，与二三十人共住在一间大会议室里，等待分配工作。

9月，与胡思得、蔡蔚三人一起到花园路3号邓稼先办公室报到。开始学习《超声速流与冲击波》，有时就当起邓稼先的"助教"，认真学习"三本书"。任研究实习员。

9月15日，九局成立青海省第二机械实验工厂（即221工程）筹建处。

10月10日，经二机部决定，九局所属花园工程正式定名为"北京第九研究所"（简称九所）。

9—12月，参与建所劳动，修建海淀区花园路3号北红楼。

冬，搬到北太平庄居住，二楼是办公室，四楼是集体宿舍。刚建好的房子没有下水道，没有厕所，只能去北太平庄拐弯处的公共厕所。冬天没有暖气，只能自己生炉子。克服很多生活上的困难开展学习和调研。

长兄朱力士和大姐朱文波均被打成右派，下放至汨罗屈原农场。

每月给父亲朱干寄生活费，父亲被接到农场与兄朱力士同住，直至去世。

1959年

春节之前，基建劳动。

春节后，搬入北红楼。

白天劳动，晚上开始读书——苏联专家指定的14门课程。

6月20日，苏共中央致函中共中央，以苏联与美国、英国进行停止试验核武器的谈判为由，提出暂缓按协定向中国提供原子弹教学模型和技术资料。

8月20日，221基地开工兴建。

9月16日，在九所一室工作，转为正式职工，被定为技术13级。

10月，参加"反右倾"活动。

12月，被第二机械工业部明确定为技术13级。

1961 年

年初，二机部在人民大会堂召开全部大会，动员自力更生搞核工业，宋任穷作报告。九所成立理论部、实验部。暂时合并由邓稼先任主任，吴益三任书记。正式启动科研工作。

年初，在邓稼先的领导下，开始对原子弹内爆力学过程进行模拟计算与分析，当时条件极艰苦，没有电子计算机，就用手摇计算机、电动计算机，不分昼夜三班倒，用特征线方法计算内爆过程。

按组织要求，未回家探亲，留京过年。

4月，第一颗原子弹的理论设计正式开始，进行总体力学计算。按照所里的工作安排，力学组和状态方程组的年轻人"三班倒"加班加点工作。

4月下旬，在邓稼先领导下，在力学组、状态方程组开始对原子弹内爆力学过程进行模拟计算和分析。

5月，第一批科技人员和技术工人赴221基地，开始生产准备工作。

6月，为对有关资料进行考证，开展了"九次计算"，历时8个月，在参加计算的六名大学毕业生中，担任计算主力。

年底，二机部九局、所党委开展科研整风。

1961 年

5月，周光召调九所工作，任理论部第一副主任。经周光召运用最大功原理论证，否定了外国不实数据，在理论上证明了九所"九次计算"结果的正确性。通过"九次计算"这一重要的技术攻关活动，对原子弹原理、原子弹数值模拟计算方法、力学过程有了清晰的了解。

8月28日，陈毅副总理由张爱萍、刘杰陪同视察北京九所，勉励大家说："你们搞出原子弹，我这个外交部长的腰板就硬了。"

9月，周光召提出炸药对飞层最大功的理论分析，进一步肯定经过九次特征线法计算的结果是正确的。

10月，工作后第一次回老家探亲。

与王子修合写内部报告：《特征线裂片方法》。

1962年

1962年初，九所决定成立一个专门小组（理论联系实际）到221厂。在九所理论部参加第一颗原子弹反应前的全部理论计算工作。

年底，第一颗原子弹理论设计方案基本完成，青海221厂建设基本完成。

撰写两篇关于爆轰数值模拟计算方法的科技报告，并归档。

12月，北京第九研究所第一批技术人员和部分科研仪器设备向221基地转移。

1963年

提出入党申请。

3月，与理论部孙清和、薛铁辕组成三人先行小组，赴青海省海晏县金银滩青海221厂实验部，任实验部二室五组技术员，后调至实验部二十四室。深入到实验、生产现场，了解第一手材料，完成了理论与实践相结合的任务。在这一过程中也逐渐成长为既懂理论又熟悉实验、生产实际的专家，不仅为保证我国第一颗原子弹的突破发挥了重要的作用，也为日后设计更先进的核装置夯实了必要的技术基础。人事关系及户口从九所转出至青海221厂。

8月，二机部部长刘杰赴221基地检查工作，宣布以苏联来信拒绝提供原子弹教学模型和图纸资料的日期——1959年6月作为第一颗原子弹的代号。

参加核裂变关键部件大型试验的理论分析工作。

8月，晋升为专业技术12级。

11月底，对出中子实验进行理论预估，取得实验成功。

下半年做了一次大型爆轰实验，用结果证明九次计算的结果是正确的。

1964 年

2月25日，二机部党组决定，九局、九所机构撤销，总院名称定为"二机部第九研究设计院"。李觉任党委书记兼院长，吴际霖、王淦昌、彭桓武、郭永怀、朱光亚任副院长。221基地为"221研究设计分院"，掩护名称为"国营综合机械厂"。

3月，北京大批人员转移到221分院，院工作重心转移到221基地。

上半年，北京九所14号科研楼建成，此楼在氢弹理论攻关的关键时期彻夜灯火通明。

7月初，参加第一颗原子弹试验队伍，是701工作分队中唯一一位理论部人员，负责安装、理论计算，该分队由陈常宜、叶钧道、潘馨、吴世法负责，共21人。参加试验的九院队伍被李觉起名为"第九作业队"，作业队下属共7个分队。

7月底，入选参加首次原子弹试验，并赴新疆执行任务。夏天在戈壁滩上的帐篷居住，白天热，晚上冷。

由于在试验任务中表现出色，荣立三等功。

参加第一颗原子弹"596"吊装工作，在铁塔爆室负责将正式产品安装到位，是唯一一个从原子弹研制最初的理论探索到把原子弹试验装置最终送上试验铁塔的理论设计工作者。

10月16日中午，跟随第九作业队上车，开到一个土坡上面，静静地等待，直到"零时"前30分钟，才知道试验时间。

10月16日下午3点30分，我国第一颗原子弹爆炸成功。在距离爆心60千米的地方，背对着爆点，坐在地上，听到欢呼声后才转过身来，在很远的地平线上，看到一个慢慢升起的蘑菇云。

试验成功后,坐专列返回青海海晏站。其中西宁到海晏的一段路,是最早的青藏铁路。

1965 年

3 月 6 日,九院机关与 221 分院机关合并,院领导机构转到 221 基地。

上半年,在青海 221 厂实验部从事原子弹武器化相关研究工作,研究成果应用于 5 月 14 日,我国进行的第一颗原子弹空爆试验,该试验获得圆满成功。

7 月 23 日,与张秀琴在青海结婚。旅行结婚,到广州看望母亲。

下半年,参与氢弹研制。

1966 年

参加了 221 厂一派群众组织——草原红色造反总部,简称"草红总"。

10 月 8 日,长子朱卫红在北京出生,寄养于外祖母家。

10 月 27 日 9 时 10 秒—9 时 9 分 14 秒,"两弹"(原子弹、导弹)结合飞行试验成功。朱光亚欣慰地说:"我们终于实现了国家原子弹研制'三级跳',即从原子弹到机载核弹、导弹发射核弹计划。"

12 月 20 日,入选"调 221 厂人员升级名单"。

12 月 28 日,我国首次氢弹原理试验在核试验场进行,取得圆满成功。

1967 年

6 月 17 日,进行氢弹试验,取得圆满成功。氢弹由轰 -6 飞机携带,在距地面 2960 米的高度爆炸。第一颗氢弹爆炸成功。

8 月,从青海 221 厂调回北京九院理论部三室工作,任组长、研究实习员,从事核武器小型化工作。

1968 年

2 月,理论部更名为中国人民解放军第九○九研究所。

2月10日，中央军委授予九院军队番号为"中国人民解放军第九研究院"。

2月28日，总参谋部授予九院部队番号为"中国人民解放军总字819部队"。

12月27日，参加空投全威力氢弹试验，是氢弹原理试验成功后的第一个武器化核装置的核试验。

1969年

11月，九所搬迁至四川902地区曹家沟。

12月1日，九院院部迁至902地区，院机关设院务、政治、科生、后勤四个部。

1970年

6月19日，次子朱彤在四川省曹家沟出生，生活至1971年返回北京。

12月9日，九院进行体制调整，将原有的十个研究所合并为六个所，在北京花园路的研究机构（原九院理论部）改称为九院九所，又称北京第九研究所（简称九所）。

11月，因为三次实验结果不理想，在青海221厂被军管勒令参加"学习班"。

1971年

"学习班"结束后，在于敏的领导下，在青海221厂一边改进理论设计，一边做实验，理论与实验相结合，专门解决小型化问题。

在北京九所三室，任研究实习员，经常出差青海等地。

家人从四川曹家沟迁回北京。

1972年

12月22日，父亲朱干去世。

1973 年

在北京九所三室工作，任研究实习员。经常出差到西北。

7月26日，国务院、中央军委决定：将直属国防科委的中国人民解放军第九研究院仍划归二机部建制；取消军队番号，改按地方企事业单位编制，由二机部和四川省实行双重领导；221厂和907厂从九院分离出去。

12月13日，二机部决定：九院一律使用"第二机械工业部第九研究院"名称。新印章自1974年1月1日启用。

1974 年

根据党中央指示，第九研究院于1974年依旧划归二机部，大部分由军队调到第九研究院的军队干部将返回部队。

负责某新型海基试验装置理论设计的初级设计。6月17日在试验场顺利进行。

12月30日，国防科委、公安部、青海省委联合向国务院、中央军委上报《关于对221厂"三大案件"复查情况的报告》。报告指出："二赵"定的"三大案件"并非政治性破坏，而是设备责任和技术安全事故，原七厂区"窃密"是个假案。中央领导批示：同意报告中的意见和结论。

1975 年

年初，参加香山学习班，展开九所搬迁三线大讨论。

在北京九所三室工作，任研究实习员，从事型号工作，并参加基地核试验。

8月13日，国务院、中央军委批准在四川绵阳地区筹建西南计算中心。

1976 年

母亲章荃去世。

1977 年

10月，调整为二机部技术11级。

12月30日，获北京九所"工业学大庆"先进工作者（1977年度），推荐出席院"工业学大庆"会议。

设计出新型原理的理论方案。

1978年

2月，调整为二机部科技11级。

3月21日，出席院"工业学大庆"会议。

10月17日，邓小平副主席批示"同意并速办"，九所常年从曹家沟到北京"出差"的同志，获得"临时户口"。

10月18日，中国共产党第二机械工业部第九研究院委员会文件《关于提升王子修等一〇一名同志技术职称的通知》[（78）院委字第449号]，朱建士任助理研究员。

12月25日，作学术报告，题目为《用双飞层结构提高产品内中子源的中子产额》。

12月30日，获北京九所"工业学大庆"先进工作者（1978年度）。

新型原理理论方案核试验成功。

1979年

3月，大姐朱文波、大姐夫梁范洪错划右派被平反。兄朱力士错划右派被平反。

11月，晋升为技术10级。

12月25日，第二机械工业部第九研究院学术委员会同意推荐朱建士同志为副研究员。

1980年

6月14日，加入中国共产党，成为预备党员，介绍人秦承森、余金炉。

7月5日，提任为九所三室副主任。

11月18日，通过助理研究员复审，维持助理研究员职称。

12月17日，中华人民共和国第二机械工业部文件批复，任副研究员。

1981 年

6月19日，转为正式党员，九所三室召开党支部大会。

7月1日，在入党宣誓大会上，作为新党员代表讲话。

与李智伟等翻译 C. L. Mader 的《爆轰的数值模拟》。

1982 年

5月4日，五届人大常委会决定，将第二机械工业部改名为核工业部。第二机械工业部第九研究院名称更改为"核工业部第九研究院"。

任九所三室副主任、副研究员，继续承担型号工作。

1983 年

1—3月，交出某型号理论方案。

4月2日，与魏振典、周德中在《爆炸与冲击》学术杂志第3卷第1期（21—26页）发表《定常爆轰数值模拟中人为粘性与人为反应率的选取》论文。

4—10月，完成某型号有关任务，查漏补缺，标出落实数据；为保证试验成功，到四川与试验、加工生产方面分析讨论与产品有关的质量问题。最后到试验场参加试验工作。试验取得圆满成功。

5月18日，中央军委副秘书长张爱萍，由四川省领导谭启龙、杨析综，国防科工委主任陈彬陪同，视察九院。在听取院领导汇报后，同意对九院建设布局进行调整，相对集中到绵阳。

年中，在《科学学报》第2期上合作发表《开展爆轰和炸药动力学研究工作的一些想法》《爆轰物理研究中的几个问题》。

年中，在九所《学术通报》1983年第4期合作发表论文《辐射问题的准定态近似》。

8月20日，九所启用"应用物理与计算数学研究所"名称，对外交流。同时保留"北京第九研究所"（简称九所）名称。

9月1日，张爱萍致信国务院、中央军委，建议批准九院基建调整工程。

9月2日，中央军委副主席杨尚昆作了批示；9月6日，国务院总理赵紫阳批示同意。

9月14日，国家计委、国防科工委通知：《关于核工业部九院建设布局调整问题的请示》已经国务院、中央军委原则批准，列为国家重点项目，代号为"839工程"。

11—12月，完成某型号试验结果的初步分析，总结工作。参加了年底科委召开的分析总结会。

学习以新党章为中心内容的整党文件及《邓小平文选》，系统学习1975年以来特别是1976年粉碎"四人帮"以来邓小平同志的重要讲话。

分管三室学术交流和干部培养。

九所筹备成立研究生部，自主培养研究生。

1984年

6月26日，填写赴美国的《初次出国人员审查表》，此次并未最终成行。

9月1日，研究生部举行开学典礼，九所所长李德元宣布研究生部正式成立。

10月24日，参加九院召开的庆祝我国第一颗原子弹爆炸成功20周年大会。党和国家领导人胡耀邦、徐向前、宋任穷、张爱萍等分别题词，聂荣臻写信祝贺。

年底，继续担任九所三室副主任，负责中子弹初级设计，到新疆参加核试验。

1985年

1月，开始承担某型号任务。

1月30日，核工业部同意九院使用"中国工程物理研究院"名称。

5月7日，提任九所三室主任。

8月1日，"银河-1"计算机在西南计算中心安装调试。

9月，赴联邦德国参加冲击波国际会议。

9月，长子朱卫红高中毕业被湖南大学机械系录取，攻读机械制造与工艺专业。

12月，参加中国共产党北京第九研究所首届代表大会。

参与项目获国家科学技术进步奖三等奖。

参与项目获国家科学技术进步奖一等奖。

1986年

6月18日，副研究员专业技术职称复查、任命工作，核工业部第九研究院同意推荐任命副研究员。

11月11日，核工业部同意，九院成立"核工业部研究生院二部"，在北京招收研究生。1990年更名为"中国工程物理研究院研究生部"。

12月，参与项目获核工业部一等奖。

1987年

1月，参与项目获国家发明奖三等奖。

5月5日，填写赴联邦德国的《初次出国人员审查表》，准备赴联邦德国参加十六届国际激波会议。

5月7日，核工业部军工局同意，任第九研究院副研究员职务。核工业部第九研究院发文，任副研究员，任期四年。

6月8日，核工业部批准赴联邦德国参加凝聚介质冲击波国际会议。

6月24日，国务院、中央军委同意撤销青海221厂。

7月，参与项目获国家科学技术进步奖特等奖，排名第十一。

8月22日，申请研究员职务，作报告，题为《爆轰数字模拟中的反应率和人为粘性项的选取》。

8月24日，核工业部第九研究院发文，被推荐晋升研究员职务。

9月8日，四川省委书记杨汝岱、省人大主任何郝炬、副省长顾金池在839召开现场会。决定将"四川省绵阳第三矿区办事处"改为"四川省人民政府科学城办事处"，作为省政府派出机构，由绵阳市代管。

10月30日，被核工业总公司任命为研究员。

1988 年

1—3 月，与宋大本、刘建军等人在昆明算题。

9 月，核工业总公司成立。九院名称为"核工业第九研究院"。

9 月，在新疆与九所作业队一起参加试验。

9 月 29 日，进行了第 34 次核试验，标志中国已掌握了中子弹设计制造技术。

10 月，某型号任务试验成功。

10 月 1 日，从事国防科技工业三十年，为国防现代化建设作出了贡献，获得中华人民共和国国防科学技术工业委员会颁发的"献身国防科技事业荣誉证章"。

10 月 10 日，获得中国核工业总公司人事司颁发的"流体力学"研究员资格。

12 月 13 日，作为代表在北京京西宾馆参加核试验总结大会，被党中央、国务院、中央军委领导接见。

年内，与孙锦山合著完成内部资料《爆轰波讲义》。

与薛鸿陆、徐彬等翻译《爆轰》，由原子能出版社出版，作者为（美）W. Fickett 和 W. C. Davis。

1989 年

1 月，作为某型号技术负责人，组织型号研制。该任务是九院任务的重中之重，是实现二代武器突破的标志。

8 月 5 日—9 月 5 日，赴美国参加第九届国际爆轰会议，董庆东、经福谦、欧阳登焕、黄世辉同行。

9 月，次子朱彤高中毕业，被北京联合大学文理学院录取，攻读汉语言文学专业。

1990 年

2 月 26 日，国务院、中央军委决定，调整中国工程物理研究院管理体制，由国防科工委归口管理，在国家计划中单列户头。

9月18日，国务院学位委员会批准，中物院为博士学位授予单位。

任第四届流体力学专业委员会委员，至1994年。

某型号任务试验成功。

10月30日，提任所副总工程师职务。

1991年

担任所副总工程师，主要负责某型号研制及全所武器型号工作。

1992年

9月，新疆新城子与九所作业队一起工作。

10月1日，因为发展我国工程技术事业作出的突出贡献，成为享受1992年政府特殊津贴人选。10月起开始享受国务院"政府特殊津贴"。

10月15日，被国防科工委聘任为某物理数值模拟国防科技重点实验室学术委员会委员。

12月11日，作为国防科工委专业技术会议代表在人民大会堂被党和国家领导人江泽民、李鹏、乔石、李瑞环、朱镕基、刘华清、胡锦涛等接见。

1993年

1月5日，因1992年在科技攻关两项重大突破中成绩显著被中物院评为二等功。

4月8—30日，赴俄罗斯捷尔宾斯克研究所和列别捷夫研究所对冲击波、爆轰物理及流体动力学基础研究情况进行考察，陈光南、李沄生、李敬宏同行。

7月，某型号试验初级理论设计项目，获国防科工委科技进步奖一等奖，排名第三。

10月16日，参加在北京远望楼宾馆举行庆祝中物院建院35周年座谈会，国务院副总理邹家华等到会祝贺。

1994 年

1月31日，财政部批复同意，中物院财务关系从1月1日起在国家财政中单列。

任第五届流体力学专业委员会委员，至1998年。

被北京理工大学聘请为机电工程系兼职教授。

11月3日，核武器技术研究项目获国防科工委国防科技进步奖三等奖。

12月，因在发展中华民族科学技术事业中取得重要成绩，获光华科技基金一等奖。

12月1日，被中国工程物理研究院推荐为中国工程院院士候选人。

1995 年

2月，被评为中物院"先进个人"，四川省"劳动模范""先进工作者"。

2月，当选为中物院第一届标准化技术委员会委员。

2月17日，在加快核武器研制试验中作出突出贡献，获中物院二等奖。

5月，当选为中国工程院能源与矿业工程学部院士。

6月，遵照胡思得院长的指示，与于敏、周毓麟、宋嘉树、张兴钤等专家参加九所高层会议。

12月，合作项目获国家科技进步奖特等奖（排名第三），主要合作者为胡思得、李智伟、武振有、刘光祚等。

12月，与孙锦山合著《理论爆轰物理》由国防工业出版社正式出版。

对去年参加的核试验进行总结，为接下来两年的试验做各方面准备工作。

参加"九五"期间预研项目计划指南的制定。

参加预研论证及理论研究。

1996 年

4月8—11日，与俞大光、胡思得、王正国等九位院士赴绵阳市，对该市进行考察研究，为四川地区的发展献计献策。

7—8月，参加核试验，并取得圆满成功，与九所作业队一起工作。成为中物院曾经参加过我国第一次和最后一次核试验人员之一。

12月，获"在圆满完成加速核试验任务中做出突出贡献"，被评为国防科工委"先进个人"。

被评为"四川省劳动模范"。

本年度参加、完成多项核试验方案、可靠性论证及评审，完成实验，参研多项课题。

1997 年

1月，禁核试对策建议获得国家支持。

1月29日，被任命为中物院冲击波与爆轰物理学科委员会委员。

2月24日，与张宗烨、刘恭梁合写的庆贺于敏先生七十寿辰的文章《记学风典范笔会》在《物理》1997年第26卷发表。

4月17日，参加煤炭工业洁净煤工程技术研究中心和中国煤炭科学研究总院联合召开的"发展动力配煤专家座谈会"。

6月，任8031部队科学技术高级顾问。

8月6日，明确为正处级。

8月24日，与彭先觉、张信威、陈银亮一起在《物理》学术杂志上发表《核爆聚变电站概念设想》论文。

完成1996年核试验总结，参加多个方案的讨论与论证，到某基地进行考察。

参加禁试后工作安排、讨论、论证。

参加上海科学院能源讨论会，作报告。

参加中国科学院、中国工程院一百五十一位院士联名呼吁——行动起来，拯救黄河，支持"大西线调水"工程。

1998 年

2月19—24日，赴日内瓦出席Pugwash核力量专题讨论会。

5月，任九所专家组成员。

5月1日，获得"全国五一劳动奖章"。

10月，参加中国工程院能源学部赴长庆油田考察活动。

11月，任中国力学学会第六届理事会特邀理事，至2002年。

11月18—20日，赴俄罗斯参加关于全球安全的Amaldi国际会议。

参与禁试后核武器研究工作中长期规划的讨论。

参加某试验的顶层设计讨论。

参加国防科工委可靠性课题研究。

参加军控研究。

1999年

任第六届流体力学专业委员会委员，至2003年。

4月，获得中华全国总工会授予的"五一劳动奖章"。

7月1—9日，赴俄罗斯参加第七届国际可压缩湍流混合会议。

7月19日，与孙锦山、贾祥瑞合作论文《颗粒材料中致密波结构研究》在《力学学报》第31期发表。

9月18日，中共中央、国务院、中央军委在北京举行表彰为研制"两弹一星"作出突出贡献的科技专家大会，决定授予23位科技专家"两弹一星功勋奖章"。其中有中物院和曾在中物院工作的科技专家9位：于敏、王淦昌、邓稼先、朱光亚、陈能宽、周光召、郭永怀、程开甲、彭桓武。

下半年，作为主讲人之一，随中物院"中国特色核武器发展之路"科技报告团，在全国北京、长沙、上海、绵阳、成都5个地方，报告16场，驳斥美国《考克斯报告》。

11月30日，参加总装备部核武器专业技术组会议。

担任中国工程院能源与矿业工程学部院士增选第一轮评审会专家。

多次参加中物院某试验顶层讨论会。

参加中物院学科委员会物理一组基金评审、结题评审、正研评审等会议。

2000 年

被评为中物院"先进党员"。

2月28日，与马智博合作，在《推进技术》发表论文《固液火箭冲压发动机内两相反应流场数值计算》。

4月24—27日，与中国科学院院士陈能宽率领宋家树、周毓麟等院士考察团一行9人，专程到江西高安县吴有训科教馆参观原子弹模型并举行了"吴有训诞辰103周年座谈会"。

4月、7月、12月，参加中国工程院能源与矿业工程学部常委会会议。

6月9日，在中国工程院第五次院士大会上，当选能源与矿业工程学部副主任。

6月28日，与马智博合作，在《推进技术》发表论文《具有复杂边界的火箭冲压发动机流场数值计算》。

8月23日，与陈裕泽合作，在2000年力学大会论文集上发表论文《核武器研究中的力学问题》。

10月18—22日，参加四川省科技顾问团，就如何建设绵阳科技城，为地方培养高素质科技人才等国家和地方政府关心的重点问题，对绵阳、宜宾等地进行了考察调研和咨询。在人才问题上，发表"绵阳科技城的建设，技术是支撑，人才是根本。要在全市人民中形成浓厚的科技意识"的观点。

10月28日，与马智博合作，在《推进技术》发表论文《冲压发动机伴随蒸发过程的两相流流场计算》（英文）。

全年多次参与院顶层决策研讨会。

任某研究工作顾问，参加讨论并提出意见和建议。

参加院重大基金项目"金属弹塑性本构方程及动态断裂"，至2003年。

随中国工程院四川科技顾问团考察新疆、甘肃。

2001 年

4月1日，参加文化部在京召开"国家图书馆二期工程暨国家数字图书馆基础工程专家论证会"。

5月23日，作为项目技术鉴定会副主任，参加了文化部在国家图书馆举行的国家重点科技项目"中国试验型数字式图书馆"成果鉴定会。

8月10—22日，作为团长（学部副主任），与郑绵平院士为副团长，古德生、邱爱慈、周永茂、徐大懋、曾恒一、薛禹胜院士为团员的"中国工程院能源与矿业工程学部院士赴西藏考察团"对西藏进行了实地考察，并开展了研讨活动。

9月，任总装备部"863"计划、先进防御技术领域专家委员会顾问，至2006年。

10月，被聘为北京理工大学"爆炸灾害预防、控制"国家重点实验室学术委员会副主任。

参加某型号有关工作的评审。

参加总装核武器技术委员会活动。

参加武器部基础知识讲座多次。

参加武器部小型弹头设计工作的指导。

参加总装备部8领域专家委员会活动，参加讨论、提出建议。

参加高技术804专题活动，主要考虑ICF与武器接轨问题。

2002年

2月15日，与陈裕泽合作，在《力学与实践》发表论文《核武器研制中的力学问题》。

3月12日，银河-Ⅳ超级并行计算机系统在九所正式投入使用。

4月1—2日，参加由文化部在北京奥林匹克饭店召开的"国家图书馆二期暨国家数字图书馆基础工程专家论证会"。

5月28日—6月1日，参加在北京召开的中国工程院第六次院士大会，当选能源与矿业工程学部主任及主席团成员。

6月，任中国工程院能源与矿业工程学部主任。主持2003年增选的准备工作、氢能利用研讨会、矿业发展研讨会、雅江水利资源研讨会、塔里木油田院士行等。

6月1日，荣获第四届光华工程科技奖，在人民大会堂参加颁奖仪式。

7月，在川两院院士考察中国核动力研究设计院。

7月17日，参加在蓉举办的高新技术产业发展研讨会。

11月22—24日，参加在中国矿业大学召开的中国工程院能源与矿业工程学部2002年常委会。

11月27日，主持由中国工程院能源与矿业工程学部组织的"雅鲁藏布江水能开发"研讨会。

12月26日，参加四川省科技顾问团在京召开的院士新年座谈会。

参加九所武器部专家组工作，评审课题、结题及一些重大问题讨论。

参加会议的筹备。

参加863-8领域专家组顾问工作，主要考虑与武器接轨的总体技术路线。

参加中物院01学科委员会的工作。

2003年

1月16日，参加在北京召开《中国工程科学》第二届编辑委员会暨中国工程院英文版院刊第一届编辑委员会会议。被聘为《中国工程科学》编辑委员会委员。

2月22日，参加淮南矿业（集团）有限责任公司王源董事长一行到中国工程院，向徐匡迪院长汇报"淮南煤电一体化建设规划纲要"座谈会。

3月，被聘为第二届全军武器装备科技奖评审委员。

3月18日，代表中国工程院参加了在中国地质大学学术交流中心举办的"刘广志院士80寿辰暨从事地质工作56年座谈会"。宣读了中国工程院院长徐匡迪的贺信。

4月，参加在江西井冈山举办的第六届全国爆轰学术会议。

4月16日，徐匡迪院长主持召开"十一五"计划咨询工作第一次会议，会上报告了院常务会议讨论通过的项目顾问和八个专题组负责人，成为能源发展战略及"十一五"的重点负责人之一。

6月30日，与马智博、徐迺新合作，在《核科学与工程》发表论文《基于主观推断的可靠性评估方法》。

9月10日，与肖刚、邓力、张本爱合作，在《核技术》发表《BNCT人头体模内剂量分布计算》。

9月25日，与马智博、徐洒新合作，在《计算物理》上发表《利用多种信息源的可靠性评估方法》。

10月12—14日，应天津市的邀请，参加中国工程院能源与矿业工程学部对天津地热资源可持续发展"院士行"会议。

11月26日，基金汇报时作《金属材料本构关系及动态断裂》报告。

12月30日，与马智博、徐洒新合作，在《核科学与工程》发表《有关正态分布的小样本可靠性评估》。

2004 年

任第六届《爆炸与冲击》学术杂志主编，至2007年。

2月27日，参加了中国工程院能源与矿业工程学部组织的由11名院士组成的专家小组，对已基本建成并运行发电的秦山核电一期、二期和三期工程的考察工作。

3月20日，与肖刚、邓力、张本爱合作，在《自动化学报》上发表《马尔可夫系统瞬态不可用度计算的高效率蒙特卡罗方法》。

5月23—28日，参加在北京翠宫饭店举办的国际计算物理会议"Joint Conference of ICCP6 and CCP2003"。

7月1—3日，和马智博一起赴俄罗斯参加第七届Pngwash关于俄罗斯核武器联合体未来讨论会。

9月29日，参加长郡中学百年校庆活动，作为校方请来的3位院士校友之一，为学生举办"院士论坛"，撰写《谢谢长郡》一文，收录在《长郡在我心中——纪念母校百年华诞》一书。

10月9日，参加了中国工程院高层次工程技术人才成长规律研究咨询课题组召开的总体组第二次会议。

11月，发表《关于爆轰数值模拟的建模问题》。

11月16—20日，参加在厦门举办的"2004年全国含能材料发展与应用学术研讨会"。

11月29日,任中物院研究生部主任(副局级)。

2005 年

1月6日,参加某实验数据总结会。

2月1日,在"中物院2005年研究生教育工作会议"上,作题为《抓住机遇锐意进取突出特色科学发展——中国工程物理研究院研究生教育2005年工作报告》的报告。

5月,中物院第六届学位评定委员会成立。

7月12—15日,在青海西宁主持召开中物院研究生工作研讨会,交流了题为《研究生教育中的隐性知识传递》的论文。

10月12日,应邀参观神舟六号的发射。

2006 年

1月6日,主持召开中国工程院工程研究院所研究生教育学术委员会第二次会议。

1月30日,与肖刚、王仲奇、张本爱合作,在《中国医学物理学》上发表《BNCT治疗计划系统综述》。

2月9日,参加国家高技术"863"主题专家组"十五"课题检查,担任检查组成员。

3月1日,在"中物院2006年学位与研究生教育工作会议"上,作题为《贯彻落实科学发展观努力开创我院特色研究生教育的新局面》的报告。

5月25日,与王昌建、徐胜利合作,在《计算物理》上发表《气相爆轰波在分叉管中传播现象的数值研究》。

6月22日,参加中物院第三次"QMU和V&V讨论会",并在会上作交流报告。

6月26日,参加邓稼先诞辰82周年纪念活动,与邓稼先之姐邓仲贤女士,邓稼先夫人许鹿希女士,携子、媳、侄及部分和邓院长一起工作的老同事一起对九所小花园邓稼先铜像拜谒献花。在座谈会上以亲身经历回顾了邓稼先院长带领年轻同志学习攻关、发扬学术民主等许多鲜为人知的故事，呼吁当代中物院人以邓稼先老院长为榜样，不断加强和改进学风、工作作风。

8月，中物院学位评定委员会会议审批通过九所建立"基础数学"二级学科学位授予点。

9月12日，与胡思得合写的庆贺于敏先生八十华诞的文章，题目为《记在221基地的日子》在《物理》杂志上刊登。

10月18日，在京参加二九（北京）联谊会成立二十周年纪念大会。

2007年

3月9日，在"中物院2007年学位与研究生教育工作会议"上，作题为《坚持以科学发展观为指导努力培育高素质创新人才》的报告。

5月21日，参加"中国可再生能源发展战略研究"咨询项目会议。

5月25日，参加在北京召开的"创新型工程科技人才培养研究"能源组启动会。

6月，在云南参加学术研讨会，会议论文题目为《管道内气相爆轰传播流场的数值模拟》。

7月22—26日，参加在宁夏银川由冲击动力学专业组举办的"第八届全国冲击动力学学术讨论会"，并在开幕式上致辞。

8月25日，与刘旭红、黄西成等人合作，在《力学进展》上发表《强动载荷下金属材料塑性变形本构模型评述》论文。

9月4日，参加中物院"可再生能源"项目组和西安交通大学联合举办的风力发电低频输电及接入技术研讨会。

2008年

2月21日，在"中物院2008年学位与研究生教育工作会议"上，作题为《增强创新能力推进学科发展》的报告。

4月4日，在陕西宝鸡参加与二炮某基地人才培养座谈会。

5月12日，汶川发生地震，组织研究生部成立抗震救灾工作小组，部署开展救灾工作。

6月24—27日，参加院士大会。会议重点讨论了中国工程院能源学部在抗震救灾和灾区重建中可做哪些咨询工作、如何开展、有何意义等问题。

7月1日，参加"纪念建党87周年暨抗震救灾志愿者表彰会"。

10月7—8日，参加由国家发改委、中国工程院和河南偃师市共同主办的"河南省偃师市技术创新院士行"活动。

11月，参加九所50周年所庆活动。

12月15日，与黄西成、陈裕泽合作，在《固体力学学报》发表《缺口试件拉伸试验中的材料失效函数确定方法》。

12月16—17日，参加中物院研究生教育业务工作讨论会。

任第七届《爆炸与冲击》学术杂志特约审稿人，至2011年。

2009年

1月10日，新春伊始，参加中物院院领导与在京的院士、老专家、老领导座谈会。

1月14日，参加中国工程院召开的能源与矿业工程学部应对国际金融危机挑战座谈会。

2月2日，参加在沪召开的中国工程院能源与矿业工程学部2009年第一次常委扩大会议。

2月15日，与楼建锋、洪滔、王政合作，分别在《计算力学》与《高压物理学报》上发表《钨合金杆材料属性与侵彻性能的关系》。

2月18日，参加九所《九所"学习、提高、创造"学术文集》编撰工作发布会，文集首批选题共有54项。

3月15日，与应阳君、马智博合作，在《核科学与工程》发表论文《QMU认证方法及其实现途径》。

3月16—20日，参加俄罗斯实验物理研究院在萨罗夫城举办的第十一届哈立顿国际学术研讨会。

4月10日，参加中物院原副院长龙文光同志在北京八宝山革命公墓的告别仪式。

5月12日，在《物理》上与胡思得合写庆贺周光召八十华诞的文章《两弹功勋良师益友》。

6月15日，进入中国工程院官方网站公布的《北京市人民政府合作委员会组成人员名单》之中。

7月25日，与楼建锋、何长江合作，在《计算物理》上发表《长杆侵彻中材料参数对侵彻性能的影响》。

8月，参加中物院某核武器发展战略研讨会。

8月25日，参加"高超、惯约重大专项领导小组第三次会议暨动员部署会议"。

8月26日，与黄西成、陈裕泽合作，在2009年"中国力学学会学术大会"作会议论文《内爆加载下圆筒的应力状态与破坏模式》。

9月15日，与许爱国、张广财、蔚喜军、潘小飞合作，在《中国工程科学》上发表论文《冲击作用下多孔材料热力学特征的模拟与分析》。

10月9日，受邀参加"长郡中学105周年校庆活动"，并在"长郡建校105周年励志报告会"上为在校学生作报告。

12月16日，主持中国工程院党组副书记周济、教育部研究生司副司长兼国务院学位办副主任郭新立等一行七人来中物院进行学位与研究生教育工作调研指导座谈会。

12月21日，参加了"继承和发扬'两弹一星'精神，促进自主创新——纪念聂荣臻同志诞辰110周年"座谈会。

2010年

3月20日，与应阳君、许爱国、张广财等合作，在《中国科学》上发表论文《冲击波作用下多孔材料内的温度斑图动力学》。

3月25日，与楼建锋、王政合作，在《爆炸与冲击》上发表论文《含筋率和弹着点对钢筋混凝土抗侵彻性能的影响》。

4月，与许爱国、张广财合编内部讲义《材料动力学的介观模拟》。

5月10日，参加中物院与清华大学联合人才培养座谈会。

6月,《坦荡人生,无悔奉献——核武器专家朱建士的科学生涯》一文,收录于中国工程院科学道德建设委员会编《工程科技的实践者:院士的人生与情怀》(第2册,上)。

7月25日,与胡晓棉、王裴合作,在《力学进展》上发表论文《爆炸与冲击动力学若干问题研究进展》。

8月15—16日,参加在鄂尔多斯市举行的由中国工程院、神华集团有限公司共同组织的"神华院士行"活动。

9月19—20日,参加在四川成都温江举行的《2010年含能材料与顿感弹药技术学术研讨会》。

10月25日,参加在北京举行的朱光亚子女撰写、人民出版社出版的《我们的父亲朱光亚》一书赠书仪式,受到总装科技委、司令部、政治部、后勤部领导的亲切会见。

11月18日,与应阳君、许爱国、张广财等在《力学学报》上发表论文《多孔材料冲击特性的数值研究》。

12月29日,参加中物院在京举行的新一代高效能计算机系统验收大会。

2011年

1月13日,参加中物院领导与在京院士、离退休专家新春座谈。

3月22日,受中物院团委邀请,为青年科技工作者作《可再生资源供电的新技术及新材料》的报告。

4月7日,参加一所和九所的学术交流会。

4月15日,与楼建锋、洪滔合作,在《计算力学》上发表论文《液滴在气体介质中剪切破碎的数值模拟研究》。

4月18日,参加中物院学位与研究生教育改革发展研讨会。

5月6日,为国家行政学院2009级MPA班作题为《突破"两弹",对发展高技术的体会》的报告,并陪同在九所参观。

5月27日,参加国防重点实验室计算物理重点实验室评估会。

9月16日,受邀在由中国力学学会爆炸力学专业委员会、中国土木工程学会防护工程分会和中国岩石力学与工程学会岩石动力学专业委员会联合主办，中物院四所和总参工程兵科研三所联合承办的第八届全国工程结构安全防护学术会议上作特邀报告。

9月20—21日，参加在南京市召开的中国工程科技论坛第125场——"爆炸合成新材料和高效、安全爆破关键科学与工程技术"论坛。

11月17日，在四川大学体育馆宣讲《科学精神与学术道德》。

11月29日，陪同总装科技委钱绍钧顾问在中物院检查指导工作。

11月30日，受中物院四所团委和青年科协邀请，以"努力造就高水平的核武器工程科学家"为题，围绕工程科学和核武器研制给100余名年轻人作了精彩的报告。

12月10—11日，在重庆参加全国危险物质与安全应急技术研讨会。

12月18日21时17分，在四川省科学城医院去世。

12月22日上午，遗体告别仪式在绵阳市殡仪馆举行。党和国家领导人胡锦涛、温家宝、李长春、习近平、李源潮、张德江、刘延东、吴官正等作出指示，表示悼念，或敬献花圈，国家相关部委、相关科研院校、院属49个单位和部门，以及中物院党政科总领导、生前友好敬献了花圈。

2012年

2月16日，骨灰安放仪式在北京八宝山革命公墓举行。

附录二　朱建士主要论著目录

一、论文

[1] 朱建士, 等. 开展爆轰和炸药动力学研究工作的一些想法 [J]. 科学学报, 1983 (2).

[2] 朱建士, 等. 爆轰物理研究中的几个问题 [J]. 科学学报, 1983 (2).

[3] 朱建士, 魏振典, 周德忠. 定常爆轰数值模拟中人为粘性与人为反应率的选取 [J]. 爆炸与冲击, 1983, 3 (1): 21-26.

[4] 朱建士, 雷广玉. 辐射问题的准定态近似 [J]. 九所学术通报, 1983 (4): 1-11.

[5] 彭先觉, 朱建士, 张信威, 等. 核爆聚变电站概念设想 [J]. 物理, 1997, 26 (8): 481-485.

[6] 孙锦山, 朱建士, 贾祥瑞. 颗粒材料中致密波结构研究 [J]. 力学学报. 1999, 31 (4): 423-433.

[7] 朱建士, 陈裕泽. 核武器研制中的力学问题 [J]. 力学与实践, 2002 (1).

[8] 朱建士, 王瑞利, 袁国兴, 等. 计算物理与计算工程中的 V & V 活动 [C]. 第三届全国计算爆炸力学会议论文, 2006.

［9］朱建士，胡晓棉，王裴. 爆炸与冲击动力学若干问题研究进展［J］. 力学进展，2010，40（4）：400-424.

二、著作

［10］薛鸿陆，徐彬，朱建士，等译. 爆轰［M］. 北京：原子能出版社，1988.

［11］孙锦山，朱建士. 理论爆轰物理［M］. 北京：国防工业出版社，1995.

参考文献

[1] 黎维新，刘建本，陈漱霜. 烽火岁月的童年——抗日战争时期湖南战时儿童保育院回忆录［M］. 北京：中国科学技术出版社，2009.

[2] 长郡中学初99班高35班校友联络组. 长郡之星 核武精英——缅怀朱建士院士［M］. 长沙：内部出版，2012.

[3] 王学珍，等. 北京大学纪事 1898—1997［M］. 北京：北京大学出版社，2008.

[4] 袁向东. 有话可说——丁石孙口述访谈录［M］. 长沙：湖南教育出版社，2012.

[5] 北京应用物理与计算数学研究所. 纪念我国第一颗原子弹爆炸成功50周年丛书［M］. 北京：内部出版，2014.

后记

每当我仰望星空，极力寻觅的是浩瀚星河中那些若隐若现的星辰，正是由于它们的存在，才衬托出了相对耀眼的牛郎织女星、北极星、北斗七星。那些时隐时现的星斗，不管是否有人关注，只顾竭力放射出自己的光芒。而我要诉说的传主，不就是这样看似渺小，但对于整个宇宙，却又不能可有可无的一颗星辰吗？

"时势造英雄"与"英雄造时势"，姑且不论朱建士是否是英雄，借用这两句话来比喻他的一生，却近乎完美地实现了统一。

他出生在1936年，彼时的中国，正是外敌入侵、山河破碎的年代。尽管他的祖辈家境尚可，外祖父甚至于当过长沙市工商联合会主席，但到了父辈，已渐渐家道中落，要自食其力以维持。时局混乱，战火纷飞，稳定的生活已成为中国所有家庭难以达成的奢望。作为一个自由职业者组成的家庭，在"上无片瓦，下无立锥之地"的境遇中艰难地挨着岁月。雪上加霜的是，壮年的父亲朱干此时又因病丧失劳动能力，全家的生计仅仅靠当小学教师的母亲一人支撑，居无定所，她无奈之下，只能让丈夫长期寄养在亲戚家中，还将一个女儿送给他人当干女儿，一个女儿改名换姓送到了战时儿童救养所。在生存的重压之下，小学教书的收入朝不保夕，母亲章荃只能作出这样的选择。

理想之于朱建士，从来似乎只是一种奢望，也许永远仅仅停留在思维层面，他极少就此与人交流。为什么会这样呢？

新中国成立之前，对于理想他无法顾及，因为几乎天天在动荡中度过，生活极不稳定，今天不知道明天会发生什么事，时时挣扎在生存的边缘。新中国成立之初的中学时代，应该是一个他理想灵光闪现的短暂岁月，他的理想除了富于时代特色，也是丰富多彩的：他曾经提到想去参干；想去参加军队；上大学想学能够直接服务于国家建设的工科……但机缘巧合、阴差阳错，均未能够实现。读大学期间，由于学业的压力，让他穷于应付，能够以那样的成绩如期毕业已非易事。

在他所处的那个年代，对于生活道路的选择空间非常有限。工作之后，更是对所谓的人生理想无暇顾及。任务一项接着一项，生活的轨迹完全服从着工作的安排，就这样忙忙碌碌地走完了一生。"把眼前的每一件事情做好"——成为他一生的目标——抑或就是他在现实生活中的理想？这一件件看似平凡的具体的工作，却组合成为我国核武器发展从无到有、从小到大、从弱到强波澜壮阔的宏伟画卷中一个个永不磨灭的印记。

我们匆忙地用了两年多的时间，为朱建士先生的一生做了一个总结。但是，这个总结是否能够准确地描述他生命的真实轨迹呢？

扪心自问，很难！

除了受限于我们自身的水平之外，还有几个客观的因素：其一，研究报告是围绕学术成长这一主线展开，访谈中的许多具有传奇色彩但又与学术成长联系不密切的故事只能割爱；其二，由于我们采集小组之中没有真正从事核武器研制工作之人，对于他的工作内容无法有很深的切身体会，如同一个画匠无法传神地复制一幅名画，是否领略了他工作的实质并将其清晰表述，我们没有把握；其三，他的工作涉密极深，在展开时，我们心怀投鼠忌器之感，不能过多谈及，更不可能说得过细，由此带来的不明就里一定会在报告中留有痕迹。

因此，我们着意在他成功的经验上着力，想让普通人在一个人能够成功的秘诀方面有所启示。

和他一起进入核武器理论研究的最初"二十八星宿"，最终能够达事业集大成者，却是凤毛麟角。论聪慧程度，他们都是邓稼先从全国当年所有毕业生中精挑细选的；论成功的机遇，他们一同进入一个全新的研究领域，机遇应该是平等的。那么，形成最终差别的原因究竟是什么？他与其他人又有什么样的不同呢？这也许与他"用心"不无关系，这种"用心"至少可体现在三个方面：

其一，是心中始终有一个引领自己的目标。尽管在生前，他为人处世低调，没有留下什么豪言壮语，但不表示他没有追求。他的悟性极强，他知道这项工作于国家、民族的利益有什么意义，这种意义与他矢志报国的愿望完美契合。正如他的亲密战友胡思得所言，只要把要做事情的意义和他说清楚，你就可以放心地把事情交给他。是一种对国家、民族的强烈责任感，使他能够宠辱不惊，在任何艰难困苦面前，一直支撑着他竭尽全力投入核武器研制事业的，是一种始终不渝的爱国之情，并做出了不俗的业绩。

其二，是源于他始终具有的对科学真相不懈探索的兴趣。他把人类对于未知领域的好奇，最终定位在核武器研制领域，循着科研工作获得真知规律的要求，从理论到实验，从实验再到理论，循环往复、不厌其烦，掌握了这一特殊领域的研究规律及适宜的研究方式，使其在研制工作中能够如鱼得水。也使他能够一贯伫立于国际科技动态的潮头，掌握最新的科研技术及手段，成为一个"很潮"的人。不得不说，他那颗持之以恒的追求科学本真之心，既是他工作的动力，也是他能够获得成功的原因。

其三，得益于他的情商。他的一生与世无争，在明白了工作的重要意义之后，他如同一个虔诚的农人，一切与个人利益相关的事情被他视为浮云，全副精力倾注于核武器研制的土地上辛勤劳作，只顾耕耘，不问收获。在现代科技事业，尤其是应用科技大的系统工程之中，需要众多人员、部门、单位的合作，合作者之间的协调，特别是在今天的名利体制之下，要发挥各自的合力，照顾到多方的利益，是对科研活动组织者的极大考验，也是重大项目技术负责人顺利开展工作的必备素质之一。他的学术民主、他的大局意识、他的和合而同、他的团结协作之作为，不能不说与他有别于他人的情商有着千丝万缕的必然联系。

撰写研究报告的过程，是一个了解朱建士院士人生的过程，也是一个探究以他为代表的我国第一代核武器研制者心路历程的过程，更是一个深受传统教育的过程。我们知道了老一辈在中国核武器发展之路上的筚路蓝缕，我们看到了先行者们的高风亮节，我们也深深感受到了这项事业继承者的历史责任。

在这个项目的完成过程中，得到了单位各级领导、相关部门的鼎力支持，得到了老、新专家悉心的科技指导，更得到了朱建士院士众多亲属、同学、同事、老朋友的大力协助。在这里一并致谢！

2019 年 11 月 11 日

老科学家学术成长资料采集工程丛书
已出版（139种）

《卷舒开合任天真：何泽慧传》　　《此生情怀寄树草：张宏达传》
《从红壤到黄土：朱显谟传》　　　《梦里麦田是金黄：庄巧生传》
《山水人生：陈梦熊传》　　　　　《大音希声：应崇福传》
《做一辈子研究生：林为干传》　　《寻找地层深处的光：田在艺传》
《剑指苍穹：陈士橹传》　　　　　《举重若重：徐光宪传》

《情系山河：张光斗传》　　　　　《魂牵心系原子梦：钱三强传》
《金霉素·牛棚·生物固氮：沈善炯传》《往事皆烟：朱尊权传》
《胸怀大气：陶诗言传》　　　　　《智者乐水：林秉南传》
《本然化成：谢毓元传》　　　　　《远望情怀：许学彦传》
《一个共产党员的数学人生：谷超豪传》《没有盲区的天空：王越传》

《含章可贞：秦含章传》　　　　　《行有则　知无涯：罗沛霖传》
《精业济群：彭司勋传》　　　　　《为了孩子的明天：张金哲传》
《肝胆相照：吴孟超传》　　　　　《梦想成真：张树政传》
《新青胜蓝惟所盼：陆婉珍传》　　《情系梁菽：卢良恕传》
《核动力道路上的垦荒牛：彭士禄传》《笺草释木六十年：王文采传》

《探赜索隐　止于至善：蔡启瑞传》《妙手生花：张涤生传》
《碧空丹心：李敏华传》　　　　　《硅芯筑梦：王守武传》
《仁术宏愿：盛志勇传》　　　　　《云卷云舒：黄士松传》
《踏遍青山矿业新：裴荣富传》　　《让核技术接地气：陈子元传》
《求索军事医学之路：程天民传》　《论文写在大地上：徐锦堂传》

《一心向学：陈清如传》　　　　　《钤记：张兴钤传》
《许身为国最难忘：陈能宽传》　　《寻找沃土：赵其国传》

《钢锁苍龙　霸贯九州：方秦汉传》　　《虚怀若谷：黄维垣传》
《一丝一世界：郁铭芳传》　　　　　　《乐在图书山水间：常印佛传》
《宏才大略　科学人生：严东生传》　　《碧水丹心：刘建康传》

《我的气象生涯：陈学溶百岁自述》　　《我的教育人生：申泮文百岁自述》
《赤子丹心　中华之光：王大珩传》　　《阡陌舞者：曾德超传》
《根深方叶茂：唐有祺传》　　　　　　《妙手握奇珠：张丽珠传》
《大爱化作田间行：余松烈传》　　　　《追求卓越：郭慕孙传》
《格致桃李半公卿：沈克琦传》　　　　《走向奥维耶多：谢学锦传》
《躬行出真知：王守觉传》　　　　　　《绚丽多彩的光谱人生：黄本立传》
《草原之子：李博传》

《此生只为麦穗忙：刘大钧传》　　　　《探究河口　巡研海岸：陈吉余传》
《航空报国　杏坛追梦：范绪箕传》　　《胰岛素探秘者：张友尚传》
《聚变情怀终不改：李正武传》　　　　《一个人与一个系科：于同隐传》
《真善合美：蒋锡夔传》　　　　　　　《究脑穷源探细胞：陈宜张传》
《治水殆与禹同功：文伏波传》　　　　《星剑光芒射斗牛：赵伊君传》
《用生命谱写蓝色梦想：张炳炎传》　　《蓝天事业的垦荒人：屠基达传》
《远古生命的守望者：李星学传》

《善度事理的世纪师者：袁文伯传》　　《化作春泥：吴浩青传》
《"齿"生无悔：王翰章传》　　　　　《低温王国拓荒人：洪朝生传》
《慢病毒疫苗的开拓者：沈荣显传》　　《苍穹大业赤子心：梁思礼传》
《殚思求火种　深情寄木铎：黄祖洽传》《仁者医心：陈灏珠传》
《合成之美：戴立信传》　　　　　　　《神乎其经：池志强传》
《誓言无声铸重器：黄旭华传》　　　　《种质资源总是情：董玉琛传》
《水运人生：刘济舟传》　　　　　　　《当油气遇见光明：翟光明传》
《在断了 A 弦的琴上奏出多复变　　　《微纳世界中国芯：李志坚传》
　　最强音：陆启铿传》　　　　　　《至纯至强之光：高伯龙传》

《弄潮儿向涛头立：张乾二传》
《一爆惊世建荣功：王方定传》
《轮轨丹心：沈志云传》
《继承与创新：五二三任务与青蒿素研发》

《淡泊致远　求真务实：郑维敏传》
《情系化学　返璞归真：徐晓白传》
《经纬乾坤：叶叔华传》
《山石磊落自成岩：王德滋传》
《但求深精新：陆熙炎传》
《聚焦星空：潘君骅传》

《逐梦"中国牌"心理学：周先庚传》
《情系花粉育株：胡含传》
《情系生态：孙儒泳传》
《此生惟愿济众生：韩济生传》
《谦以自牧：经福谦传》

《世事如棋　真心依旧：王世真传》
《大地情怀：刘更另传》
《一儒：石元春自传》
《玻璃丝通信终成真：赵梓森传》
《碧海青山：董海山传》

《追光：薛鸣球传》
《愿天下无甲肝：毛江森传》
《以澄净的心灵与远古对话：吴新智传》
《景行如人：徐如人传》

《材料人生：涂铭旌传》
《寻梦衣被天下：梅自强传》
《海潮逐浪　镜水周回：童秉纲口述人生》

《采数学之美为吾美：周毓麟传》
《神经药理学王国的"夸父"：金国章传》
《情系生物膜：杨福愉传》
《敬事而信：熊远著传》

《恬淡人生：夏培肃传》
《我的配角人生：钟世镇自述》
《大气人生：王文兴传》
《历尽磨难的闪光人生：傅依备传》
《思地虑粮六十载：朱兆良传》

《心瓣探微：康振黄传》
《寄情水际砂石间：李庆忠传》
《美玉如斯　沉积人生：刘宝珺传》
《铸核控核两相宜：宋家树传》
《驯火育英才　调土绿神州：徐旭常传》

《通信科教　乐在其中：李乐民传》
《力学笃行：钱令希传》
《与肿瘤相识　与衰老同行：童坦君传》

《没有勋章的功臣：杨承宗传》　　《科学人文总相宜：杨叔子传》